Microsoft Office Specialist란?

MOS는 시작부터 종료까지 100% 컴퓨터상에서 진행되는 CBT(Computer Based Test)로 평가방식이 정확함은 물론 시험 종료 즉시 시험 결과를 알 수 있습니다.

Microsoft Office는 Office 환경을 위한 가장 대표적인 소프트웨어로 전 세계적으로 1억 COPY가 판매되어 현재 Fortune지 선정 500대 기업의 90%, 국내 100대 기업의 80%가 이용하고 있습니다. MOS는 Microsoft Office에 들어 있는 Word, Excel, PowerPoint, Access, Outlook 등의 활용 능력을 정확하고 신뢰성 있게 측정합니다.

Microsoft office specialist는 Microsoft가 인증하는 국제인증 자격시험입니다.

MOS는 Microsoft가 직접 인증함으로써 그 공신력과 정확성을 인정받을 수 있으며, 현재 미국, 프랑스, 영국, 독일, 홍콩, 브라질, 멕시코 등 170여 개국 9,500여 개 시험 센터에서 그 나라말로 시행되는 국제 자격증입니다(한국에서는 한국어로 시행되며, 기타 원하는 언어를 선택할 수 있습니다.).

Microsoft office specialist는 100% 컴퓨터로 시행됩니다.

MOS는 시작부터 종료까지 100% 컴퓨터상에서 진행되는 CBT(Computer Based Test)로 평가 방식이 정확함은 물론 시험 종료 즉시 시험 결과를 알 수 있습니다.

Microsoft office specialist는 100% 실기시험입니다.

MOS는 컴퓨터의 실제 활용 능력을 측정하는 것이 그 목적입니다. 따라서 이론 문제나 객관식 유형이 없이 모든 문제는 실제 프로그램 상에서 직접 조작하여 답을 얻는 100% 실기시험입니다.

자격증 종류 및 레벨

자격증 종류(과목)

Microsoft Office에 포함된 프로그램 중 자유롭게 선택해서 응시할 수 있습니다. 현재 Word, Excel, PowerPoint, Access, Outlook이 2010, 2013, 2016으로 각각 시행되고 있으며 자격증의 종류는 더욱 확대될 예정입니다.

MOS 2013 버전과의 비교

구분	MOS 2013	MOS 2016
출제 형태	대형 프로젝트 해결	소규모 프로젝트 다수 해결
문항 수	38~51문항	38~51문항
시험시간	50분	50분
합격기준(만점)	700(1000점)	과목별 상이

MOS 2016 Master 취득 기준

MOS Master는 동일 버전의 자격증을 Master 기준에 맞게 취득 시 발급됩니다.

필수취득	선택취득	Master를 위한 자격증 총 개수
Excel 2016 Expert Word 2016 Expert Powerpoint 2016	Access 2016 또는 Outlook 2016	4개

합격기준

합격점수는 1000점 만점으로 시험 종료 후 바로 성적표가 발급되며 과목 및 레벨별로 다릅니다.

성적표

MOS 성적표에는 취득점수와 합격여부는 물론 기능별로 0~100%의 성취도가 명시됩니다. 따라서 자신의 취약부분을 분석해 심화학습을 할 수 있습니다.

본 교재의 특징

* 업무에서 자주 접하는 상황과 예제를 제공하며 문제를 해결할 수 있는 최선의 Office 기능 사용법을 익힐 수 있음
* MS Office 2016 활용 능력 향상과 MOS 2016 자격시험 완벽 대비 가능
* 실생활과 관련된 다양한 양식과 예제를 따라하면서 MS Office 필수 기능을 쉽고 빠르게 익힐 수 있음
* 업무에서 자주 사용하는 기능을 다루고 있어 업무 생산성을 높일 수 있음

MOS Simulation 소개

시험장만 가시면 긴장되시나요?
MOS 시뮬레이션을 이용하여 시험 전에 실제 시험과 비슷한 방법으로 연습을 함으로써 실제 시험에서 실수를 하거나 긴장하는 문제를 해결할 수 있습니다.

뭐가 틀렸는지 모르시나요?
시험 본 결과를 전문가 시스템으로 분석하여 틀린 부분을 제시함으로써 약점을 보완하여 합격할 가능성을 높여줍니다. 또한 구체적으로 어떤 문항에서 왜 틀렸는지를 제시함으로써 다시 틀리지 않도록 도와드립니다.

풀이 방법이 생각나지 않으신가요?
새로운 유형이나 풀이가 기억이 나지 않을 때 시뮬레이션에서 제공하는 해설 기능을 이용하여 현재 문제의 풀이 방법을 동영상으로 보여줍니다.

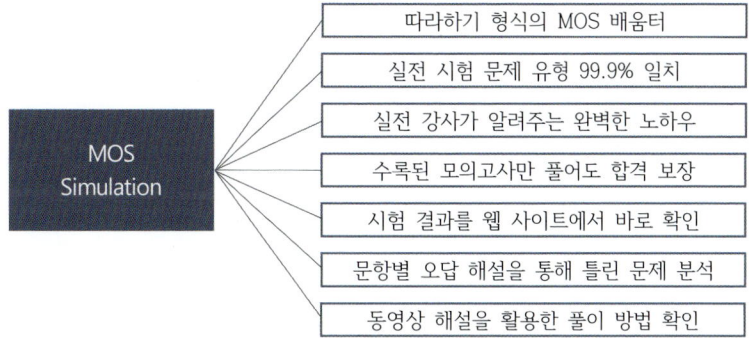

MOS Simulation 추천 대상
* MOS 재시험을 준비하시는 분
* MOS 시험공부 시간이 부족하신 분
* 중간, 기말고사로 MOS 시험을 준비하시는 분
* 수강료가 비싸 혼자서 독학으로 공부하시는 분
* 문제를 풀고도 맞게 푼 건지 알 수 없어 찜찜하신 분
* 시험 볼 때 낯선 환경에 긴장이 심해 실수가 잦으신 분

교재 실습 자료 파일 (문의 : 061-721-2484)

실습 자료 파일 다운로드 방법
* 홈페이지(http://www.mospass.kr)에 접속하여 압축된 실습 자료 파일을 독자의 컴퓨터로 다운로드 합니다.
* 다운로드한 실습 자료 파일의 압축을 해제하여 사용합니다.
* 서비스 제공 기관의 사정에 의하여 파일의 내용과 제공 방법은 변경될 수 있습니다. 따라서 홈페이지 공지사항을 참고하도록 합니다.

chapter 01 프레젠테이션 시작하기/9

section 1 파워포인트 살펴보기 ········ 10
1. 파워포인트 화면구성 ········ 10
2. 파워포인트 개요 ········ 11

section 2 프레젠테이션 생성 ········ 14
1. 프레젠테이션 만들기 ········ 14

section 3 슬라이드 마스터 조정하기 ········ 17
1. 프레젠테이션 테마 적용 및 수정 ········ 17
2. 슬라이드 마스터 적용 및 수정 ········ 24

section 4 프레젠테이션 옵션 및 보기 조정 ········ 39
1. 프레젠테이션 속성 관리 ········ 39
2. 슬라이드 설정 옵션 구성 ········ 43
3. 프레젠테이션의 다른 보기 표시 ········ 47

chapter 02 슬라이드 프레젠테이션 생성/53

section 1 슬라이드 삽입 및 서식 지정 ········ 54
1. 슬라이드 추가, 제거 및 숨기기 ········ 54
2. 슬라이드 개요 삽입하기 ········ 59
3. 슬라이드 배경 서식 지정 ········ 63

section 2 도형 삽입 및 서식 지정 ········ 69
1. 도형 삽입 및 서식 지정 ········ 69

section 3 슬라이드 정렬 및 그룹화 ········ 79
1. 슬라이드 내용 정렬 ········ 79
2. 슬라이드 순서 및 구역 관리 ········ 81

chapter 03 그래픽 및 멀티미디어 요소, 차트 및 표 사용/91

section 1 텍스트 삽입 및 서식 지정 ········· 92
1. 개체 틀의 텍스트 서식 지정 ········· 92
2. WordArt 만들기 ········· 98
3. 텍스트에 단 서식 지정 ········· 102
4. 텍스트에 목록 서식 지정 ········· 105
5. 텍스트에 하이퍼링크 서식 지정 ········· 109

section 2 이미지 삽입 및 서식 지정 ········· 119
1. 이미지 삽입 ········· 119
2. 이미지 서식 지정 ········· 122

section 3 SmartArt 삽입 및 서식 지정 ········· 130
1. SmartArt 그래픽 삽입 및 수정 ········· 130

section 4 표 삽입 및 서식 지정 ········· 140
1. 표 만들기 및 가져오기 ········· 140
2. 표 구조 변경 ········· 142
3. 표 서식 지정 ········· 144

section 5 차트 삽입 및 서식 지정 ········· 150
1. 차트 만들기 및 가져오기 ········· 150
2. 차트 종류, 레이아웃 및 요소 변경 ········· 155
3. 차트 서식 지정 ········· 159

section 6 미디어 삽입 및 서식 지정 ········· 163
1. 오디오 및 비디오 클립 포함 ········· 163
2. 오디오 및 비디오 클립 수정 ········· 166

chapter 04 애니메이션 및 화면 전환 사용/171

section 1 화면 전환 ·· 172
    1. 슬라이드 간 전환 적용   172

section 2 슬라이드 내용에 애니메이션 효과 주기 ··································· 175
    1. 애니메이션 적용 ·· 175
    2. 애니메이션 효과 수정 ·· 179
    3. 이동 경로 구성 ·· 182

section 3 전환 및 애니메이션 설정하기 ··· 189
    1. 전환 타이밍 설정 ··· 189
    2. 애니메이션 타이밍 설정 ·· 191
    3. 애니메이션 창에서 애니메이션 관리 ·· 193

section 4 슬라이드 쇼 구성 및 설정 ·· 198
    1. 슬라이드 쇼 구성 ··· 198
    2. 슬라이드 쇼 프레젠테이션 ·· 203

chapter 05 프레젠테이션 배포 준비 및 배포/209

section 1 여러 프레젠테이션 내용 사용 ········· 210
   1. 여러 프레젠테이션 표시 ········· 210
   2. 다른 프레젠테이션의 슬라이드 다시 사용 ········· 213

section 2 변경 내용 추적 및 비교 ········· 217
   1. 차이 비교, 조합 및 검토 ········· 217
   2. 메모 관리 ········· 221

section 3 프레젠테이션 보호 및 공유 ········· 224
   1. 프레젠테이션 교정 ········· 224
   2. 프레젠테이션 검사 ········· 228
   3. 프레젠테이션 보호 ········· 232
   4. 프레젠테이션 배포 준비 ········· 235

section 4 프레젠테이션 인쇄 및 배포 준비 ········· 244
   1. 프레젠테이션 인쇄 ········· 244
   2. 프레젠테이션 배포 ········· 249

■ 실전모의고사 ········· 257
■ 컴퓨터 활용능력(NCS) ········· 262

MOS PowerPoint 2016

MOS PowerPoint 2016

프레젠테이션 시작하기

chapter 01

section 1 파워포인트 살펴보기
section 2 프레젠테이션 생성
section 3 슬라이드 마스터 조정하기
section 4 프레젠테이션 옵션 및 보기 조정

Section 1 파워포인트 살펴보기

1. 파워포인트 화면구성

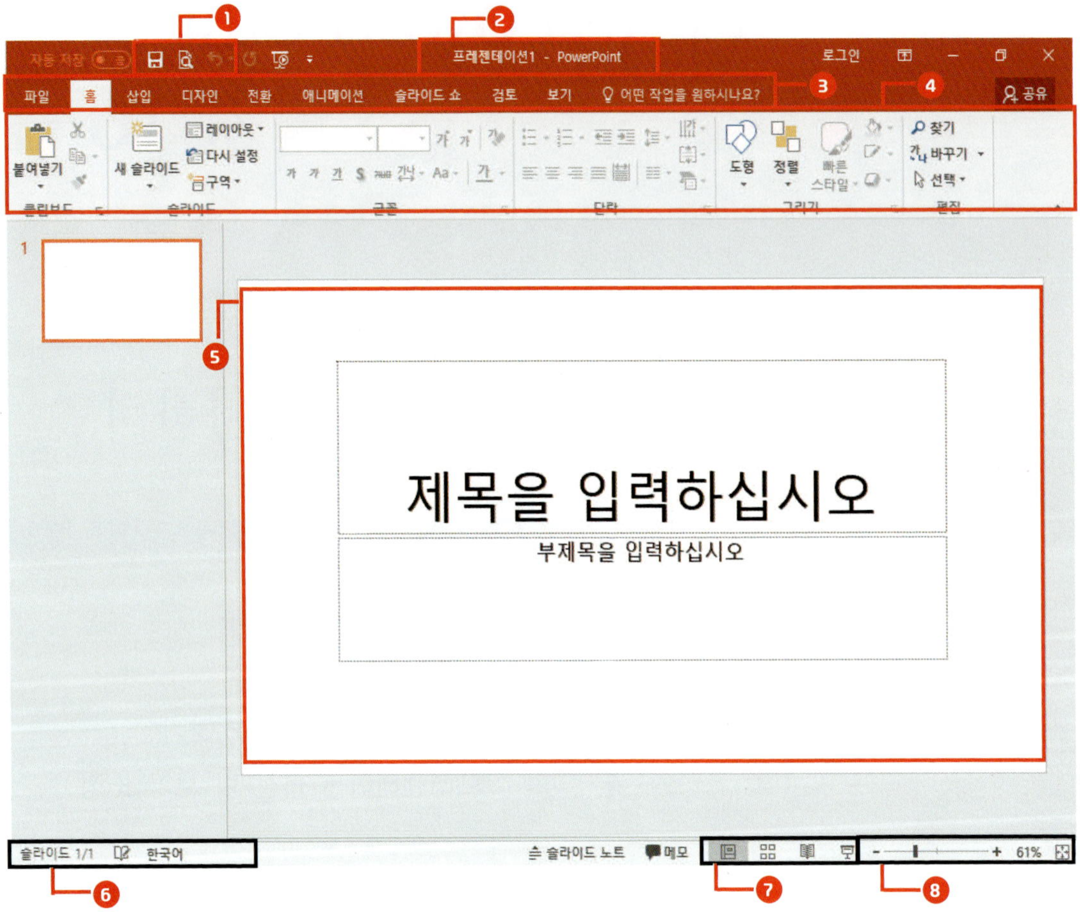

❶ **빠른 실행 도구 모음** : 자주 사용하는 도구를 빠르게 실행할 수 있는 도구 모음이다. [저장], [실행 취소], [다시 실행]으로 구성되어 있으며, 자주 사용하는 명령을 등록하여 사용할 수 있다.

❷ **제목 표시줄** : 프레젠테이션의 파일 이름과 프로그램의 이름(Microsoft PowerPoint)이 표시되는 곳이다.

❸ **메뉴 표시줄** : 여러 개의 탭으로 구성되어 있으며 탭에 따라 리본 메뉴가 바뀌어 나타난다.

❹ **리본 메뉴** : 관련 명령들이 묶여 있는 여러 개의 그룹으로 구성되어 있으며 작업에 필요한 명령을 쉽게 찾을 수 있다.

❺ **슬라이드 창** : 텍스트를 추가하거나 그림, 표, SmartArt 그래픽, 차트, 도형 등을 삽입하여 프레젠테이션을 만드는 작업공간이다.
❻ **상태 표시줄** : 현재 작업 중인 슬라이드 번호, 현재 슬라이드에 지정된 테마, 입력 중인 언어 등의 현재 작업 상태가 표시되는 곳이다.
❼ **슬라이드 보기 버튼** : 슬라이드를 기본 보기, 여러 슬라이드 보기, 읽기용 보기, 슬라이드 쇼 형태로 표시할 수 있다.
❽ **화면 확대/축소 버튼** : 슬라이드의 확대/축소 비율을 조절할 수 있다.

2. 파워포인트 개요

1) 파워포인트

보고서나 제안서를 발표하는 것을 프레젠테이션이라 하는데 파워포인트를 사용하면 사진, 일러스트레이션, 드로잉, 표, 그래프 등에 컬러 텍스트를 효과적으로 포함하는 화면을 만들고 슬라이드 쇼를 이용하여 화면을 전환할 수 있습니다. 애니메이션 기능을 사용하여 텍스트, 도형, 그림 등에 소리 효과와 설명을 추가하는 등 프레젠테이션을 작성하기 위한 소프트웨어입니다.

2) 파워포인트로 만들 수 있는 콘텐츠

- 프레젠테이션 : 발표회, 강의, 강연 등에 활용하기 위한 발표 자료를 작성할 수 있습니다.
- 유인물 : 참가한 청중들에게 배포하기 위해 미리 인쇄하여 배포하는 유인물로 작성할 수 있습니다.
- 제안서 : 기업이나 관공서에서 제안서용으로 사용할 수 있습니다.
- 사진앨범 : 스튜디오, 사진관 등에서 여러 사진을 삽입하여 앨범을 작성할 수 있습니다.
- 동영상 : 사진, 음악, 텍스트를 삽입하여 동영상을 작성할 수 있습니다.

3) 파워포인트 2016의 새로운 기능

다양한 시작 옵션

PowerPoint 2016에서는 빈 프레젠테이션을 여는 대신 서식 파일, 테마, 최근에 본 프레젠테이션, 이전에 열었던 프레젠테이션 또는 빈 프레젠테이션을 사용하는 등의 여러 가지 방법으로 다음 프레젠테이션을 시작할 수 있습니다.

간편해진 발표자 도구

발표자 도구를 사용하면 발표자의 모니터에는 슬라이드 노트를 표시하고 청중에게는 슬라이드만 표시할 수 있습니다. 이전 릴리스에서는 어느 모니터에서 누가 무엇을 보는지 파악하기가 쉽지 않았습니다. 향상된 발표자 도구는 이 문제를 해결해 주며 간편하게 사용할 수 있습니다.

모니터 한 대에서 발표자 도구 사용

더 이상 발표자 도구를 사용할 때 여러 대의 모니터가 필요하지 않습니다. 이제 다른 장치를 연결하지 않고도 발표자 도구에서 예행 연습을 할 수 있습니다.

슬라이드 확대 : 돋보기를 클릭하여 차트, 다이어그램은 물론 청중에게 강조하려는 모든 요소를 확대

할 수 있습니다.

슬라이드로 이동 : 슬라이드 찾기를 사용하여 프레젠테이션의 다른 슬라이드로 이동할 수 있습니다.

자동 설정 : PowerPoint에서 컴퓨터 설정이 자동으로 인식되어 발표자 도구에 적합한 모니터를 선택할 수 있습니다.

온라인 대화형 프레젠테이션 만들기 및 공유

Office Mix는 온라인 대화형 프레젠테이션 또는 "믹스"를 손쉽게 만들고 공유할 수 있는 새로운 PowerPoint용 무료 솔루션입니다. 믹스는 웹 비디오처럼 재생되지만 애니메이션, 실시간 연결 등을 지원합니다.

Office Mix 탭

Office Mix를 사용하려면 무료 추가 기능을 다운로드하고 설치합니다. PowerPoint 2016을 열면 새로운 믹스 탭이 나타납니다. 프레젠테이션의 각 슬라이드에 대해 오디오 또는 비디오 발표자 노트를 기록할 수 있으며 퀴즈, 선별된 비디오 등을 삽입할 수도 있습니다. 오디오에 주석을 다는 동안 화면에 표시된 내용을 손쉽게 기록합니다. 모두 마쳤으면 믹스를 미리 보고 OfficeMix.com에 업로드하여 공유합니다. 그러면 대상 통계와 퀴즈 결과를 확인할 수 있도록 OfficeMix.com 포털에서 분석을 제공합니다.

친숙한 와이드스크린

전 세계 TV와 비디오의 상당 부분이 와이드스크린 및 HD 형식으로 전환되었으며 PowerPoint에서도 이를 지원합니다. 16:9 해상도의 레이아웃이 제공되며 와이드스크린 기능을 사용하도록 디자인된 새로운 테마가 포함되어 있습니다.

PowerPoint에서 온라인 모임 시작

이제 여러 가지 방법으로 웹을 통해 PowerPoint 프레젠테이션을 공유할 수 있습니다. 슬라이드로 연결되는 링크를 보내거나 오디오 및 메신저가 포함된 슬라이드 모음을 표시하는 Lync 모임의 모든 기능을 시작할 수 있습니다. 청중은 Lync 또는 Office Presentation Service를 사용하여 장치에 상관없이 어디에서나 모임에 참여할 수 있습니다.

테마 변형

이제 테마에 다양한 색상표 및 글꼴 패밀리와 같은 일련의 변형이 포함되어 있습니다. 또한 PowerPoint 2016에서는 표준 크기 테마와 함께 새로운 와이드스크린 테마를 제공합니다. 시작 화면 또는 디자인 탭에서 테마 및 변형을 선택합니다.

균등한 간격으로 개체 정렬

이제 개체가 정렬되었는지 확인하기 위한 눈 모양 개체가 슬라이드에 나타나지 않습니다. 그림, 도형 등의 개체를 균등한 간격으로 배치할 때 자동으로 스마트 가이드가 나타나며 개체가 균등한 간격으로 배치되면 이를 알려 줍니다.

향상된 이동 경로
이제 PowerPoint에서 이동 경로를 만들 때 개체의 최종 위치가 표시됩니다. 원래 개체를 배치하면 "고스트" 이미지가 경로를 따라 끝점으로 이동합니다.

공통 도형 결합
슬라이드에서 일반 도형을 두 개 이상 선택하고 결합하여 새 도형과 아이콘을 만들 수 있습니다.

향상된 비디오 및 오디오 지원
이제 PowerPoint에서 H.264 비디오 및 AAC(Advanced Audio Coding) 오디오가 지원되는 .mp4 및 .mov 등 더욱 다양한 멀티미디어 형식과 HD 콘텐츠를 지원합니다. PowerPoint 2016에는 훨씬 더 다양한 기본 코덱이 포함되어 있어 특정 파일 형식을 사용하기 위해 코덱을 따로 설치할 필요가 없습니다.
백그라운드에서 재생 기능을 사용하면 사람들이 슬라이드 쇼를 보는 동안 음악이 재생됩니다.

색 일치를 위한 새로운 스포이트
화면의 개체에서 정확한 색을 캡처한 다음 모든 도형에 적용할 수 있습니다. 스포이트로 일치 작업이 자동 수행됩니다.

터치 장치의 PowerPoint
이제 Windows 8 PC를 비롯한 대부분의 장치에서 PowerPoint와 상호 작용할 수 있습니다. 일반적인 터치 제스처를 통해 슬라이드를 살짝 밀고, 탭하고, 스크롤하고, 확대/축소하고, 팬하여 프레젠테이션을 실감나게 탐색할 수 있습니다.

공유 및 저장

Office 파일을 공유하고 클라우드에 저장
클라우드는 공중에 있는 파일 저장소라 할 수 있습니다. 온라인 상태이면 언제든지 클라우드에 액세스할 수 있습니다. 이제 Office 파일을 사용자의 OneDrive나 조직 사이트에 쉽게 저장할 수 있습니다. 여기에서 PowerPoint 프레젠테이션 및 기타 Office 파일에 액세스하고 공유할 수 있습니다. 동시에 같은 파일에서 동료와 함께 작업할 수도 있습니다.

메모
이제 PowerPoint에서 새로운 메모 창을 사용하여 의견을 제공할 수 있습니다. 메모와 메모의 수정 버전을 표시하거나 숨길 수도 있습니다.

동일한 프레젠테이션에 대해 공동 작업
사용자와 동료가 데스크톱 또는 온라인 버전 PowerPoint를 사용하여 동일한 프레젠테이션에 대해 공동으로 작업하고 서로의 변경 내용을 확인해 볼 수 있습니다.

2 프레젠테이션 생성

1. 프레젠테이션 만들기

슬라이드를 작성하기 위해서는 새로운 프레젠테이션을 생성해야 한다. 이렇게 생성된 새 프레젠테이션에 사용자가 디자인은 물론 모든 내용을 직접 구성하고 만들 수 있다. 또한 새로운 프레젠테이션을 생성할 때 최근 사용한 서식파일이나 이미 설치된 예제 서식 파일, 테마 등을 이용하여 새 프레젠테이션을 생성함과 동시에 디자인 서식을 적용할 수 있다.

1 새로운 프레젠테이션을 생성하기 위해 **[파일]** 탭-**[새로 만들기]** 명령을 클릭한다. 원하는 항목을 선택한다.

2 조각 테마를 선택하면 새 프레젠테이션이 생성된다.

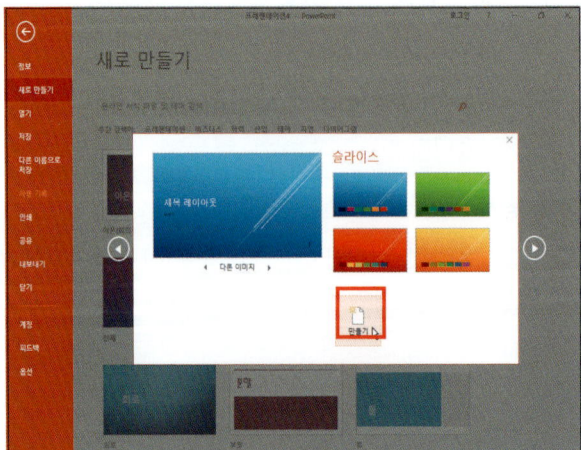

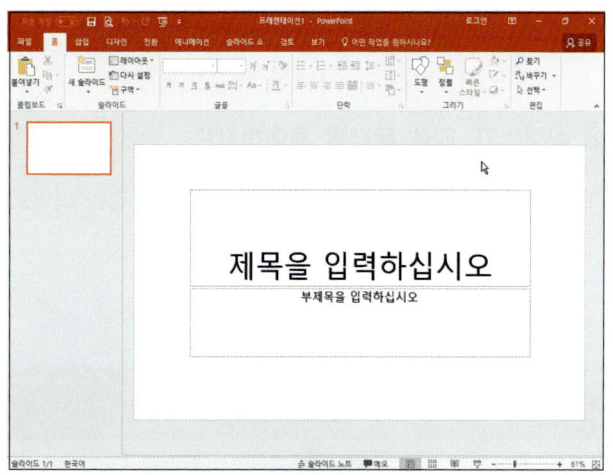

실전 활용 예제_01

01. PowerPoint 2016을 실행하고, 다음 문제를 풀이하시오.

(1) 온라인 서식 파일 및 테마 검색을 통해 '**의료 디자인**'을 검색하여 <**결과 파일**>과 같이 1번 슬라이드를 만드시오.

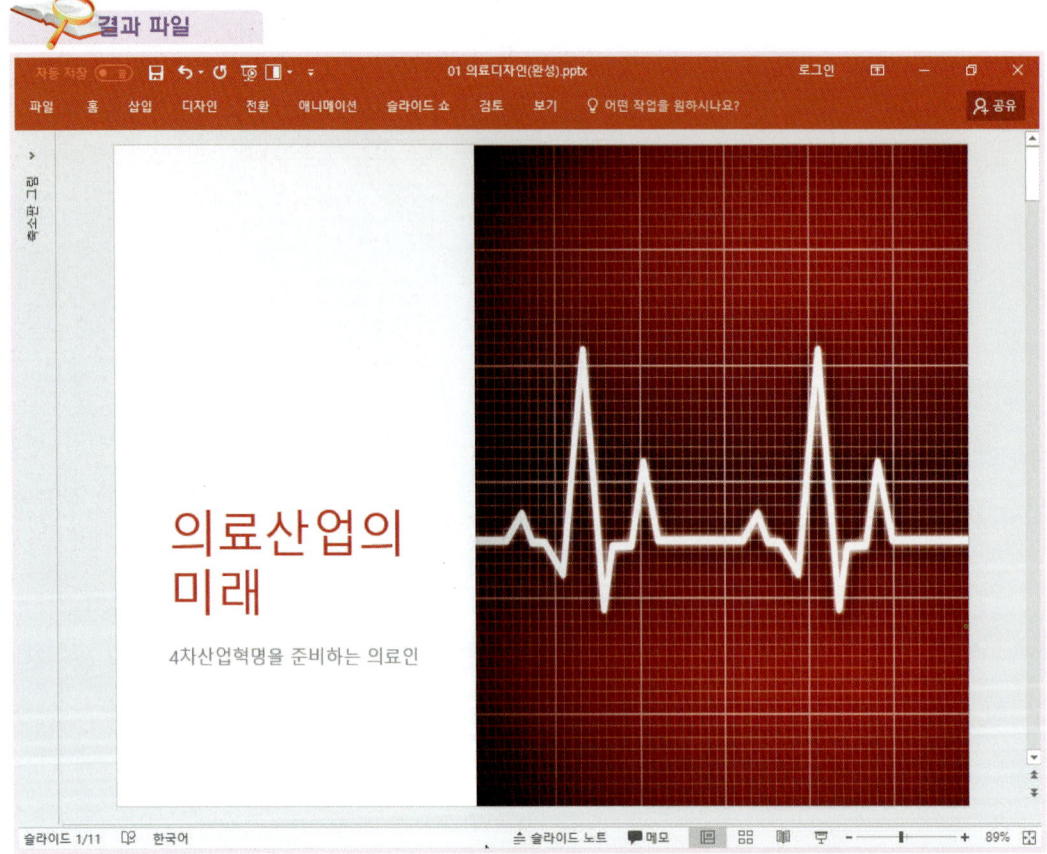

새로 만들기 – 온라인 서식 및 테마 검색

section 3 슬라이드 마스터 조정하기

1. 프레젠테이션 테마 적용 및 수정

1 테마 적용

[디자인] 탭-[테마] 그룹에서 자세히(▼)를 클릭하여 테마를 선택한다.

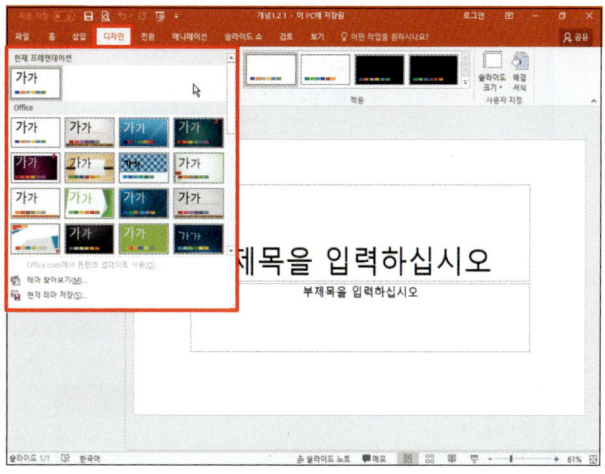

2 테마 수정

[디자인] 탭-[적용] 그룹에서 자세히(▼)를 클릭하여 [색], [글꼴], [효과], [배경 스타일]을 선택하여 바꿀 수 있다.

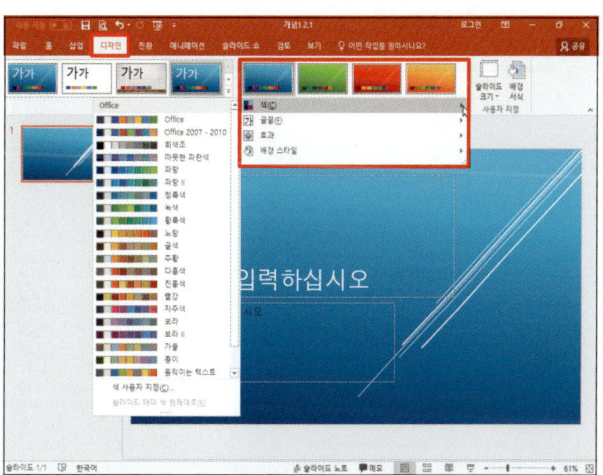

3 새 테마 색 만들기

[디자인] 탭-[적용] 그룹에서 자세히(▼)를 클릭하여 [색]-[색 사용자 지정]을 선택한다.

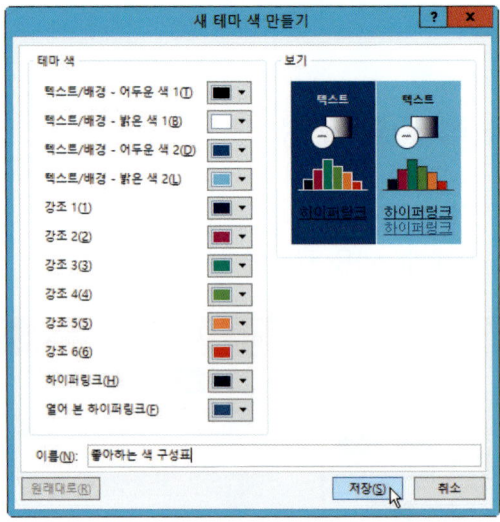

4 새 테마 글꼴 만들기

[디자인] 탭-[적용] 그룹에서 자세히(▼)를 클릭하여 [글꼴]-[글꼴 사용자 지정]을 선택한다.

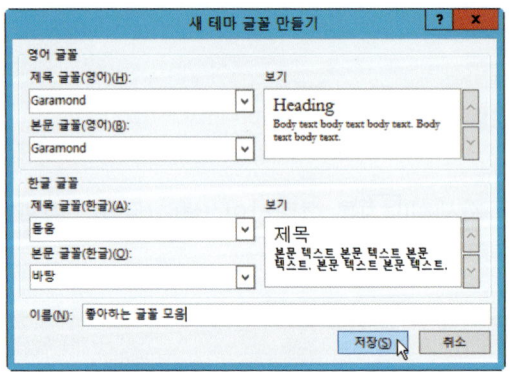

5 새 테마 저장

수정한 다음, [디자인] 탭-[테마] 그룹에서 자세히( )를 클릭하여 [현재 테마 저장]을 선택한다.

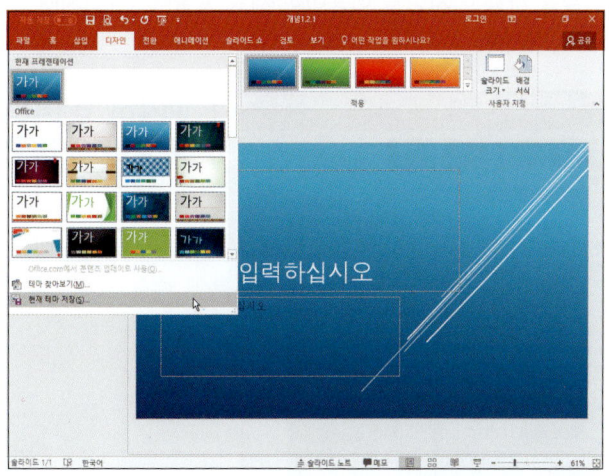

연습문제

"연습 1.2.1" 파일을 열어 글꼴 사용자 지정을 이용하여 제목 글꼴을 'HY엽서M'으로 변경하고, 슬라이드5의 테마를 '콘텐츠 2개'로 바꾸시오.

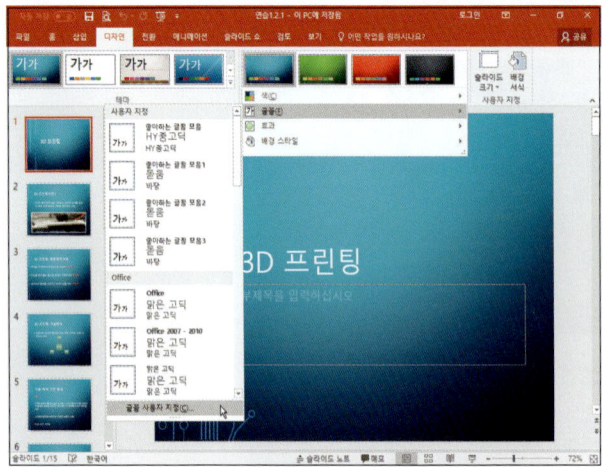

1. **[디자인]** 탭-**[적용]** 그룹에서 자세히(▼)를 클릭하여 **[글꼴]**-**[글꼴 사용자 지정]**을 선택한다.

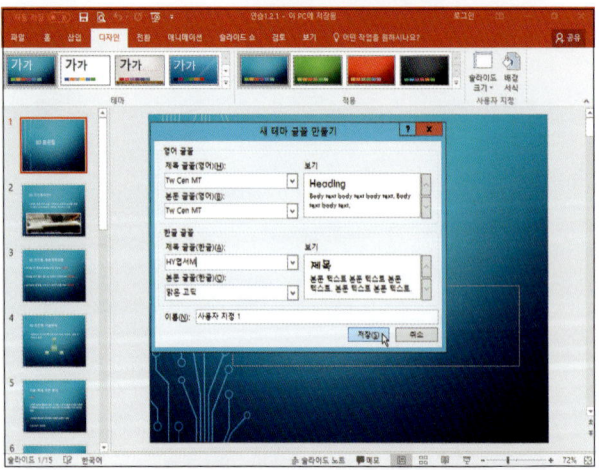

2. 제목 글꼴을 'HY엽서M'으로 변경하고 저장을 클릭한다.

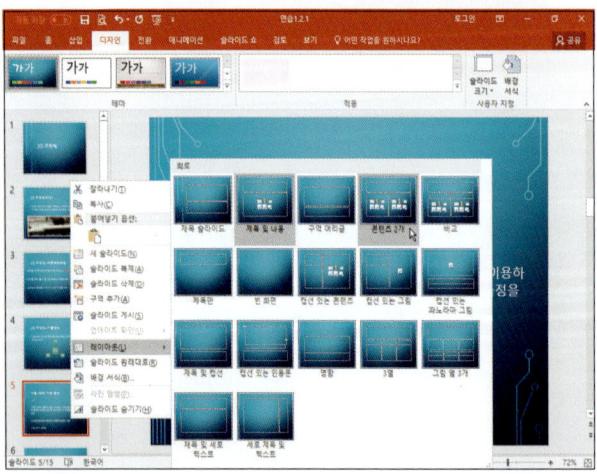

3. 슬라이드5 선택 후 오른쪽 버튼 누르고 [레이아웃]에서 '콘텐츠 2개'를 선택한다.

20 MOS PowerPoint 2016

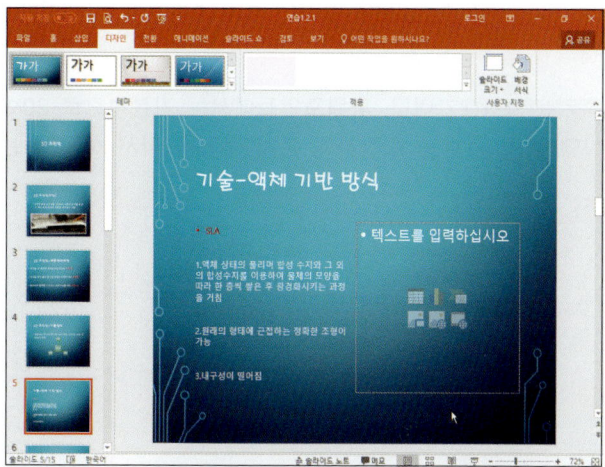

4. 결과모습이다.

 실행 취소 횟수를 최대한 많이 늘리기

조금 전까지 실행했던 작업을 취소시키는 단축키는 "Ctrl+Z"이다. 파워포인트에서는 기본적으로 20회 이전 작업까지의 실행을 취소할 수 있지만, 실행 취소 횟수를 수정하여 문서 작업을 다시 해야 하는 불편함을 최대한 줄일 수 있다.

1) [파일] 탭-[옵션]을 선택한다.

2) [PowerPoint 옵션] 창이 열리면 [고급] 범주를 선택하고 '편집 옵션'의 '실행 취소 최대 횟수'에 '100'을 입력한 후 [확인]을 클릭한다.

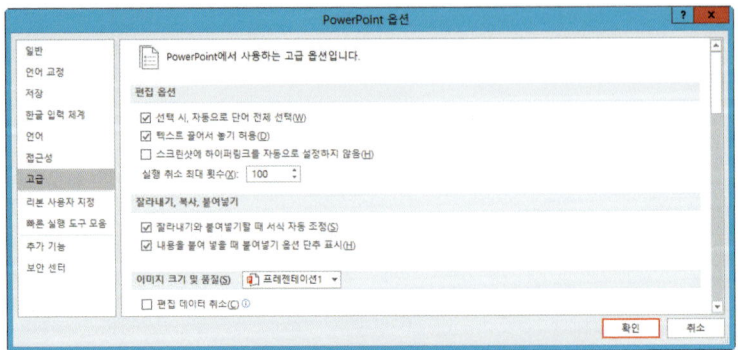

참고로, '편집 옵션'의 '실행 취소 최대 횟수'에는 최대 『150』까지 입력할 수 있다.

연습문제

PowerPoint 2016을 열어 '시차' 테마를 가진 새 프레젠테이션을 작성하시오.

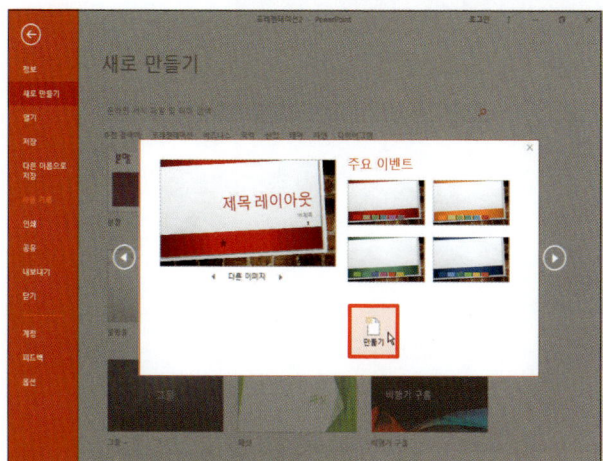

1. '주요 이벤트' 테마를 선택하고, 오른쪽의 **[만들기]** 단추를 클릭한다.

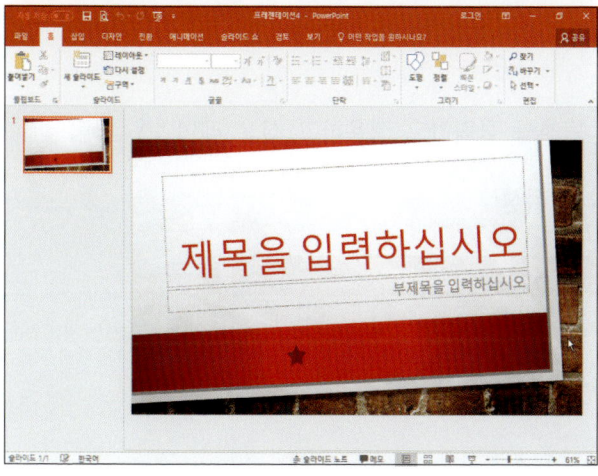

2. 새 프레젠테이션이 생성된다.

2. 슬라이드 마스터 적용 및 수정

1 슬라이드 레이아웃 적용

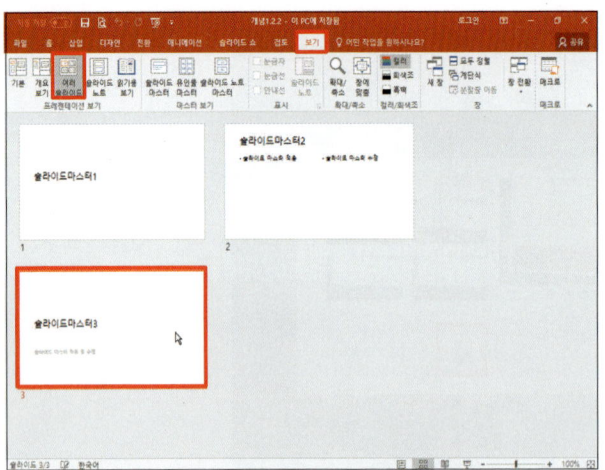

① [보기] 탭의 [여러 슬라이드] 보기 선택
② 레이아웃을 바꾸고 싶은 슬라이드를 선택
③ [홈] 탭의 [슬라이드] 그룹에서 [레이아웃] 단추를 클릭하고 적용하고 싶은 레이아웃 클릭

2 슬라이드 내용을 기본 레이아웃으로 다시 설정

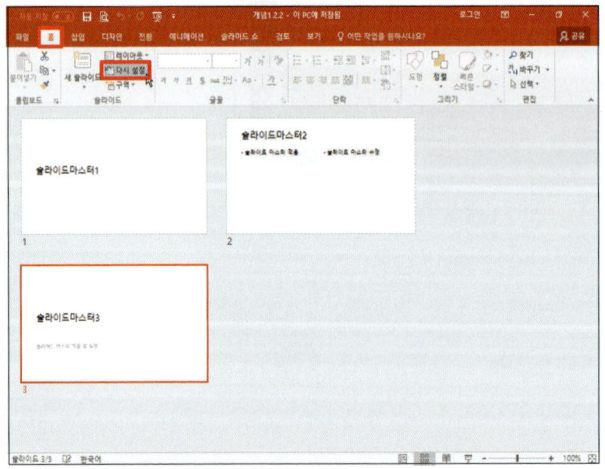

① [홈] 탭-[슬라이드] 그룹에서 [다시설정]

3 슬라이드 마스터 보기로 전환

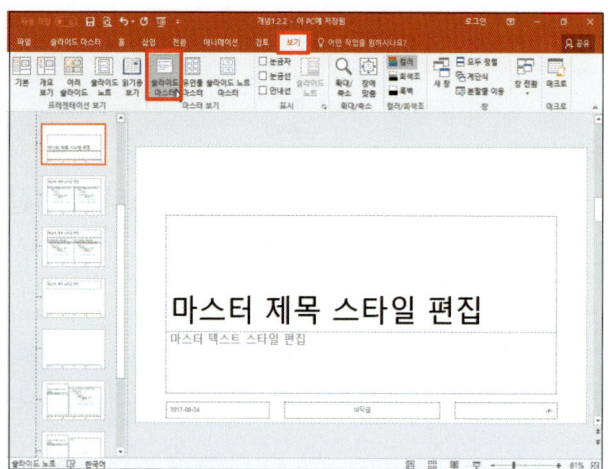

① [보기] 탭-[마스터 보기] 그룹에서 [슬라이드 마스터]

4 슬라이드 마스터 보기 닫기

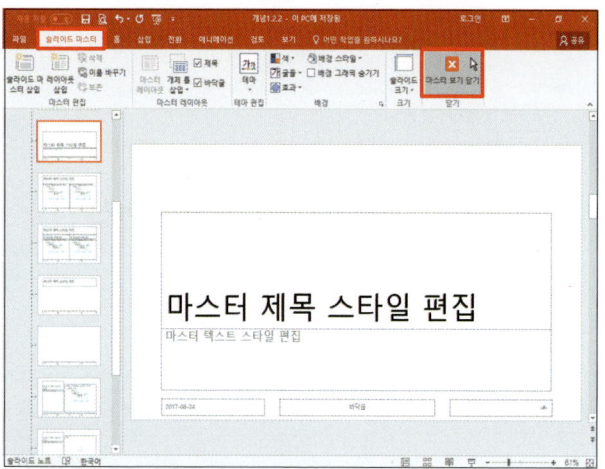

① [슬라이드 마스터] 탭-[닫기] 그룹에서 [마스터 보기 닫기]
② 상태 표시줄의 오른쪽 끝에 있는 [보기 바로 가기] 도구모음에서 아무 보기 단추나 클릭

5 슬라이드 마스터 수정

6 슬라이드 레이아웃에 내용 개체 틀 삽입

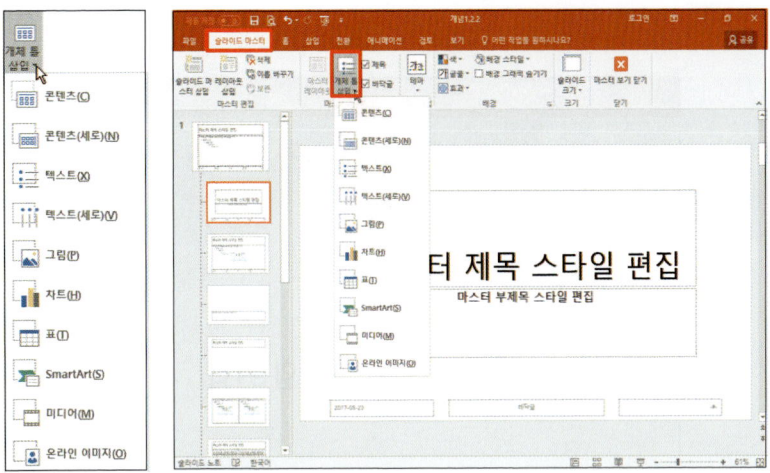

① **[마스터 레이아웃]** 그룹-**[개체 틀 삽입]**에서 [콘텐츠], [텍스트], [그림], [차트], [표], [SmartArt], [미디어], [온라인 이미지]를 선택
② 개체 틀을 선택한 후 슬라이드에 마우스를 이용하여 개체 틀을 그린다.

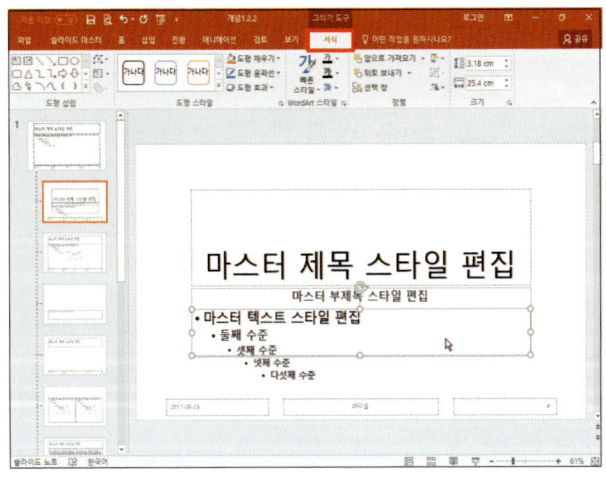

③ [서식] 도구 탭의 도구를 이용하여 크기, 위치, 윤곽선 또는 채우기를 변경한다.

7 슬라이드 마스터나 레이아웃에서 개체 틀 수정
① 개체 틀 클릭한 다음 [서식] 도구 탭의 도구를 사용하여 크기, 위치, 윤곽선 또는 채우기를 변경한다.

8 슬라이드 마스터나 레이아웃에서 텍스트 수정
① [홈] 탭

9 슬라이드 마스터나 레이아웃에서 배경 이미지 구성
① **[슬라이드 마스터]** 탭-**[배경]** 그룹에서 **[배경 스타일]**
② **[슬라이드 마스터]** 탭-**[배경]** 그룹에서 **[배경 스타일]** 클릭. **[배경 서식]** 창

🔟 슬라이드 마스터나 레이아웃에서 머리글 및 바닥글 요소 제어

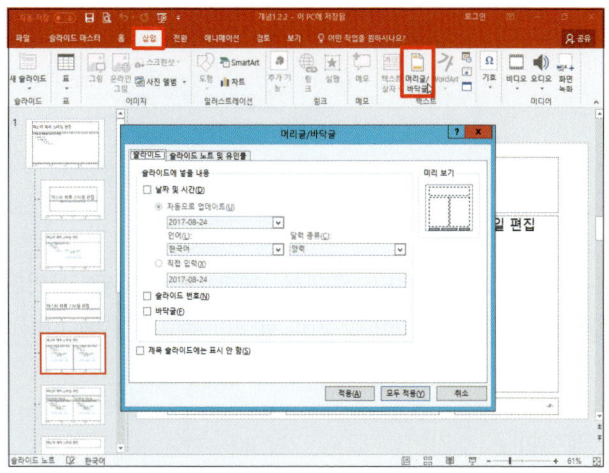

① [삽입] 탭-[텍스트] 그룹에서 [머리글/바닥글]
② [날짜 및 시간] 확인란을 선택할 경우 [자동으로 업데이트] 옵션을 선택하고 표시 형식과 언어를 지정할 수 있다. [직접 입력] 옵션을 선택하고 직접 입력할 수 있다.
③ 제목 슬라이드 레이아웃의 머리글과 바닥글을 표시하고 싶지 않으면 [제목 슬라이드에는 표시 안 함] 확인란을 선택한다.
④ 그 외에 [슬라이드 번호], [바닥글] 옵션이 있다.
    ❖ 슬라이드 번호 : 각 슬라이드 마다 슬라이드의 번호를 표시할 수 있다.
    ❖ 바닥글 : 입력한 내용이 바닥글 영역에 표시된다.

1️⃣1️⃣ 슬라이드 마스터와 별도로 슬라이드 레이아웃 수정

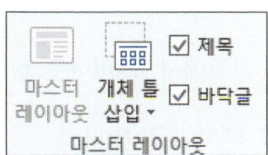

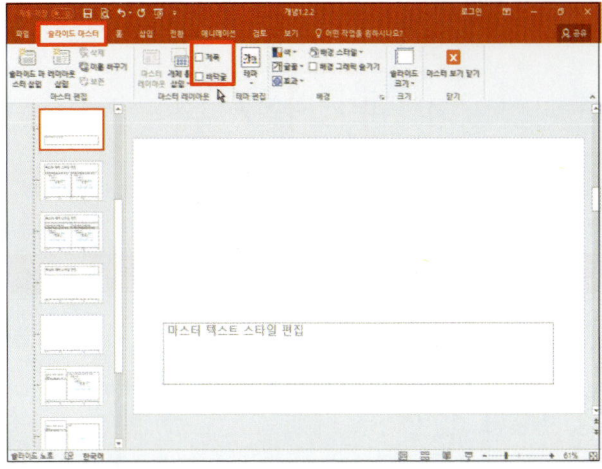

① [슬라이드 마스터] 탭-[마스터 레이아웃] 그룹에서 [제목]과 [바닥글] 확인란 선택/제거
  ❖ 제목과 바닥글 확인란 선택시 제목과 바닥글이 선택한 슬라이드에 나타나고 제거시 슬라이드에서 사라진다.

12 슬라이드 마스터에 레이아웃 추가

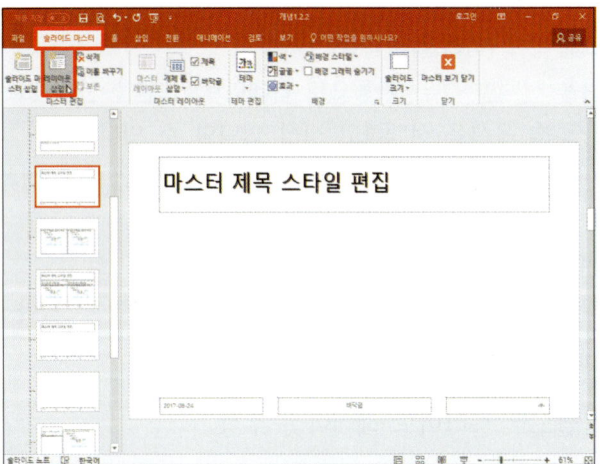

① [슬라이드 마스터] 탭-[마스터 편집] 그룹에서 [레이아웃 삽입]

13 슬라이드 마스터에서 하나 이상의 레이아웃 제거

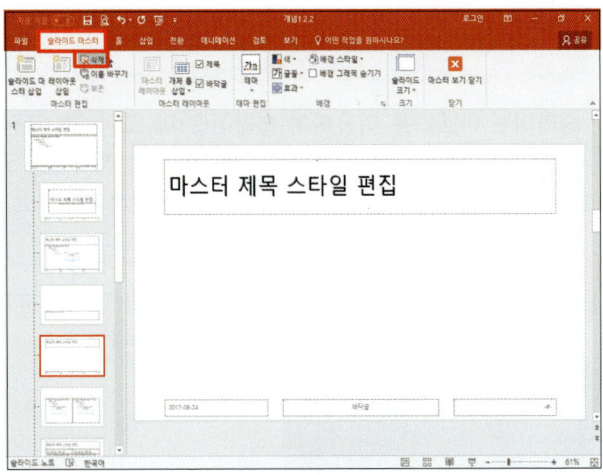

① 슬라이드 창 Delete
② **[슬라이드 마스터]** 탭-**[마스터 편집]** 그룹에서 **[삭제]**

"연습 1.2.2" 파일을 열어 슬라이드 마스터를 이용하여 슬라이드1에 그림 '3D 프린터'를 삽입하고, 위치를 가로 : '21.08'cm, 세로 : '-0.02'cm로 조정하시오. 슬라이드3에 '속이 찬 정사각형 글머리 기호'를 설정하시오. 제목 슬라이드를 제외한 모든 슬라이드에 슬라이드 번호를 삽입하시오.

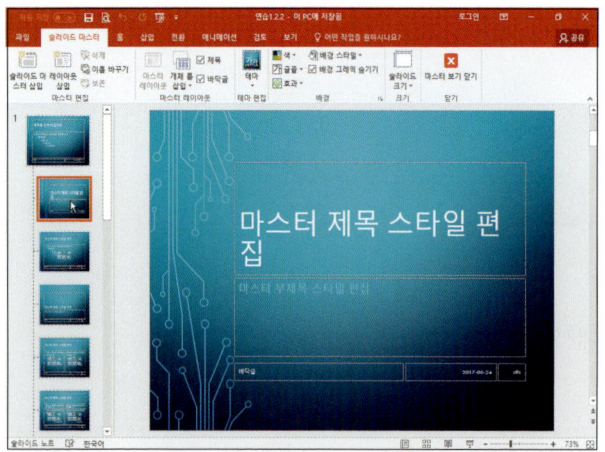

1. [보기]-[마스터 보기] 그룹에서 [슬라이드 마스터] 탭 실행하고, 제목 스타일 편집을 선택한다.

2. [삽입] 탭-[이미지] 그룹에서 그림을 선택하여 그림 '3D 프린터'를 삽입한다.

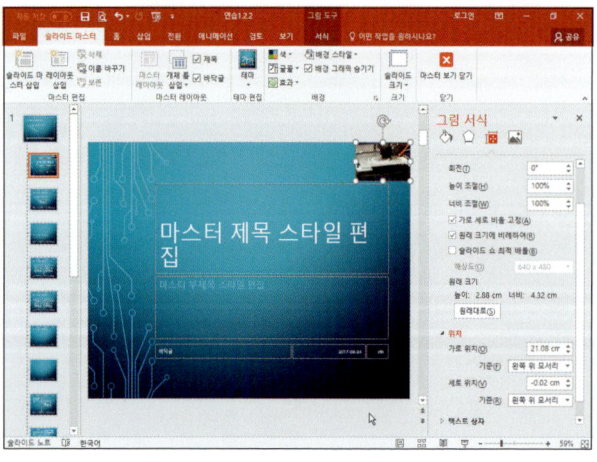

3. 위치를 가로 : '21.08'cm, 세로 : '-0.02'cm로 조정한다.

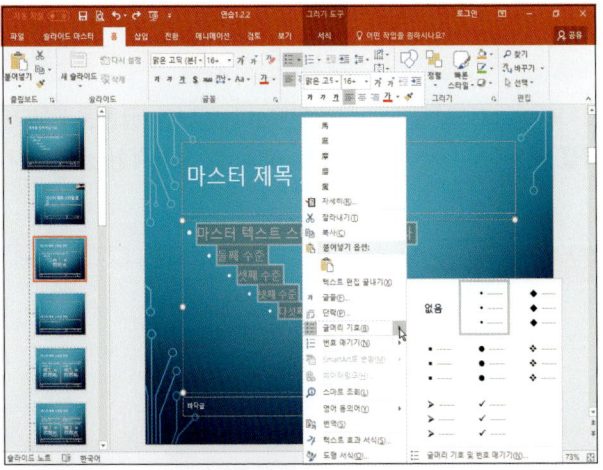

4. **[슬라이드 마스터]** 탭에서 제목 및 내용을 선택한다.

5. 마우스 오른쪽 버튼을 눌러 글머리 기호에서 '속이 찬 정사각형 글머리 기호'를 선택한다.

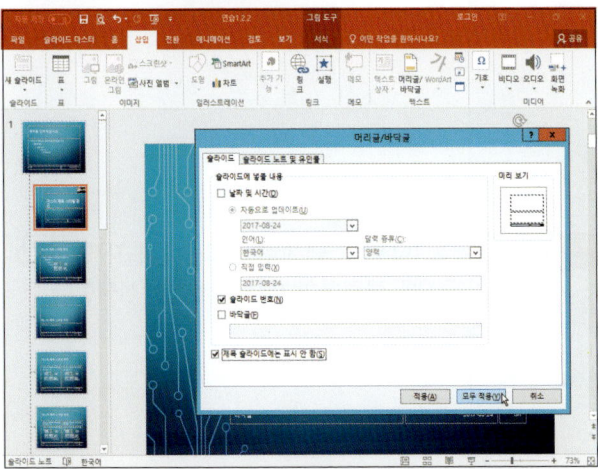

6. **[삽입]-[텍스트]**에서 **[머리글/바닥글]**을 선택하고, 슬라이드 번호와 제목 슬라이드에는 표시 안함을 선택하고 모두 적용을 시킨다.

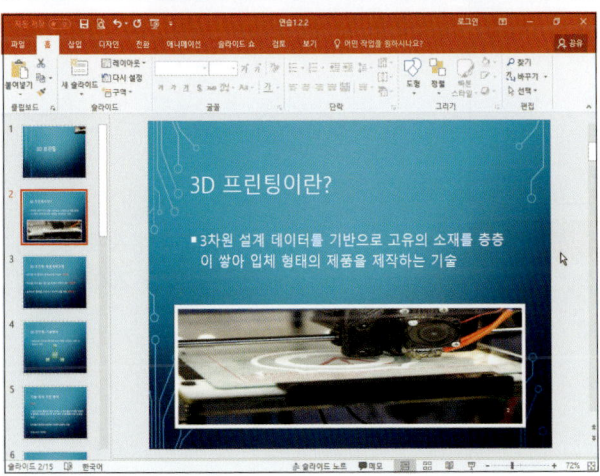

7. **[마스터 닫기]**를 클릭하고 결과 화면이다.

MOS 시험 유형 1

"시험 1.2.1" 파일을 열어 프레젠테이션 테마를 '패싯'으로 설정하고, 프레젠테이션 테마 글꼴을 'Office 2007 - 2010'으로 변경하시오. 슬라이드 마스터를 이용하여 '글머리 기호를 속이 찬 정사각형 글머리 기호'로 변경하시오.

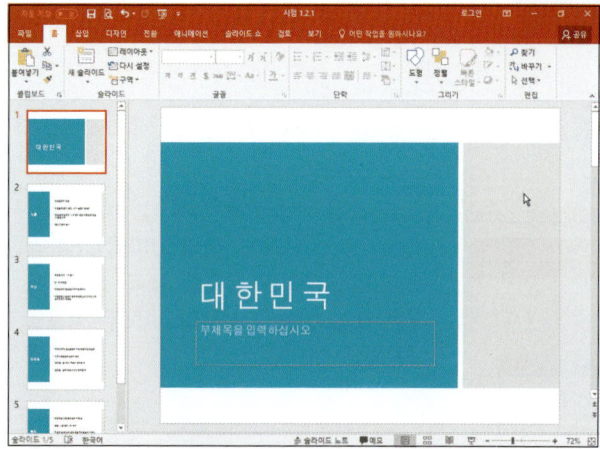

1. "시험 1.2.1" 파일을 실행한다.

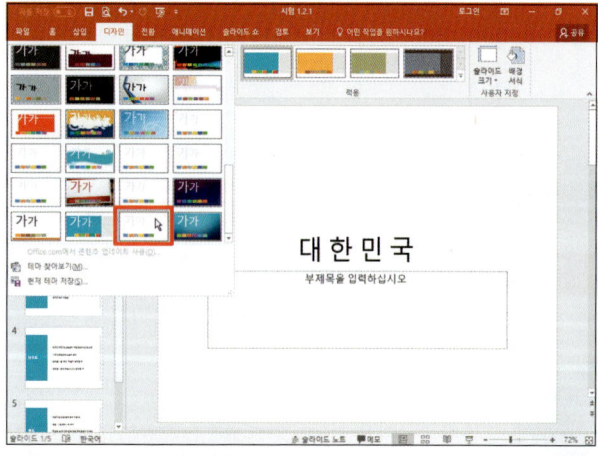

2. **[디자인]** 탭-**[테마]** 그룹에서 자세히(▼)를 클릭하여 **[패싯]** 테마를 선택한다.

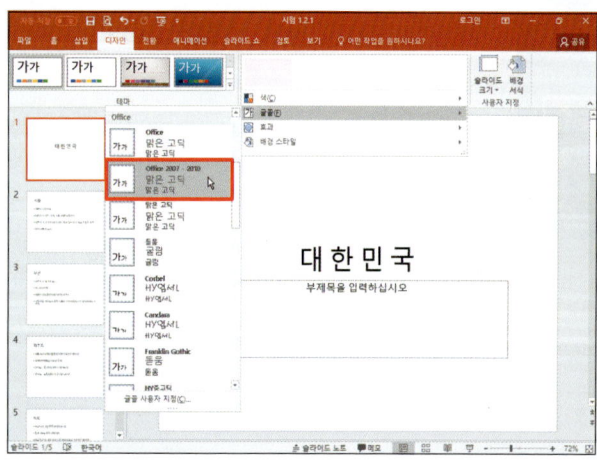

3. **[디자인]** 탭-**[적용]** 그룹에서 자세히(▼)를 클릭하여 **[글꼴]**-**[Office 2007-2010]** 글꼴을 선택한다.

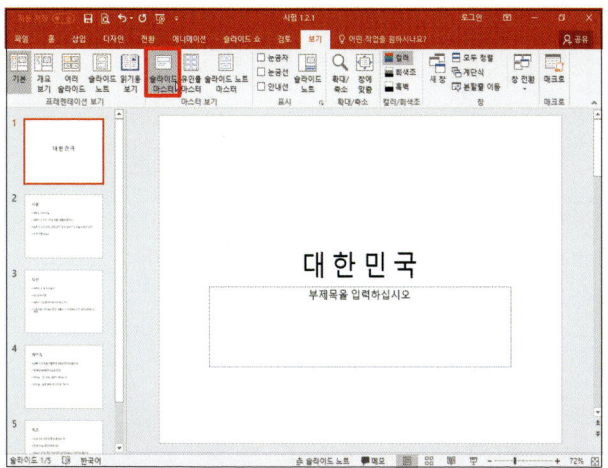

4. [보기]-[마스터 보기] 그룹에서 [슬라이드 마스터]를 클릭한다.

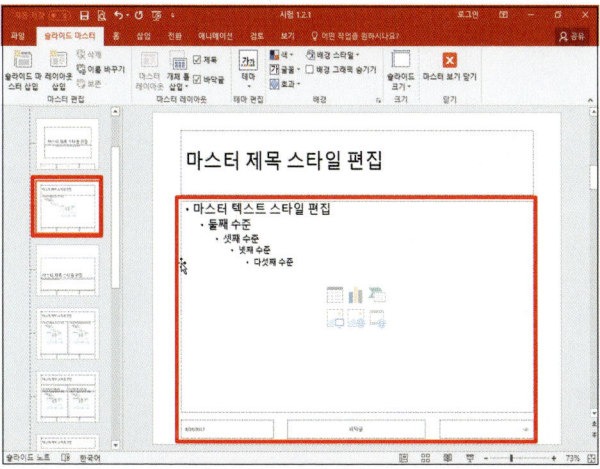

5. 제목 및 내용 레이아웃을 선택한 후 마스터 텍스트 스타일을 클릭한다.

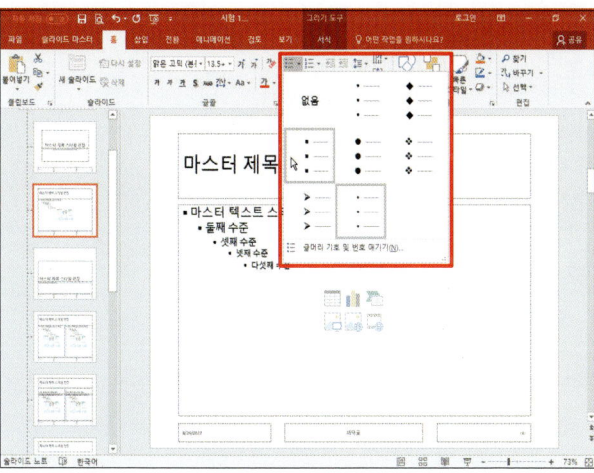

6. [홈]-[단락] 그룹에서 [글머리 기호]를 클릭하여 '속이 찬 정사각형 글머리 기호'를 선택한다.

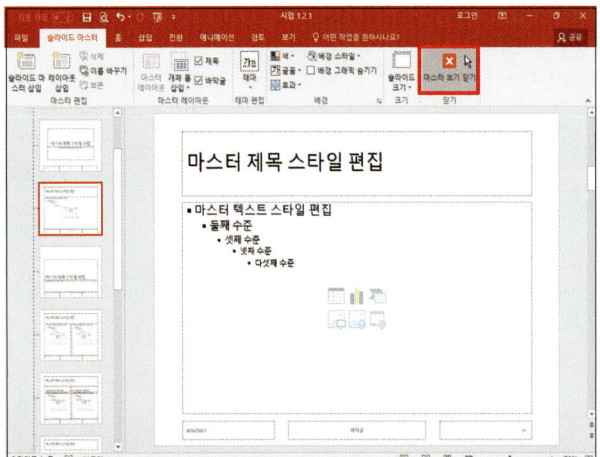

7. **[슬라이드 마스터]-[닫기]** 그룹에서 **[마스터 보기 닫기]**를 클릭한다.

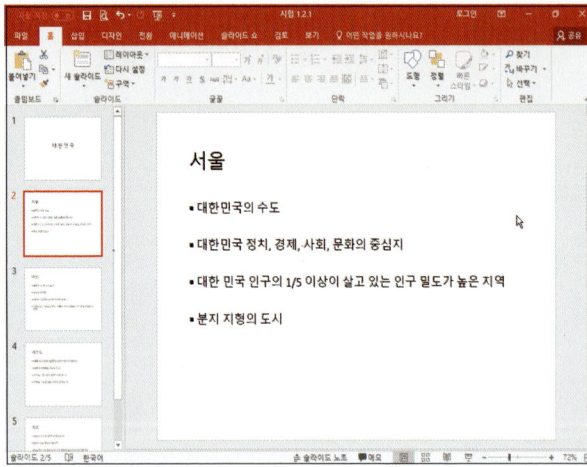

8. 결과 화면을 확인한다.

 **MOS 시험 유형 2**

"시험 1.2.2" 파일을 열어 슬라이드 마스터를 이용하여 제목 슬라이드에 그림 '길'을 삽입하고, 그림 위치를 가로, 세로 왼쪽 위 모서리 기준 0cm로 적용하시오. 제목 슬라이드를 제외한 모든 슬라이드에 슬라이드 번호를 삽입하시오.

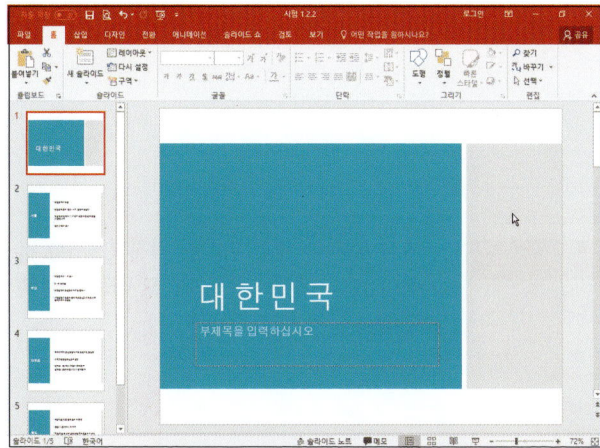

1. "시험 1.2.2" 파일을 실행한다.

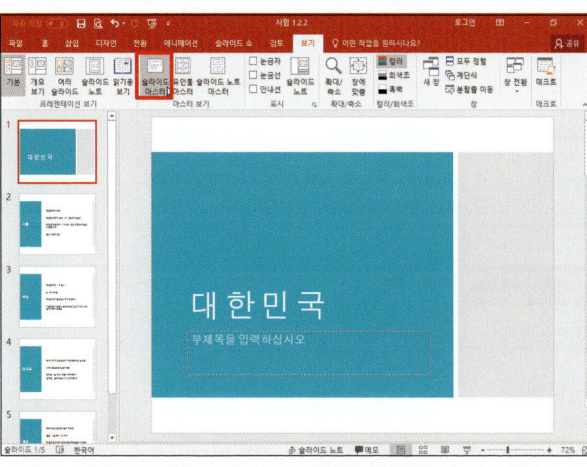

2. **[보기]**–**[마스터 보기]** 그룹에서 **[슬라이드 마스터]**를 클릭한다.

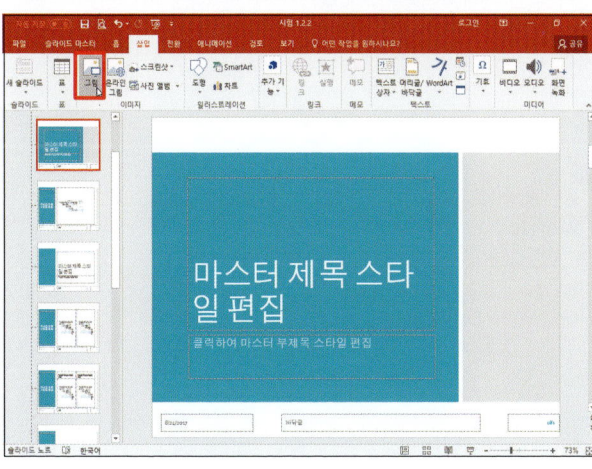

3. **[삽입]** 탭–**[이미지]** 그룹에서 그림을 선택하여 참고 폴더 안에 있는 그림 '길'을 삽입한다.

chapter 01 프레젠테이션 시작하기 **35**

4. 삽입한 그림의 위에서 마우스 오른쪽 단추를 눌러 [크기 및 위치]를 클릭한다.

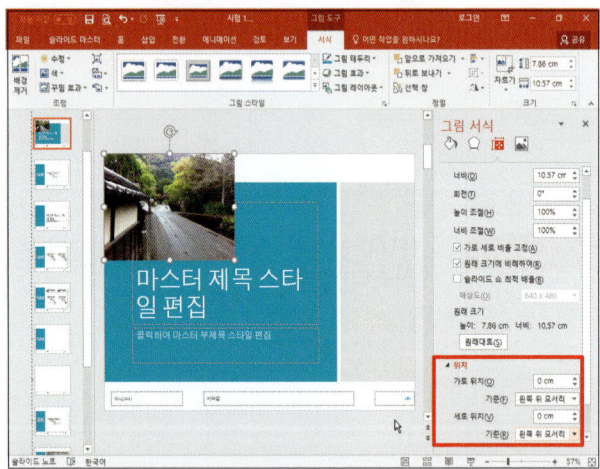

5. 가로 위치와 세로 위치를 각각 '0'cm를 입력한 후 기준을 왼쪽 위 모서리로 선택한다.

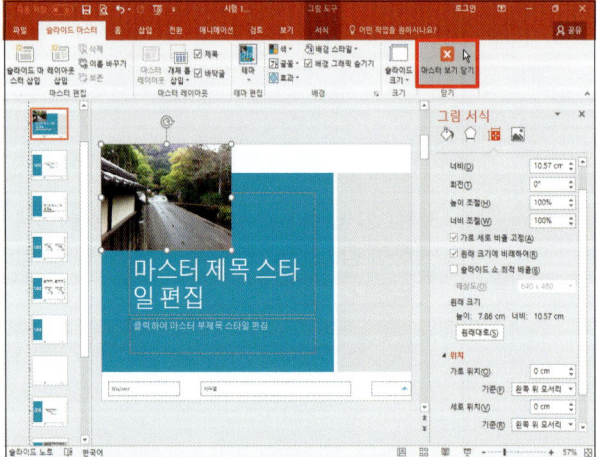

6. [슬라이드 마스터]-[닫기] 그룹에서 [마스터 보기 닫기]를 클릭한다.

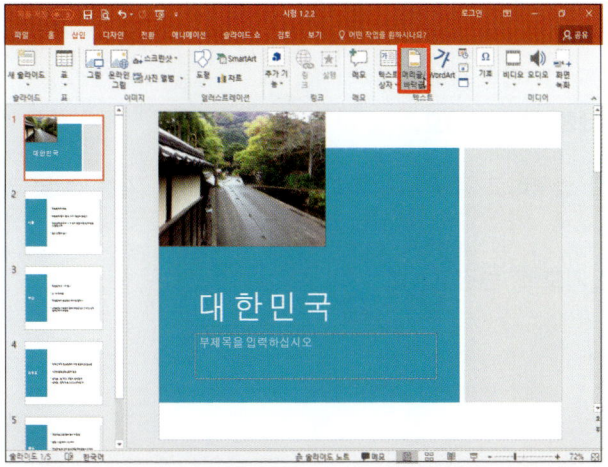

7. [삽입] 탭-[텍스트] 그룹에서 [머리글/바닥글]을 클릭한다.

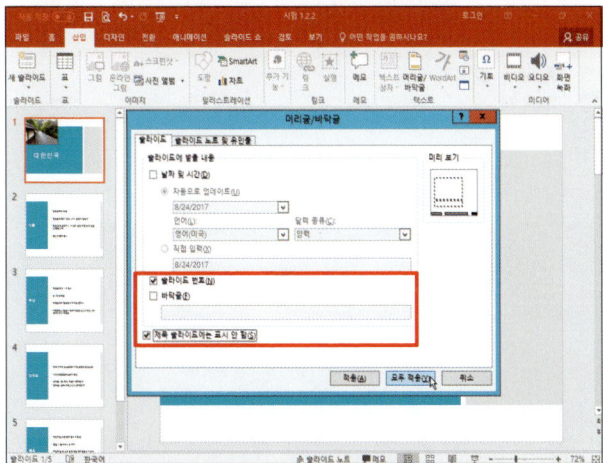

8. 슬라이드 번호와 제목 슬라이드에는 표시 안함을 선택하고 모두적용을 클릭한다.

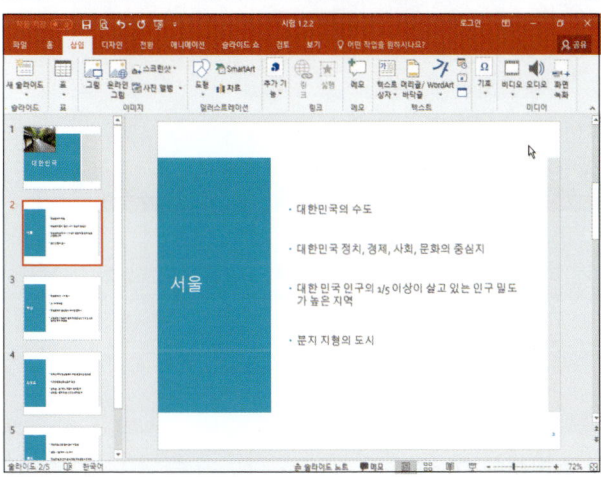

9. 결과 화면을 확인한다.

실전 활용 예제_02

02. PowerPoint 2016을 실행하고, 다음 문제를 풀이하시오.

(1) 온라인 서식 파일 및 테마 검색에서 '발표'를 입력하고 검색하여 '학교용 프레젠테이션, 가는 선 및 리본 디자인' 프레젠테이션을 새로 만드시오.

(2) 슬라이드 마스터를 이용하여 '별표 글머리 기호'로 변경하시오.

(3) 배경 스타일을 스타일8로 변경하시오.

결과 파일

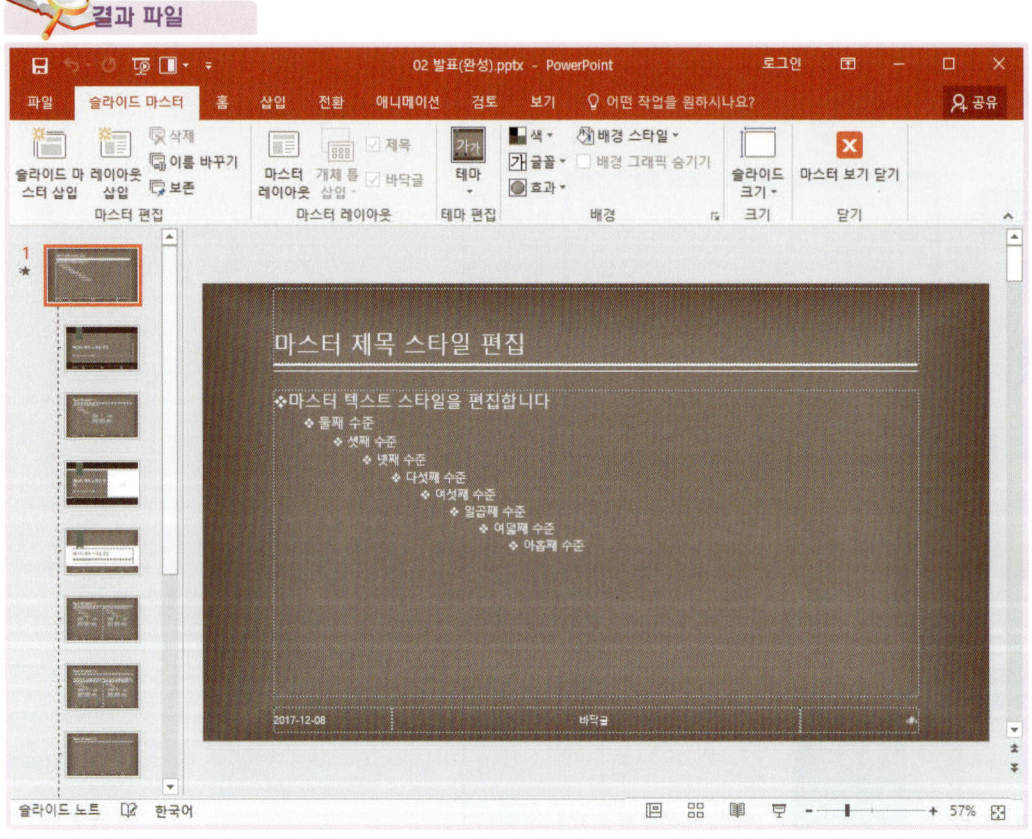

새로 만들기 - 온라인 서식 및 테마 검색, 슬라이드 마스터

section 4 프레젠테이션 옵션 및 보기 조정

1. 프레젠테이션 속성 관리

프레젠테이션의 <문서 속성>에는 기본적으로 제목, 만든 이, 주제, 문서의 내용을 식별하는 키워드 등의 정보가 포함된다. 이와 같은 기본적인 속성 이외에 사용자가 원하는 문서 속성 필드에 적절한 값을 지정하여 저장할 수 있다. <문서 속성>을 통해 나중에 문서를 쉽게 구성하고 식별할 수 있고, 속성에 따라 문서를 검색할 수 있다.

1 [파일] 탭-[정보] 명령을 클릭하면, 화면 오른쪽에 기본적인 문서 속성 정보가 표시된다. 문서 속성의 아래 [모든 속성 표시]를 클릭한다.

2 주제를 속성으로 설정하기 위해 기본 속성 목록의 [주제]에 문구를 입력하고, [ENTER] 키를 누른다.

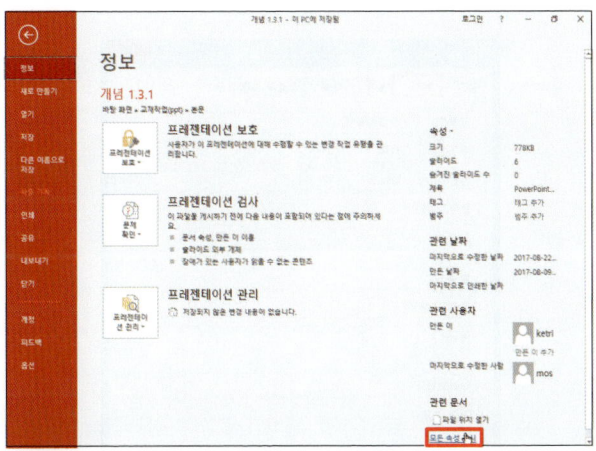

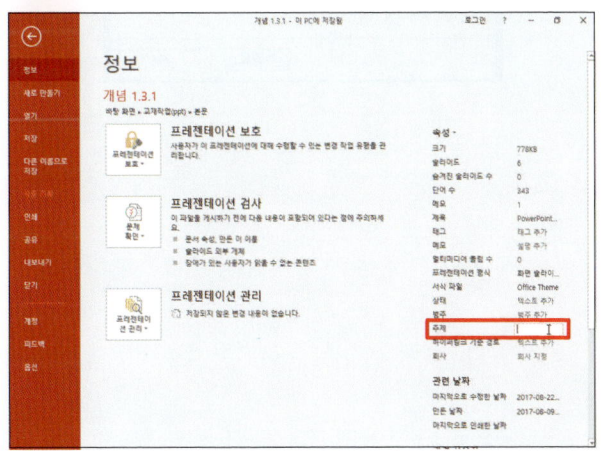

chapter 01 프레젠테이션 시작하기

3 기본 속성에 없는 그 밖의 속성을 추가하려면 [속성]-[고급 속성]을 클릭한다.

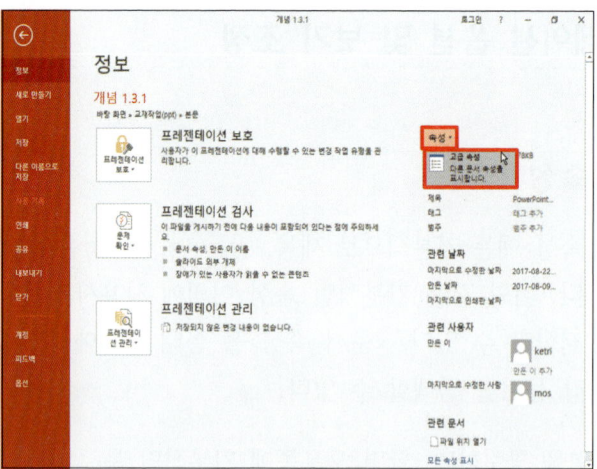

4 [속성] 대화 상자의 [요약] 탭에는 기본 속성이 표시되어 있다. [사용자 지정] 탭으로 이동해서 속성의 [이름]을 직접 입력하거나 목록에서 선택한다. [값]을 입력하고, [추가] 단추를 누르면 속성 목록에 정보가 추가된다. [확인] 단추를 클릭한다.

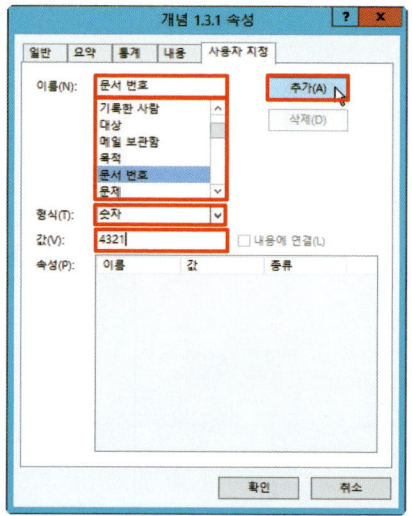

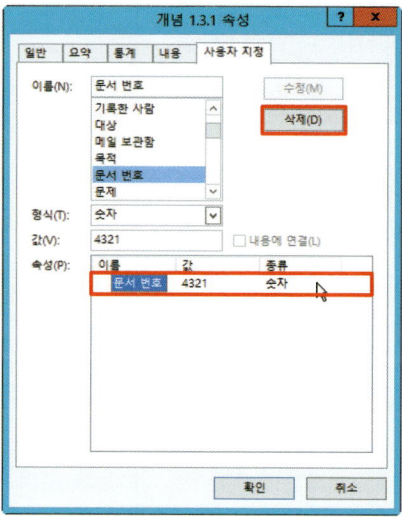

"연습 1.3.1" 파일을 열어 프레젠테이션 속성 중 사용자 지정 탭에서 이름에 '키워드'를 입력하고, 값으로 '사업계획서'를 입력하시오.

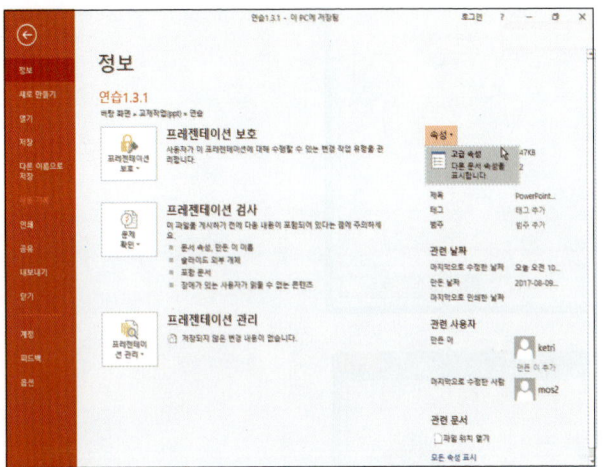

1. **[파일]** 탭-**[정보]** 명령에서 **[속성]**-**[고급 속성]**을 클릭한다.

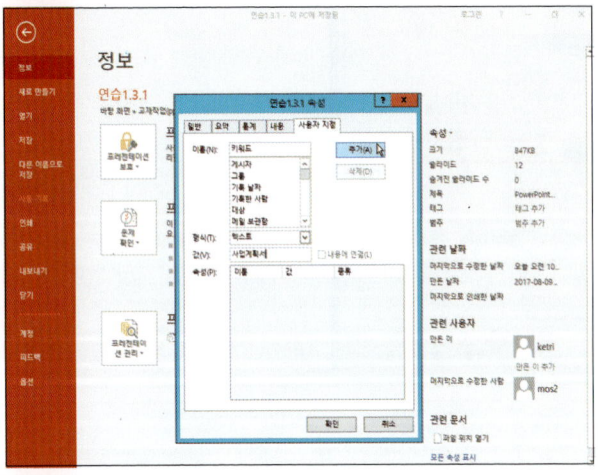

2. **[사용자 지정]**에서 이름에 '키워드'를 입력한 후, 값으로 '사업계획서'를 입력하고 추가를 클릭한다.

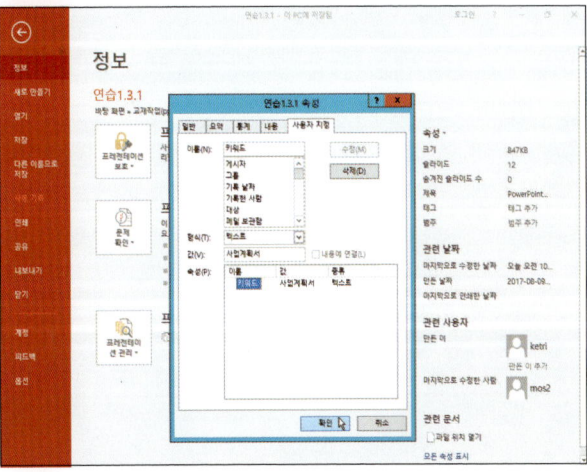

3. 확인 버튼을 클릭한다.

2. 슬라이드 설정 옵션 구성

[디자인] 탭의 [페이지 설정] 그룹을 통해 슬라이드의 페이지 종류와 크기, 그리고 슬라이드의 방향을 지정한다. 기본적으로 설정되어 있는 화면 슬라이드 쇼(4:3) 슬라이드 크기를 여러 가지로 조절할 수 있고, 슬라이드 방향 또한 가로 및 세로로 변경할 수 있다. 또한 슬라이드 시작 번호도 변경할 수 있다.

1 [디자인] 탭-[사용자 지정] 그룹-[슬라이드 크기] 명령을 클릭하면 [사용자 지정 슬라이드 크기] 대화 상자가 실행된다.

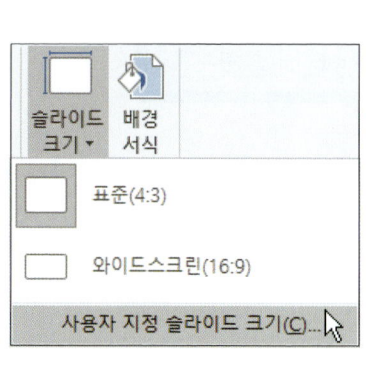
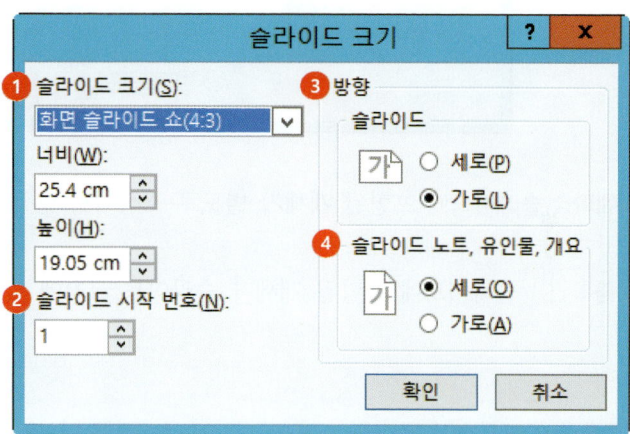

❶ **슬라이드 크기** : 슬라이드 크기를 설정한다. 화면 슬라이드 쇼 비율을 설정하거나 A3, A4, B4, B5와 같이 용지 크기에 맞출 수 있다. 또한 '사용자 지정'을 선택하면 화면의 높이, 너비 값을 직접 입력할 수 있다.

❷ **슬라이드 시작 번호** : 슬라이드1을 1번이 아닌 다른 번호로 지정할 수 있다. 슬라이드 시작번호를 변경한다.

❸ **슬라이드 방향** : 슬라이드 방향을 가로 또는 세로로 변경한다. 기본 방향은 '가로'이다.

❹ **슬라이드 노트, 유인물, 개요 방향** : 슬라이드 노트나 유인물, 개요문서의 방향을 가로 또는 세로로 변경한다.

2 [디자인] 탭-[사용자 지정] 그룹-[슬라이드 크기] 명령을 클릭하면 [사용자 지정 슬라이드 크기] 대화 상자-[슬라이드 방향] 명령을 통해 슬라이드 방향을 바로 설정할 수 있다.

3 슬라이드 크기 조정

[Ctrl]+[Z]를 누르거나 빠른 실행 도구 모음에서 [페이지 설정 취소]를 선택하면 슬라이드 크기가 되돌려진다.

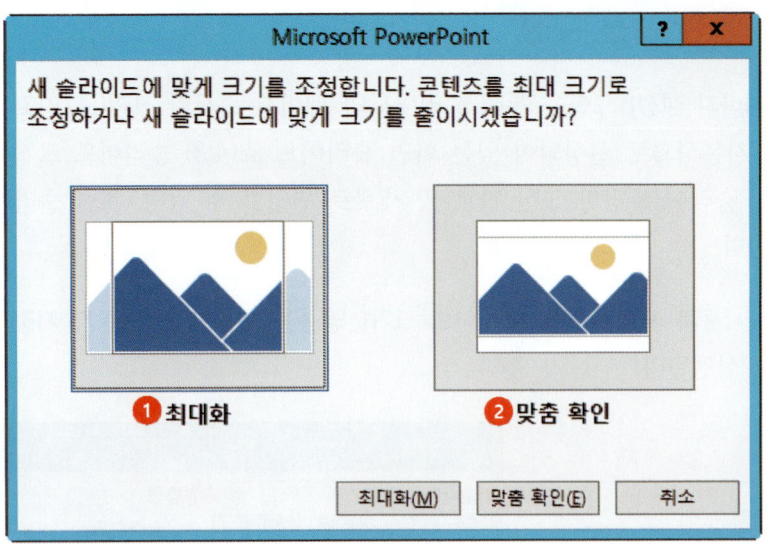

❶ **최대화** : 슬라이드에 포함된 개체가 별도로 조정되지 않고 강제로 조정이 되어 잘려 나가게 됩니다.

❷ **맞춤확인** : 슬라이드에 포함된 개체가 슬라이드 크기에 맞춰 자동 정렬되어 나타납니다.

 연습문제

"연습 1.3.2" 파일을 열어 슬라이드 크기를 화면 슬라이드 쇼(16:10)로 변경하고 슬라이드의 크기를 최대화하여 조정하시오.

1. [디자인] 탭-[사용자 지정] 그룹-[슬라이드 크기] 명령을 클릭하고 [사용자 지정 슬라이드 크기] 대화 상자를 실행한다.

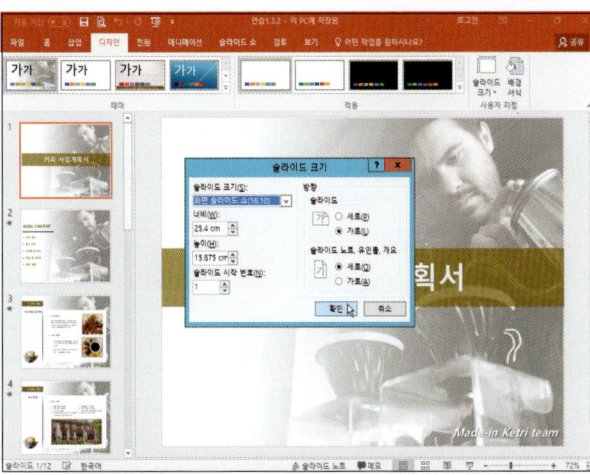

2. 슬라이드 크기를 화면 슬라이드 쇼(16:10)로 변경한다.

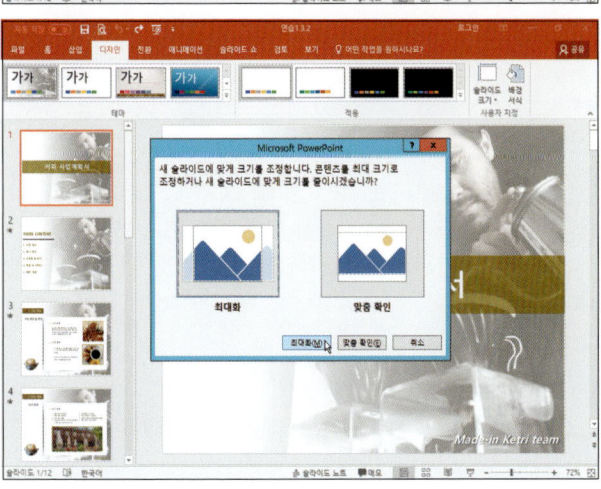

3. 최대화를 선택한다.

4. 결과 화면이다.

3. 프레젠테이션의 다른 보기 표시

프레젠테이션 용도에 따라 작업을 수행하기 위해 슬라이드를 다른 보기 형식으로 전환한다. <프레젠테이션 보기>는 각종 프레젠테이션과 관련하여 다양한 슬라이드 형태와 읽기용 보기를 나타낸다. [프레젠테이션 보기] 그룹에는 기본 보기, 여러 슬라이드 보기, 슬라이드 쇼, 슬라이드 노트가 있으며, [마스터 보기] 그룹에는 슬라이드 마스터, 유인물 마스터, 슬라이드 노트 마스터 보기가 있다.

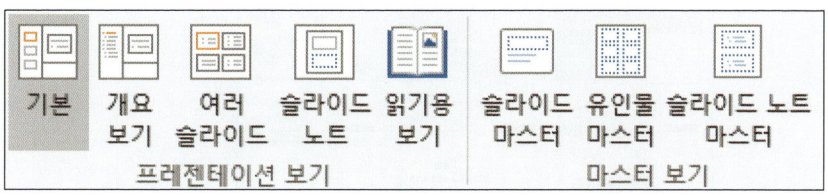

① 파워포인트 2016에서 보기 상태는 [기본 보기]로 설정되어 있다. 기본 보기 상태에서는 프레젠테이션의 내용을 개괄적으로 보면서 개요, 슬라이드, 슬라이드 노트 각 부분에 대한 세부사항들을 편집할 수 있다. 각 창에서의 작업은 각각의 단일 보기 상태에서와 같이 할 수 있다.

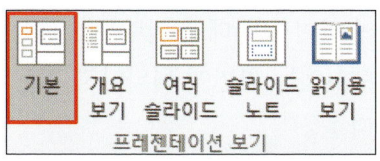

② 여러 슬라이드로 보기 위해 [보기] 탭-[프레젠테이션 보기] 그룹-[여러 슬라이드] 명령을 클릭한다. 여러 슬라이드 보기는 프레젠테이션의 모든 슬라이드를 작은 그림으로 보여주기 때문에 프레젠테이션의 전체 흐름을 파악하기가 용이하다. 슬라이드를 원하는 위치에 복사·이동하거나 삭제하는 작업을 할 때 편리하지만 슬라이드 내부의 내용에 대한 편집은 할 수 없다.

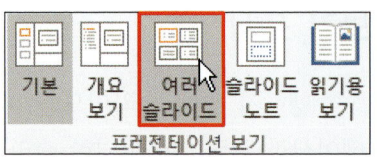

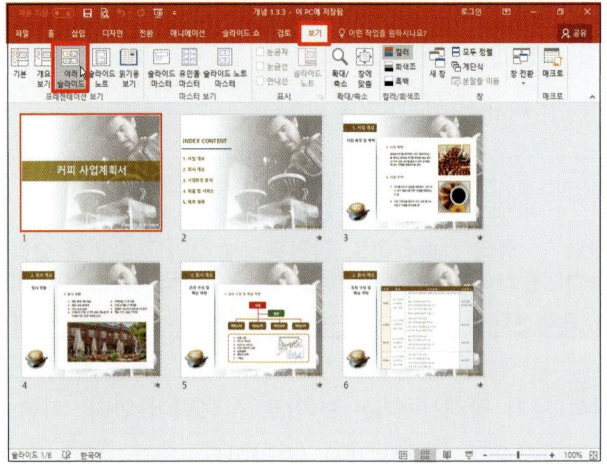

3 슬라이드 노트로 보기 위해 [보기] 탭-[프레젠테이션 보기] 그룹-[슬라이드 노트] 명령을 클릭한다. 슬라이드 노트는 하나의 슬라이드와 메모 입력 틀로 이루어져 있고, 슬라이드 노트에 기입된 내용은 슬라이드 쇼 진행시에는 화면에 나타나지 않는다. 출력하여 유인물이나 발표자의 참고자료로 활용할 수 있다.

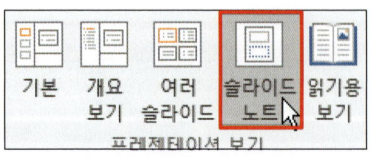

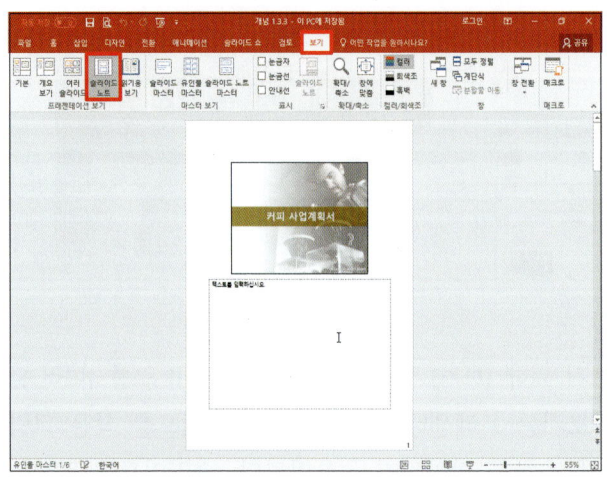

4 [보기] 탭-[프레젠테이션 보기] 그룹-[읽기용 보기] 명령을 클릭한다. 읽기용 보기는 모니터에 별도의 창으로 슬라이드 쇼가 표시되어 프레젠테이션을 쉽게 검토할 수 있다. 종료하려면 [ESC] 키를 누른다.

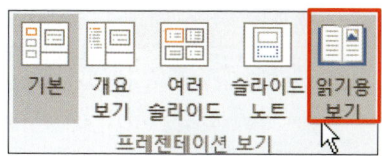

"연습 1.3.3" 파일을 열어 슬라이드2의 텍스트 상자의 내용을 잘라내기하여 노트에 붙여 넣으시오.

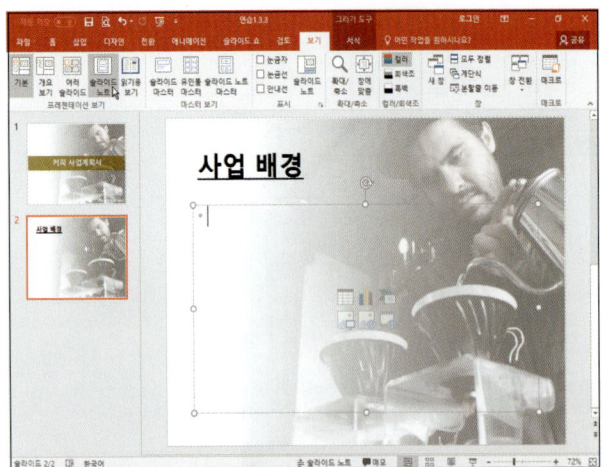

1. 슬라이드2의 텍스트 상자의 내용을 잘라내기하고 [보기] 탭-[프레젠테이션 보기] 그룹-[슬라이드 노트] 명령을 클릭한다.

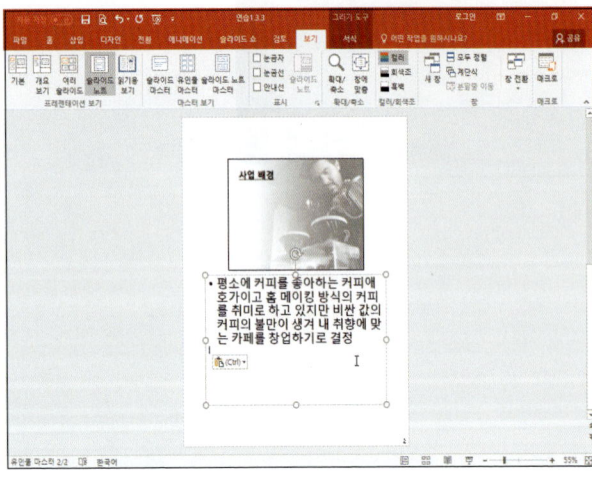

2. 잘라낸 내용을 노트에 붙여 넣는다.

실전 활용 예제_03

03. 대한민국 파일을 열고, 다음 문제를 풀이하시오.

(1) 속성 키워드에 '도시소개'를 추가하시오.

(2) 슬라이드 크기를 화면 슬라이드 쇼(16:10)로 변경하고 슬라이드의 크기를 최대화하여 조정하시오.

(3) 슬라이드2의 텍스트 상자의 내용을 복사하여 노트에 붙여 넣으시오.

🔍 결과 파일

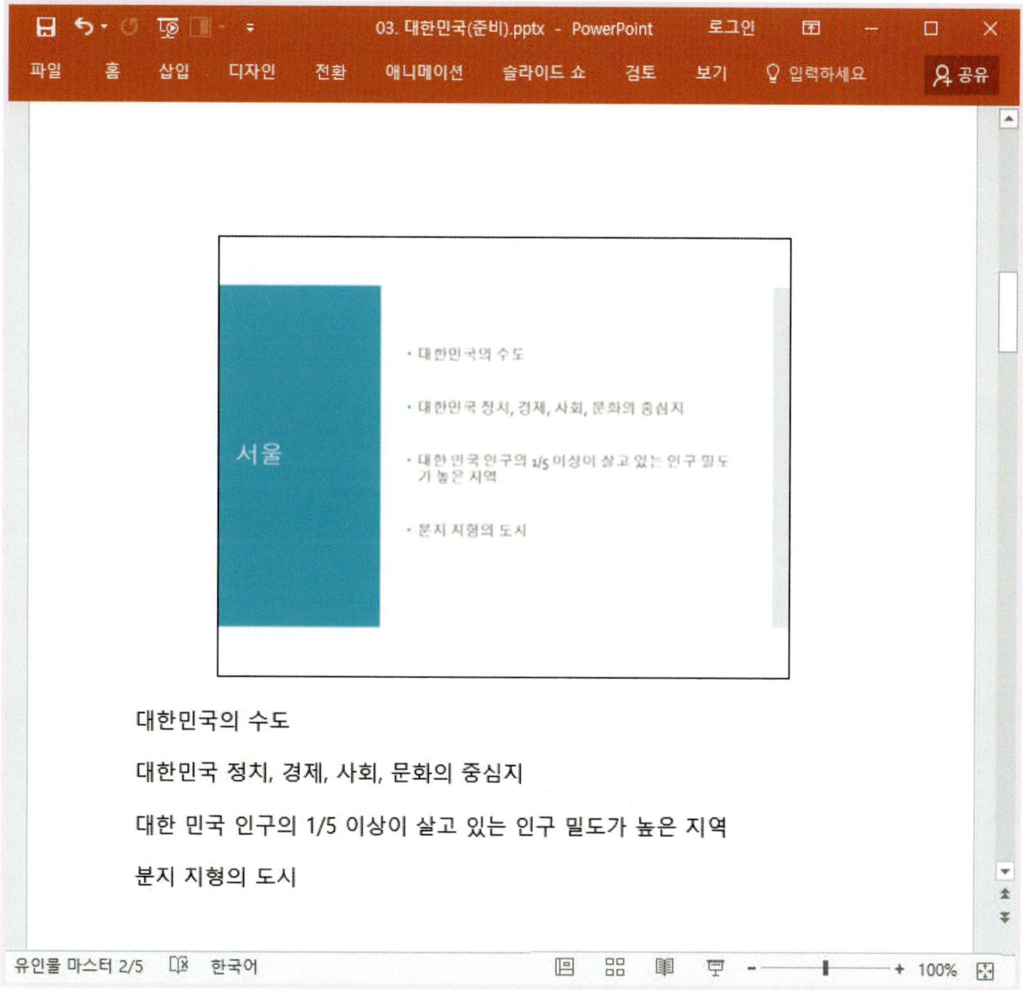

📚 문제 풀이에 필요한 기능

파일 - 정보 - 고급 속성, 디자인 - 슬라이드 크기, 보기 - 슬라이드 노트박면

MOS PowerPoint 2016

MOS PowerPoint 2016

슬라이드 프레젠테이션 생성

chapter 02

section 1 슬라이드 삽입 및 서식 지정
section 2 도형 삽입 및 서식 지정
section 3 슬라이드 정렬 및 그룹화

1 슬라이드 삽입 및 서식 지정

1. 슬라이드 추가, 제거 및 숨기기 (예제 위치 : 본문/개념2.1.1)

슬라이드를 작성하다보면 슬라이드를 추가하거나 불필요한 슬라이드를 제거 또는 숨겨야 할 상황이 생긴다. 새 슬라이드는 현재 슬라이드를 기준으로 그 다음에 삽입되며, 현재 슬라이드와 동일한 레이아웃을 가진다. 또한 사용자가 원하는 슬라이드 레이아웃을 선택할 수 있다.

1 [홈] 탭-[슬라이드] 그룹-[새 슬라이드] 명령을 클릭하면 현재 슬라이드와 동일한 레이아웃을 가진 슬라이드가 현재 슬라이드 다음에 삽입된다.

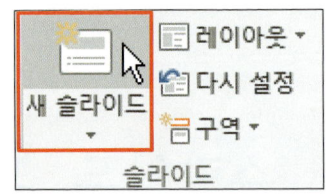

2 [홈] 탭-[슬라이드] 그룹-[새 슬라이드] 명령의 목록 단추를 누르면, 사용자가 원하는 레이아웃을 선택할 수 있다.

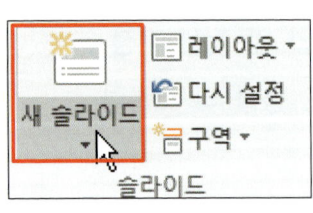

3 슬라이드를 삭제하기 위해서는 **[Delete]** 키를 누르거나 삭제를 원하는 슬라이드 위에서 마우스 오른쪽 단추를 눌러 **[슬라이드 삭제]** 메뉴를 클릭한다.

4 슬라이드를 숨기기 위해서는 숨기기 원하는 슬라이드 위에서 마우스 오른쪽 단추를 눌러 **[슬라이드 숨기기]** 메뉴를 클릭한다.

"연습 2.1.1" 파일을 열어 슬라이드1 뒤에 '콘텐츠 2개' 레이아웃의 새 슬라이드를 추가하고, 슬라이드6의 레이아웃을 '캡션 있는 콘텐츠'로 변경한 뒤 마지막 슬라이드는 삭제하시오.

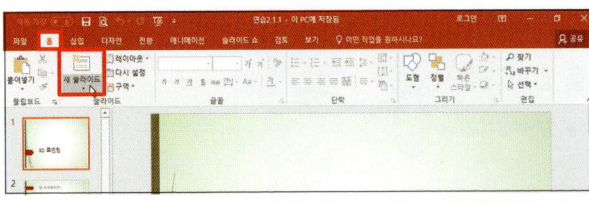

1. 슬라이드1을 선택한 후, [홈] 탭-[슬라이드] 그룹-[새 슬라이드] 명령의 목록 단추를 누른다.

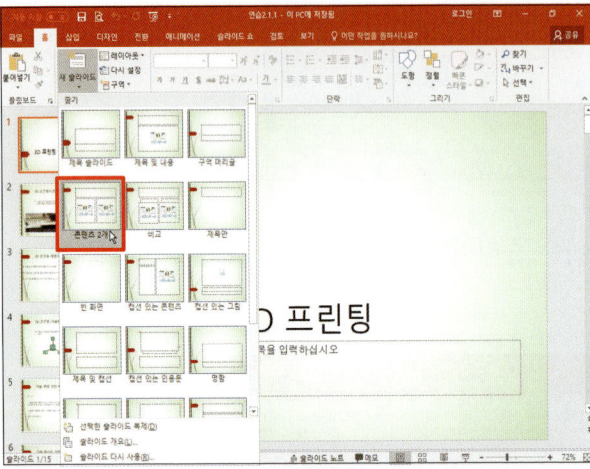

2. 목록에서 '콘텐츠 2개' 레이아웃 슬라이드를 선택한다.

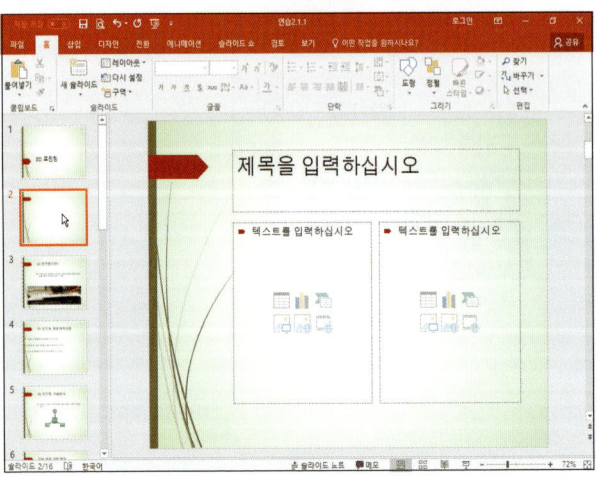

3. 슬라이드1 뒤에 '콘텐츠 2개' 레이아웃 슬라이드가 삽입되었다.

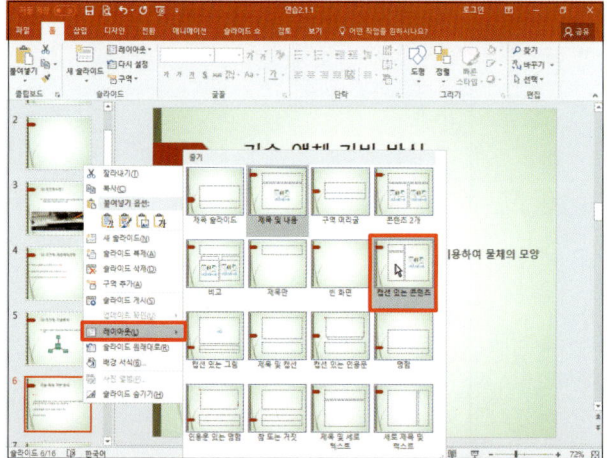

4. 슬라이드6 위에서 마우스 오른쪽 단추를 눌러 [레이아웃] 메뉴를 클릭하고 목록에서 '캡션 있는 콘텐츠' 레이아웃 슬라이드를 선택한다.

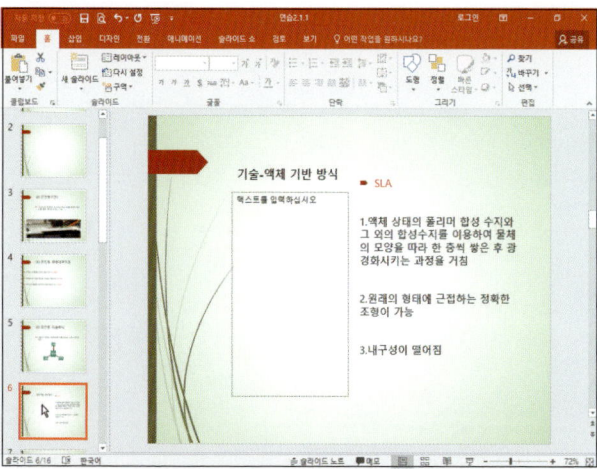

5. 슬라이드6의 레이아웃이 '캡션 있는 콘텐츠'로 변경되었다.

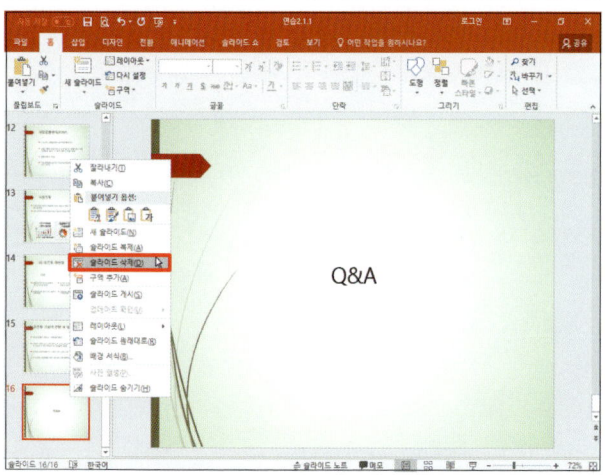

6. 마지막 슬라이드를 선택한 후 마우스 오른쪽 단추를 눌러 [슬라이드 삭제] 메뉴를 클릭하거나 [Delete] 키를 누른다.

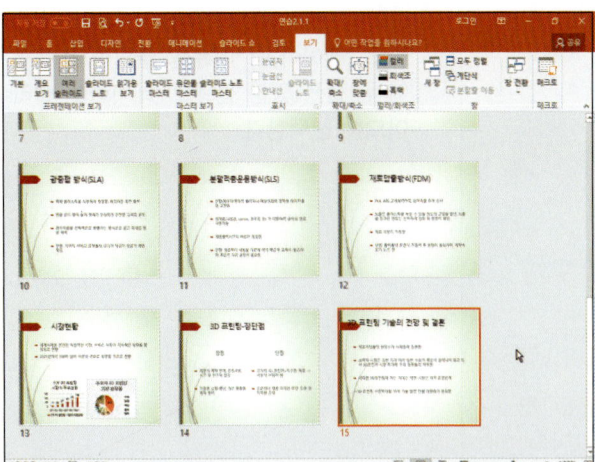

7. 마지막 슬라이드가 삭제되었다.

2. 슬라이드 개요 삽입하기(예제 위치 : 본문/개념2.1.2)

슬라이드를 작성하다보면 MS워드나 텍스트 문서를 현재 프레젠테이션으로 가져와야 할 때가 있다. <슬라이드 개요 삽입>을 통해 예전에 작성해두었던 개요 문서를 현재 프레젠테이션으로 가져와 사용할 수 있다.

1️⃣ 슬라이드1 다음에 개요 문서를 삽입하고 싶을 경우 슬라이드1을 선택하고, [홈] 탭-[슬라이드] 그룹-[새 슬라이드] 명령의 목록 단추를 눌러 '슬라이드 개요'를 클릭한다.

2️⃣ [개요 삽입] 대화 상자에서 원하는 파일을 선택하고 [삽입] 단추를 클릭하면, 슬라이드1 뒤에 선택한 개요 문서가 삽입된다. 이때 삽입된 슬라이드는 '제목 및 텍스트' 레이아웃으로 지정된다.

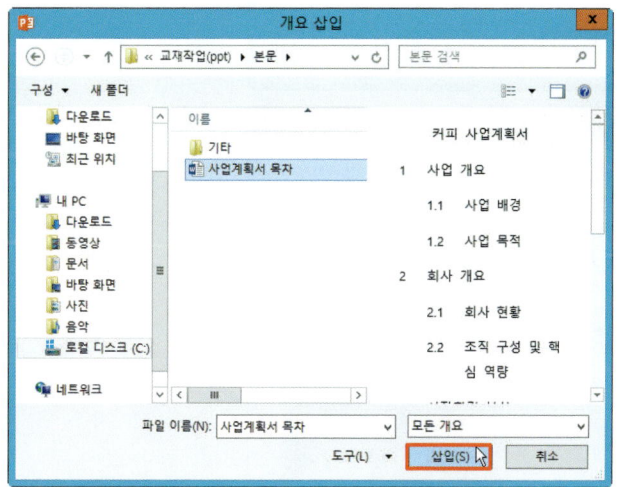

"연습 2.1.2" 파일을 열어 슬라이드1 뒤에 '커피사업 시장전망.docx' 워드 문서를 삽입하고, 마지막 슬라이드 뒤에 '사업계획서.txt' 텍스트 문서를 삽입하시오.

1. 슬라이드1을 선택하고, [홈] 탭-[슬라이드] 그룹-[새 슬라이드] 명령의 목록 단추를 눌러 '슬라이드 개요'를 클릭한다.

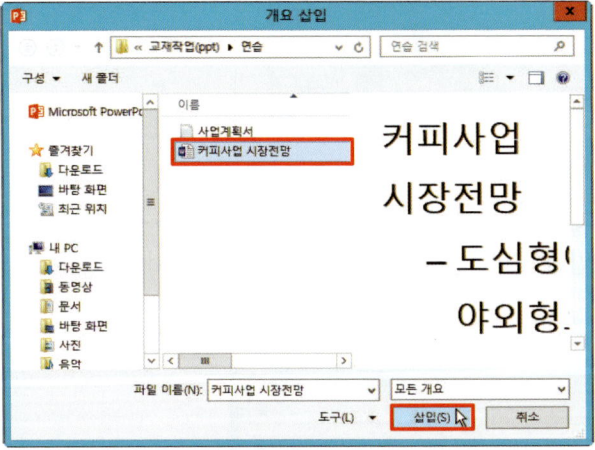

2. [개요 삽입] 대화 상자에서 '커피사업 시장전망.docx' 워드 문서 파일을 찾아 선택하고, [삽입] 단추를 클릭한다.

3. 슬라이드1 뒤에 선택한 '커피사업 시장전망.docx' 워드 문서가 삽입된다.

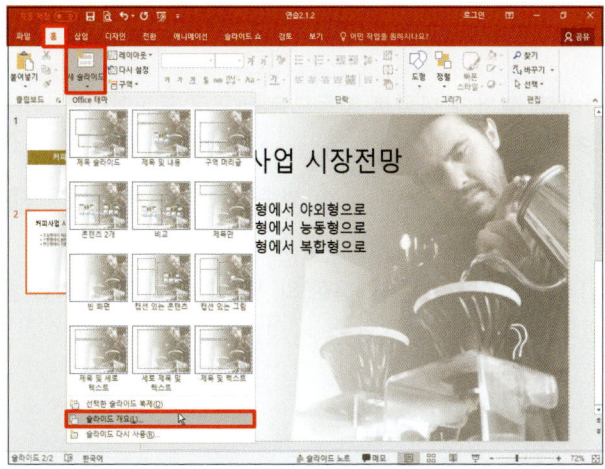

4. 슬라이드2를 선택하고, [홈] 탭-[슬라이드] 그룹-[새 슬라이드] 명령의 목록 단추를 눌러 '슬라이드 개요'를 클릭한다.

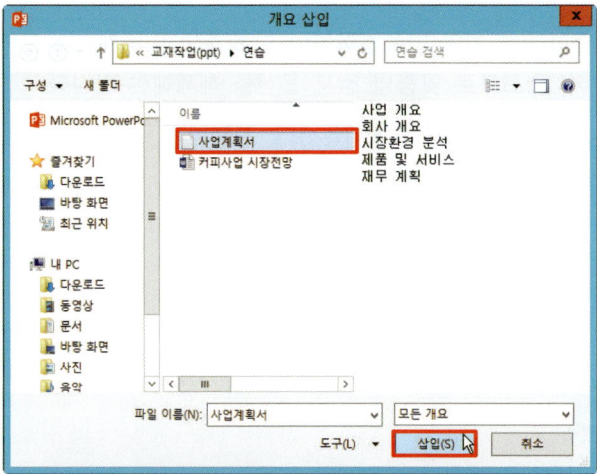

5. [개요 삽입] 대화 상자에서 '사업계획서.txt' 텍스트 문서 파일을 찾아 선택하고, [삽입] 단추를 클릭한다.

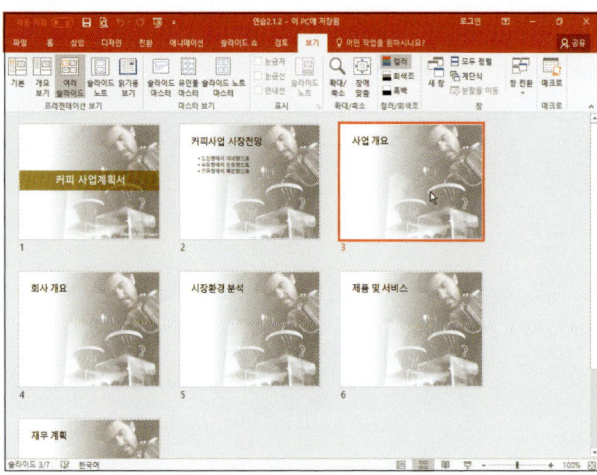

6. 슬라이드2 뒤에 선택한 '사업계획서.txt' 텍스트 문서가 삽입된다.

한/영 자동 고침 옵션 해제하기

프레젠테이션 문서를 작성하다 보면 한글이 영어로, 영어가 한글로 자동으로 바뀌어 불편합니다. 이러한 문제는 한/영 자동 고침 옵션을 해제하여 해결할 수 있다.

1) [파일] 탭-[옵션]을 선택하여 [PowerPoint 옵션] 창을 열고 [언어 교정] 범주를 선택한 후 '자동 고침 옵션'의 [자동 고침 옵션]을 클릭한다.

2) [자동 고침] 대화 상자가 열리면 [자동 고침] 탭에서 [한/영 자동 고침]의 체크를 해제하고 [확인]을 클릭한다. [PowerPoint 옵션] 창으로 되돌아오면 [확인]을 클릭한다.

 맞춤법 검사 해제하기

맞춤법 검사는 작업 속도에 영향을 주지는 않습니다. 하지만 맞춤법이 맞아도 맞춤법 오류가 표시되면 맞춤법을 검사하게 되어 작업 속도가 떨어질 수 있으므로 맞춤법 검사 옵션을 해제해야 합니다.

1) 프레젠테이션 문서에 표시된 맞춤법 오류를 확인하고 [파일] 탭-[옵션]을 선택한다.

2) [PowerPoint 옵션] 창이 열리면 [언어 교정] 범주를 선택하고 'PowerPoint에서 맞춤법 검사'의 [입력할 때 자동으로 맞춤법 검사]의 체크를 해제한 후 [확인]을 클릭한다.

3. 슬라이드 배경 서식 지정

<배경 서식>을 통해 현재 프레젠테이션의 테마 색이나 배경의 질감, 패턴, 농도 등을 다양하게 변경할 수 있다.

❶ [디자인] 탭-[적용] 그룹의 [자세히] 버튼(▼)-[배경 스타일]을 클릭하면 다음과 같은 목록이 나타난다. 테마의 배경 스타일을 미리 설정을 해놓고 바로 선택만 하면 쓸 수 있도록 하고 있다. 자세한 설정을 위해서는 [배경 서식] 명령을 선택한다.

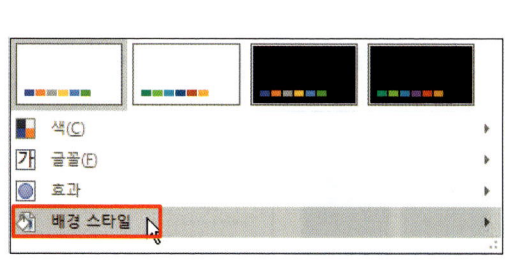 

❷ [배경 서식] 대화 상자가 나타난다.

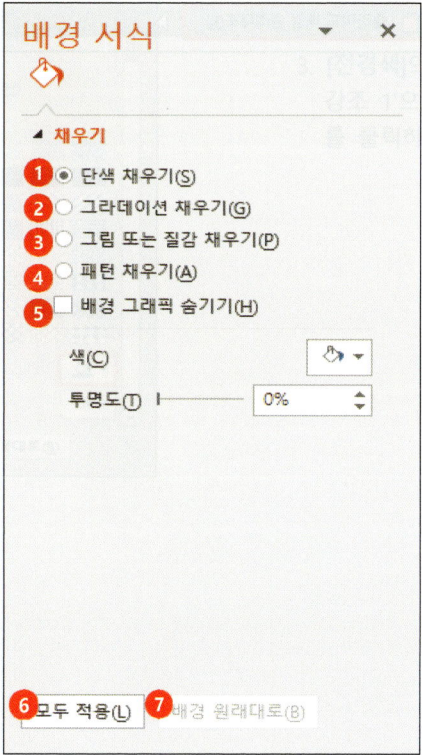

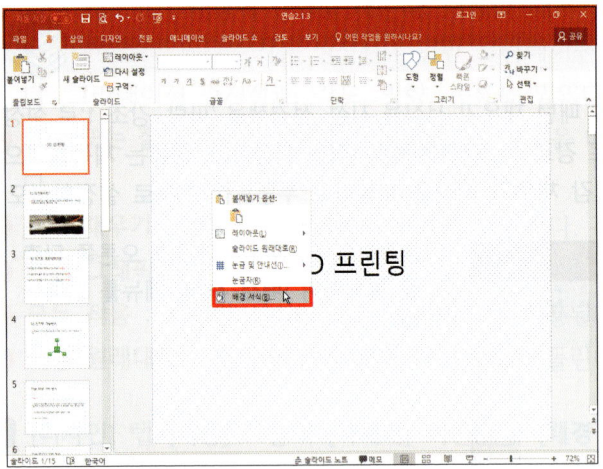

4. 슬라이드1의 창 위에서 마우스 오른쪽 단추를 클릭하여 [배경 서식] 메뉴를 선택한다.

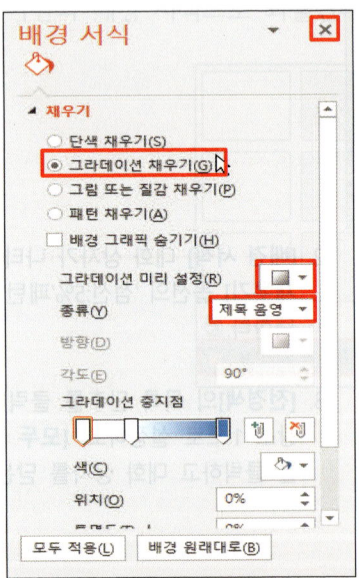

5. [배경 서식] 대화 상자가 나타나면 [그라데이션 채우기] 옵션의 '위쪽 스포트라이트 강조 1' 그라데이션 서식을 선택하고 종류는 '제목 음영'을 선택한 후 대화 상자를 닫는다.

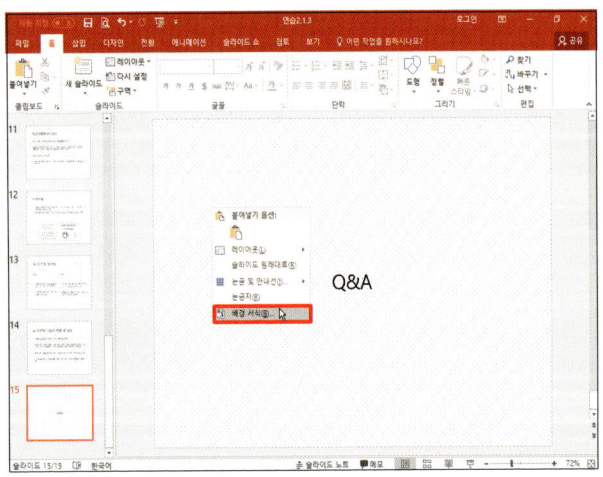

6. 마지막 슬라이드의 창 위에서 마우스 오른쪽 단추를 클릭하여 [배경 서식] 메뉴를 선택한다.

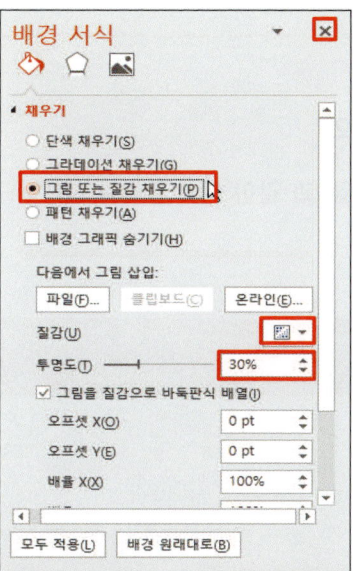

7. [배경 서식] 대화 상자가 나타나면 [그림 또는 질감 채우기] 옵션의 '데님' 서식을 선택, 투명도는 30%로 설정하고 대화 상자를 닫는다.

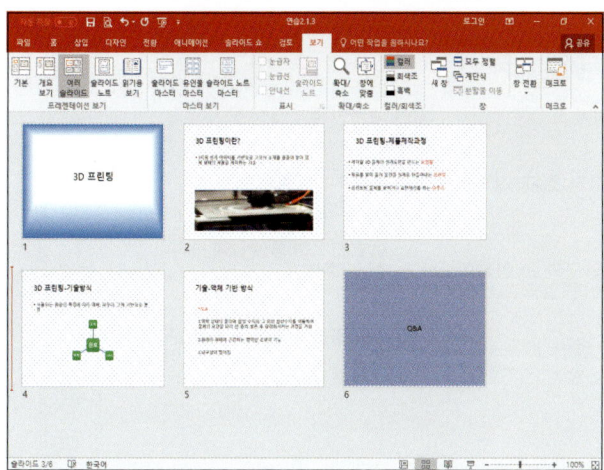

8. 슬라이드1에는 그라데이션 채우기 서식, 슬라이드7에는 질감 채우기 서식이 적용되고, 나머지 슬라이드에는 패턴 채우기 서식이 적용된다.

실전 활용 예제_04

04. 레이아웃 파일을 실행하고, 다음 문제를 풀이하시오.

(1) 슬라이드2와 슬라이드3의 내용을 이용하여 <결과 파일>과 같이 비교 슬라이드를 만드시오.

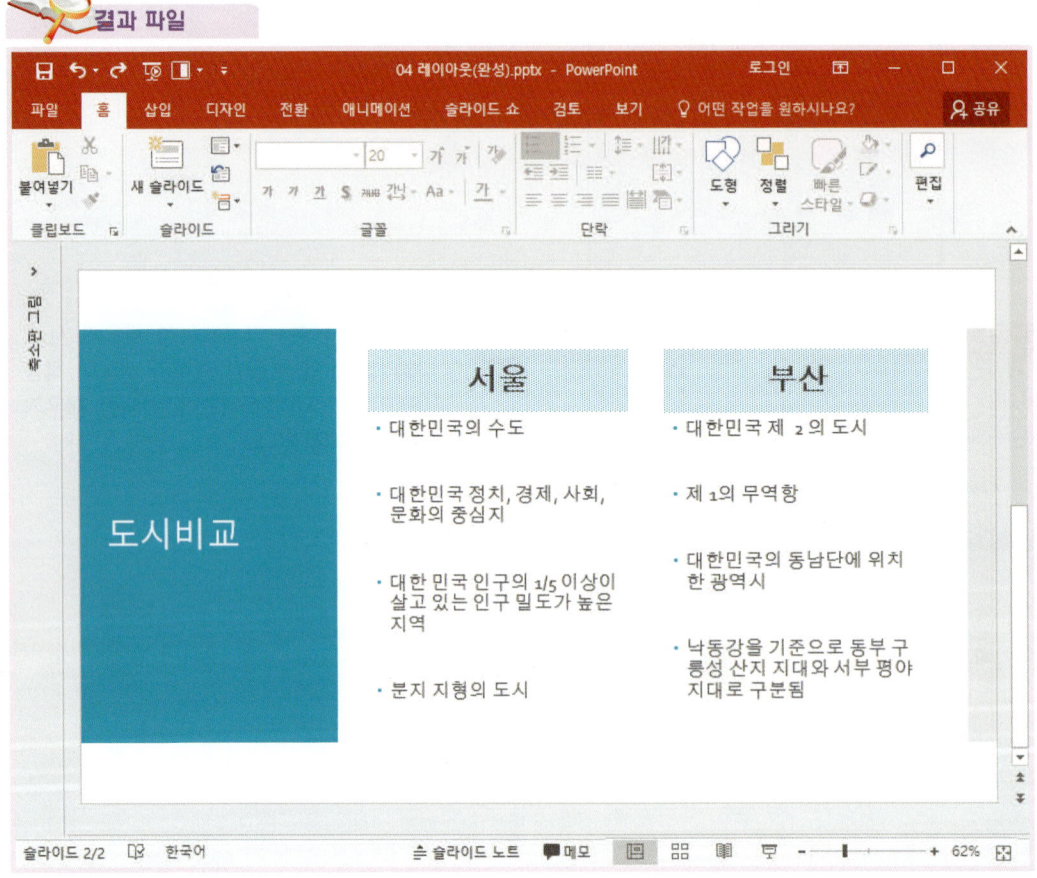

새 슬라이드 - 비교, 패턴 채우기 - 25%

section 2. 도형 삽입 및 서식 지정

1. 도형 삽입 및 서식 지정(예제 위치 : 본문/개념2.2)

PowerPoint 2016에서는 [도형] 명령의 목록을 통해 도형들을 한꺼번에 제공하며, 이와는 별도로 클립의 형태로 제공되는 도형도 있다.

❶ [삽입] 탭-[일러스트레이션] 그룹-[도형] 명령을 클릭하여 [기본 도형]에서 '타원' 도형을 선택한다.

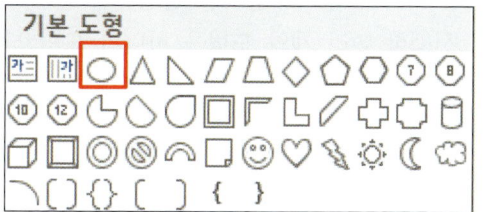

❷ 마우스 포인터를 슬라이드 위로 이동하면 마우스 포인터의 모양이 ⊞로 바뀐다. 원하는 크기만큼 마우스를 드래그하고 마우스 버튼을 놓으면 도형이 삽입된다.

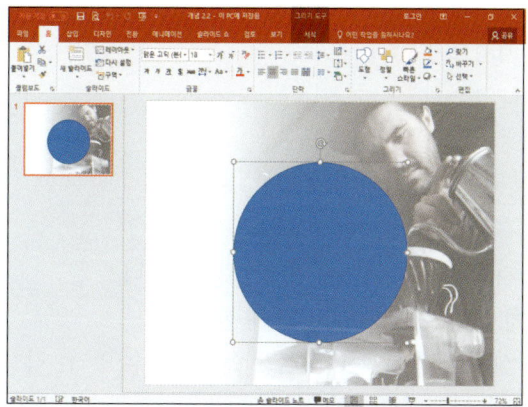

> **Ctrl 키를 누른 상태에서 드래그하여 도형 삽입**
> Ctrl 키를 누르고 드래그하면 드래그를 시작한 지점을 도형의 중심으로 하여 그려지며, 원이나 사각형을 그릴 경우 정방향의 원 또는 정사각형이 나타난다.

> **Shift 키를 누른 상태에서 드래그하여 도형 삽입**
> Shift 키를 누르고 드래그하면 도형의 가로 세로 비율로 보아 길게 움직인 쪽을 기준으로 원형의 비율을 유지하면서 그려진다. 선의 경우에는 일정 각도 단위로만 그려지며, 수정 시에는 선의 각도가 고정된 상태에서 선의 길이만 조절할 수 있다.

3 도형의 서식을 변경하기 위한 [그리기 도구]-[서식] 탭의 [도형 삽입] 그룹과 [도형 스타일] 그룹이다.

[도형 삽입] 그룹

❶ **도형 삽입** : 새로운 도형을 삽입한다.
❷ **도형 편집** : 선택한 도형을 다른 도형으로 변경하거나 점과 연결선을 바꾼다.
❸ **텍스트 상자 그리기** : 텍스트 상자를 삽입한다.
❹ **도형 병합** : 선택한 여러 개의 도형을 하나의 도형으로 그룹화 한다.

[도형 스타일] 그룹

❺ **도형 스타일** : 미리 정의되어 있는 도형 또는 선의 스타일을 적용한다.
❻ **도형 채우기** : 도형 배경을 단색, 그라데이션, 그림 또는 질감으로 채운다.
❼ **도형 윤곽선** : 도형 윤곽선의 색, 두께 및 선 스타일을 지정한다.
❽ **도형 효과** : 도형에 그림자, 네온, 반사 또는 3차원 회전 등의 시각 효과를 적용한다.

4 [그리기 도구]-[서식] 탭의 [정렬] 그룹의 리본메뉴를 통해 도형을 정렬한다.

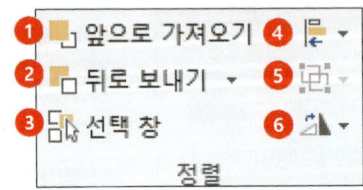

❶ **앞으로 가져오기** : 선택한 도형을 앞으로 가져와 앞을 가리는 개체 수를 줄인다.
❷ **뒤로 보내기** : 선택한 도형을 뒤로 보내 앞에 있는 개체에 가려지게 한다.
❸ **선택 창** : 슬라이드에 삽입되어 있는 텍스트 상자의 목록이 나타나 한눈에 볼 수 있다. 각 개체를 선택하고 개체의 순서와 표시방법을 변경할 때 선택 창을 띄운다.
❹ **맞춤** : 선택한 여러 도형을 수직 또는 수평으로 정렬하고, 간격을 일정하게 맞춘다. 슬라이드에 눈금선을 설정할 수 있다.
❺ **그룹** : 단일 개체처럼 처리될 수 있도록 여러 도형을 그룹화 하거나, 그룹을 해제한다.
❻ **회전** : 선택한 개체를 오른쪽, 왼쪽으로 90도 회전하거나 상하, 좌우 대칭 이동한다. **[기타 회전 옵션]** 메뉴를 통해 상세한 각도를 설정할 수 있다.

5 [그리기 도구]-[서식] 탭의 [크기] 그룹의 리본메뉴를 통해 도형의 크기를 변경한다. 이때, [크기] 그룹 하단의 [크기 및 위치] 명령(🔲)을 클릭하여 [도형 서식] 대화 상자에서 '가로 세로 비율 고정'과 '원래 크기에 비례하여' 선택 영역의 체크를 해제하면 그림의 크기가 정확히 변경된다.

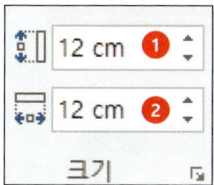

❶ **도형 높이** : 도형이나 그림의 높이를 변경한다.
❷ **도형 너비** : 도형이나 그림의 너비를 변경한다.

 연습문제

"연습 2.2" 파일을 열어 슬라이드8에서 제목 텍스트와 차트 사이에 '직사각형' 도형을 삽입하고, '색 채우기-황금색, 강조 4' 도형 스타일을 적용한 뒤 도형에 '커피전문점 만족도 순위'을 입력하시오.

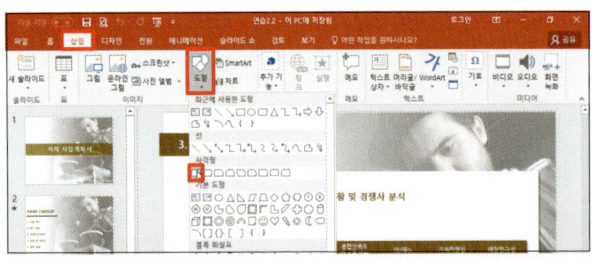

1. 슬라이드8에서 [삽입] 탭–[일러스트레이션] 그룹–[도형] 명령을 클릭하고, 블록 화살표 항목에서 '직사각형' 도형을 선택한다.

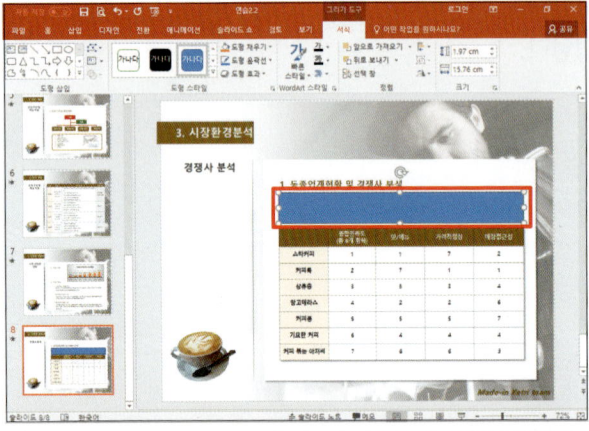

2. 슬라이드 위쪽에서 드래그하여 그리면서 크기를 조절하고, 제목 텍스트와 차트 사이로 이동시킨다.

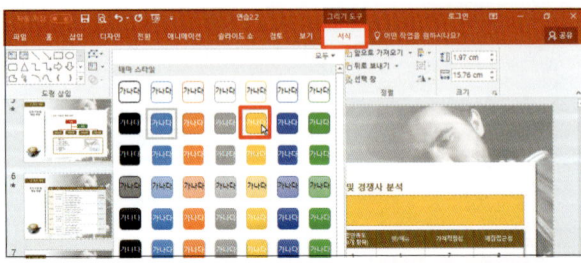

3. [그리기 도구]–[서식] 탭–[도형 스타일] 그룹의 [자세히] 버튼( )을 클릭하여 '색 채우기-황금색, 강조 4' 도형 스타일을 적용한다.

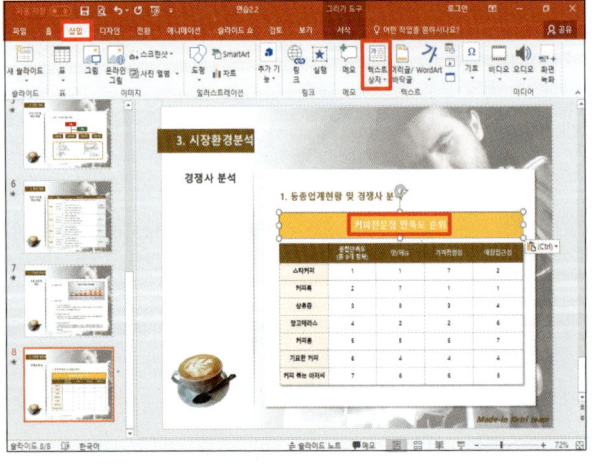

4. 도형 안에 '<u>커피전문점 만족도 순위</u>' 텍스트를 입력한다.

Tip 개체 복제

대부분의 오피스 프로그램과 운영체제(OS)에서는 Ctrl+C와 Ctrl+V를 눌러 복사와 붙여넣기를 한다. 하지만 이렇게 복사하면 단축키를 두 번 눌러야 해서 번거로우므로 도형 정렬 기능을 함께 제공하는 복제 단축키 Ctrl+D를 누르는 것이 매우 편리하다.

Ctrl+D는 파워포인트에서만 제공하는 단축키로 일정한 간격으로 한 번에 복제할 수 있어서 매우 편리하다.

1) 빈 슬라이드에서 둥근 모서리 사각형을 하나 그린다.
2) 둥근 모서리 사각형을 선택하고 Ctrl+D를 누른다.
3) 둥근 모서리 사각형이 복제되면 오른쪽으로 드래그하여 이동시킨다. 이 때 Shift 키를 누르면서 오른쪽으로 이동시면 정확하게 수평으로 이동할 수 있다.
4) 이동한 두 번째 둥근 모서리 사각형이 선택된 상태에서 Ctrl+D를 3번 누르면 일정한 간격으로 둥근 모서리 사각형이 계속 복제된다.

Tip 도형 병합 및 빼기

파워포인트에서는 선이나 사각형과 같은 기본 도형뿐만 아니라 블록 화살표나 순서도, 별 및 현수막과 같은 다양한 도형을 제공한다. 도형 병합 및 도형 빼기의 기본 개념은 2개 이상의 도형을 삽입하여 새로운 도형을 만들어내는 것이다.

2개 이상의 도형들을 선택하고 [그리기 도구]의 [서식] 탭-[도형 삽입] 그룹에서 [도형 병합]을 클릭한 후 [병합], [결합], [조각], [교차], [빼기]를 선택하여 원하는 도형 모양을 만들 수 있다.

MOS 시험 유형 1

"시험 2.2.1" 파일을 열어 슬라이드2의 텍스트 상자를 '주황, 강조 6, 80% 더 밝게'로 설정하시오. 슬라이드4의 텍스트 상자를 선형 아래쪽 방향의 그라데이션(그리기 도구를 사용하는 경우에는 밝은 그라데이션에서 선형 아래쪽) 효과를 적용하시오. 슬라이드4의 아래쪽에 '위쪽 화살표 설명선' 도형을 삽입한 후 도형 윤곽선은 '검정, 텍스트1'로 적용하시오.

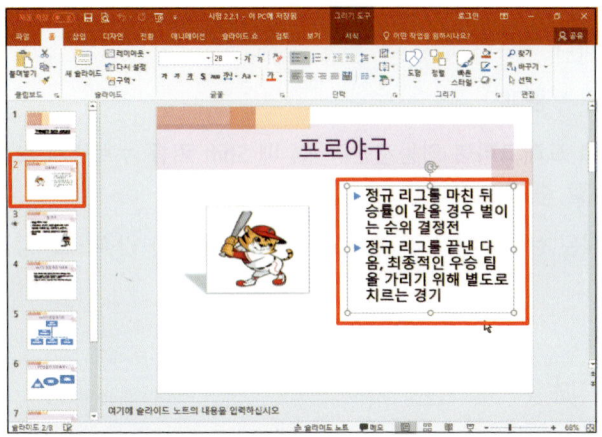

1. 슬라이드2의 텍스트 상자를 클릭한다.

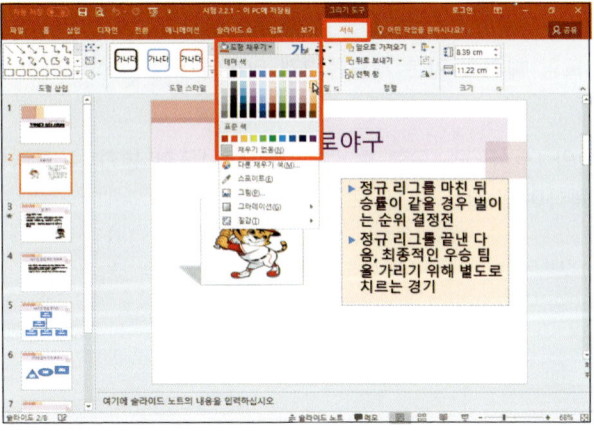

2. [서식] 탭-[도형 스타일] 그룹의 [도형 채우기]를 클릭하여 '주황, 강조 6, 80% 더 밝게' 도형 스타일을 적용한다.

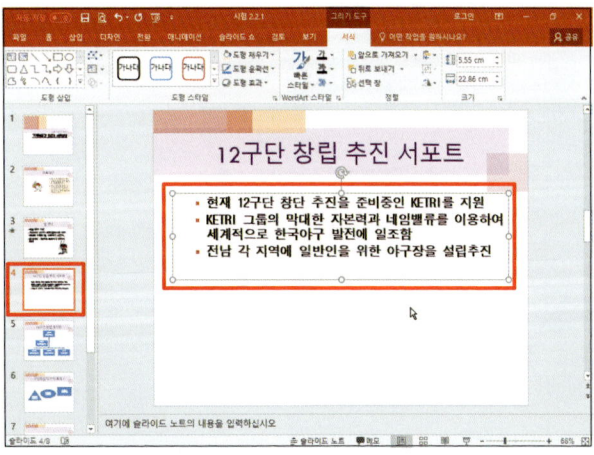

3. 슬라이드4의 텍스트 상자를 클릭한다.

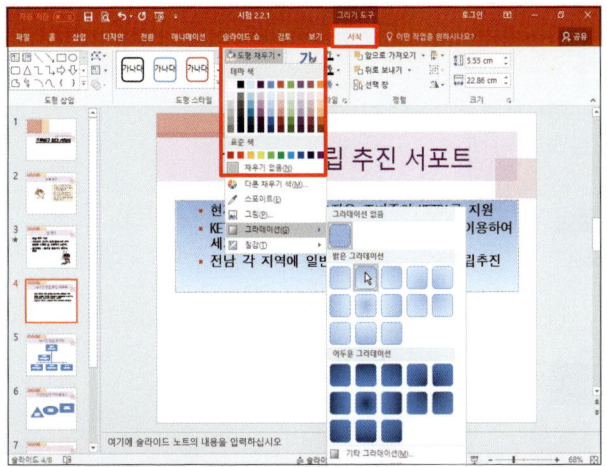

4. [서식] 탭–[도형 스타일] 그룹의 [도형 채우기]를 클릭하여 [그라데이션]–[밝은 그라데이션]의 '선형 아래쪽'을 클릭한다.

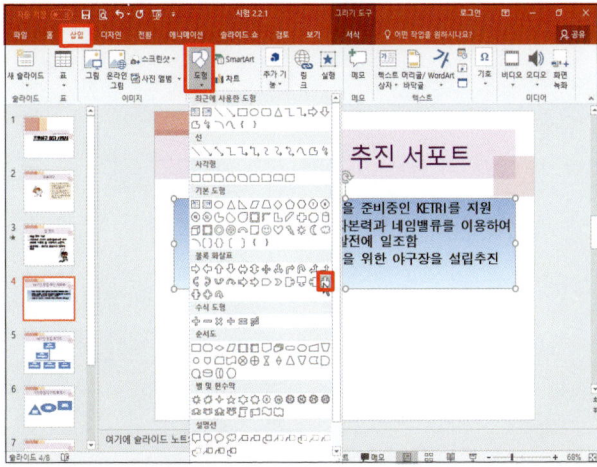

5. 슬라이드4에서 [삽입] 탭–[일러스트레이션] 그룹–[도형] 명령을 클릭하고, 블록 화살표 항목에서 '위쪽 화살표 설명선' 도형을 선택하여 아래쪽에 삽입한다.

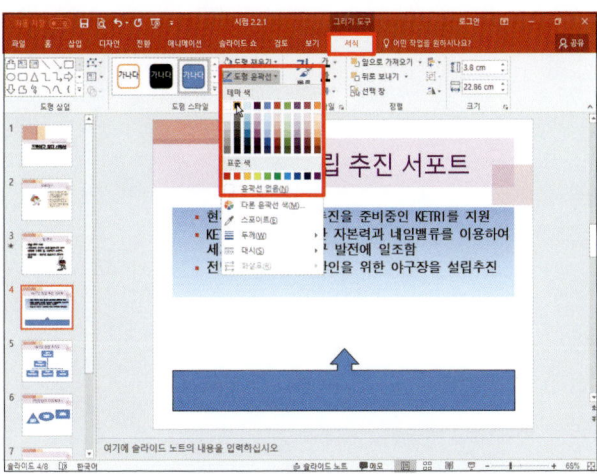

6. [서식] 탭–[도형 스타일] 그룹의 [도형 윤곽선]을 클릭하여 '검정, 텍스트 1'을 클릭한다.

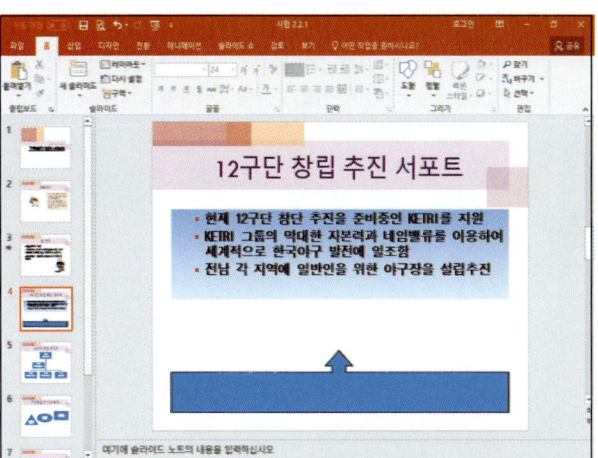

7. 결과 화면을 확인한다.

실전 활용 예제_05A

05A. 우유 파일을 실행하고, 다음 문제를 풀이하시오.

(1) 도형을 이용하여 <결과 파일>과 같이 우유팩을 만드시오.

결과 파일

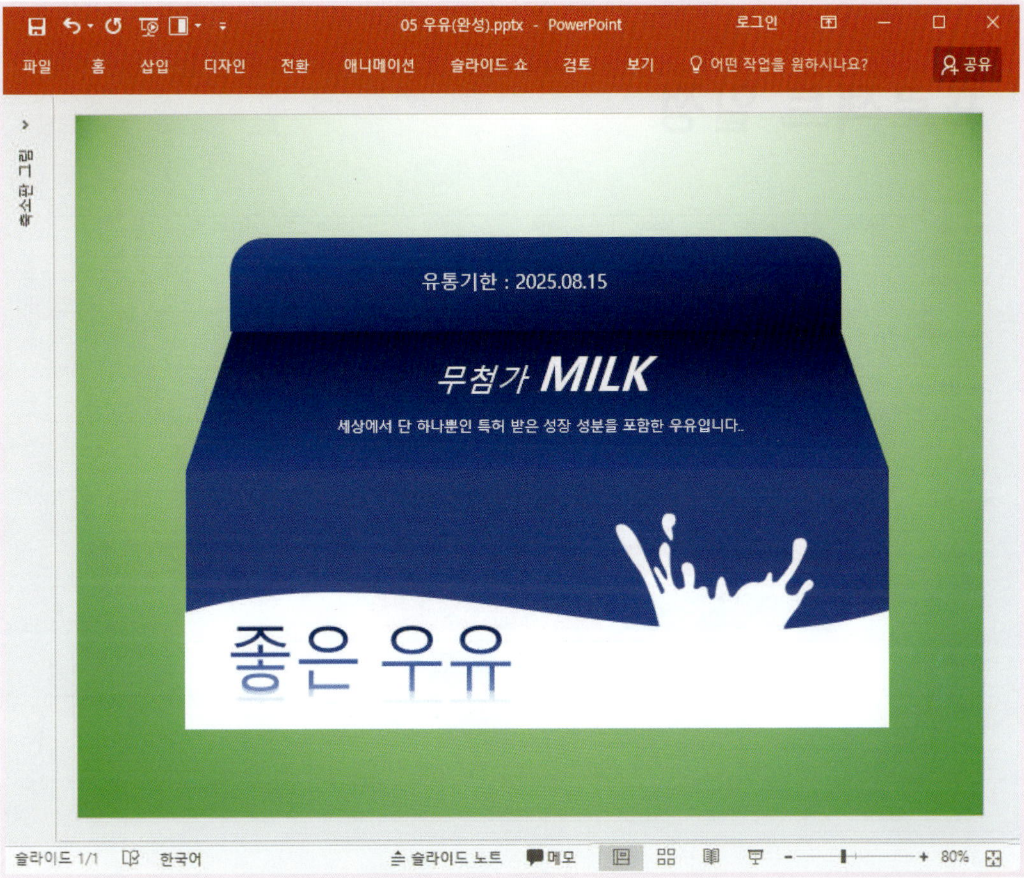

문제 풀이에 필요한 기능

도형(모서리가 둥근 직사각형, 사다리꼴)

실전 활용 예제_05B

05B. 스케줄 파일을 실행하고, 다음 문제를 풀이하시오.

(1) 도형을 이용하여 <결과 파일>과 같이 프로젝트 일정을 만드시오.

결과 파일

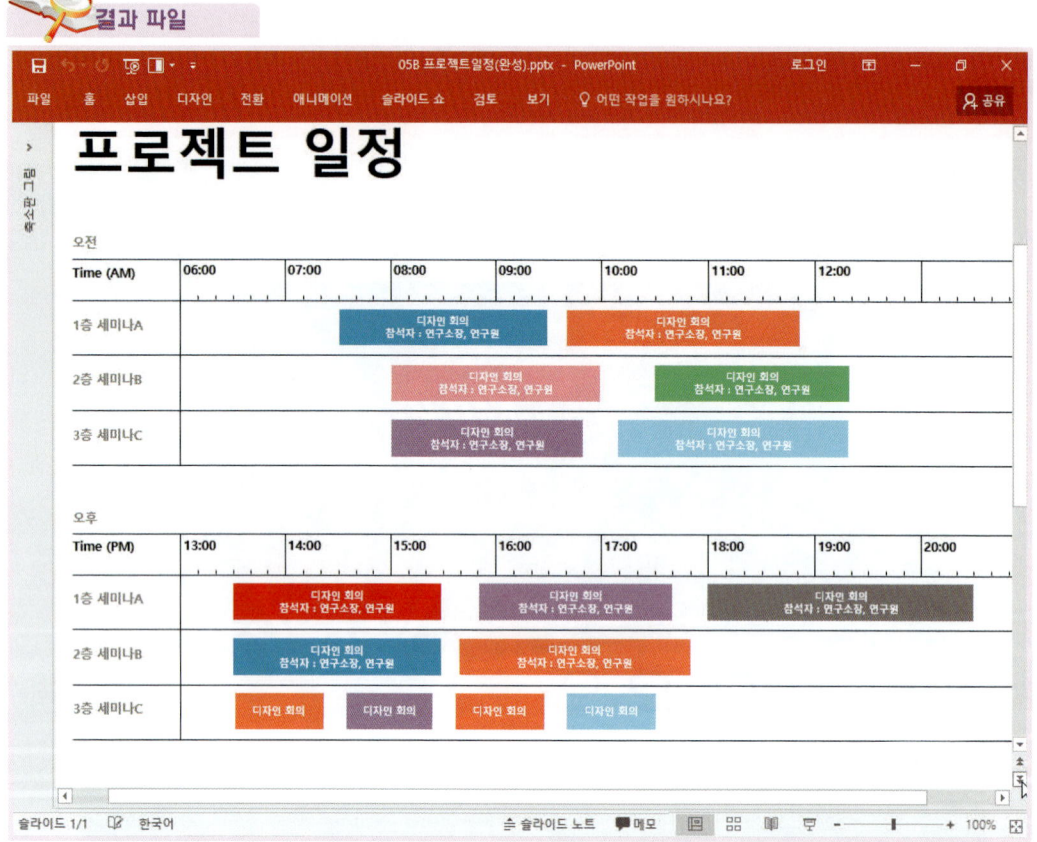

 문제 풀이에 필요한 기능

도형(직사각형, 선)

Section 3. 슬라이드 정렬 및 그룹화

1. 슬라이드 내용 정렬

PowerPoint 2016에서는 눈금자, 눈금선, 안내선을 통해 슬라이드 내용을 정렬할 수 있다.

❶ **[보기]** 탭-**[표시]** 그룹의 리본메뉴를 통해 슬라이드 내용을 정렬하며 선택영역을 체크하거나 해제하면 표시하거나 숨길 수 있다.

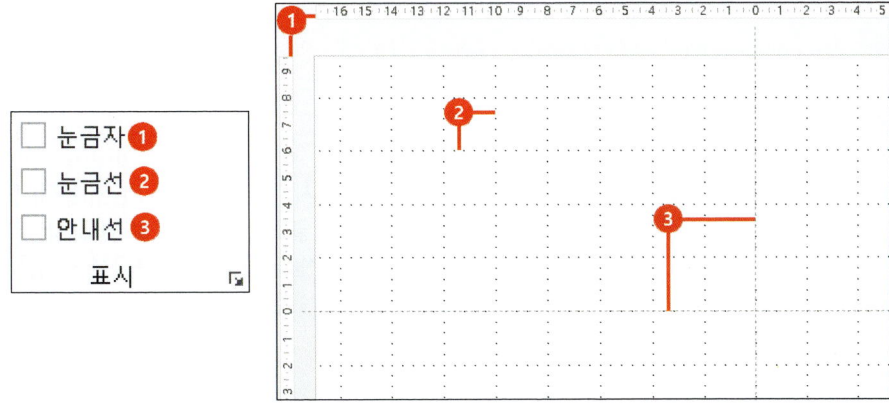

❶ **가로 및 세로 눈금자** : 슬라이드 중심으로부터 거리를 표시한다.
❷ **눈금선** : 주 눈금과 보조 눈금을 사용하여 선택한 크기의 격자를 표시한다.
❸ **안내선** : 여러 슬라이드의 개체를 정렬하는데 도움을 주는 표시다.

❷ **[표시]** 그룹 하단의 **[눈금 설정]** 명령(□)을 클릭하여 **[눈금 및 안내선]** 대화 상자의 '눈금 설정' 에서 눈금선 간격을 조정하거나 '개체를 눈금에 맞춰 이동'과 '도형 맞춤 시 스마트 가이드 표시' 선택 영역을 체크하면 정확하게 개체를 정렬할 수 있다.

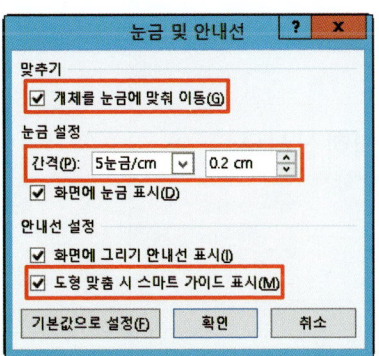

새 프레젠테이션을 열어 프레젠테이션에 눈금선과 안내선이 표시되도록 설정하고 눈금 간격을 '1.5'cm로 설정하시오.

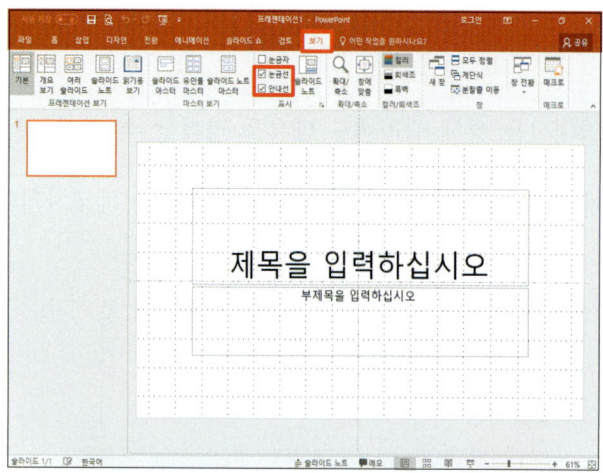

1. **[보기]** 탭–**[표시]** 그룹의 눈금선과 안내선 선택영역을 체크한다.

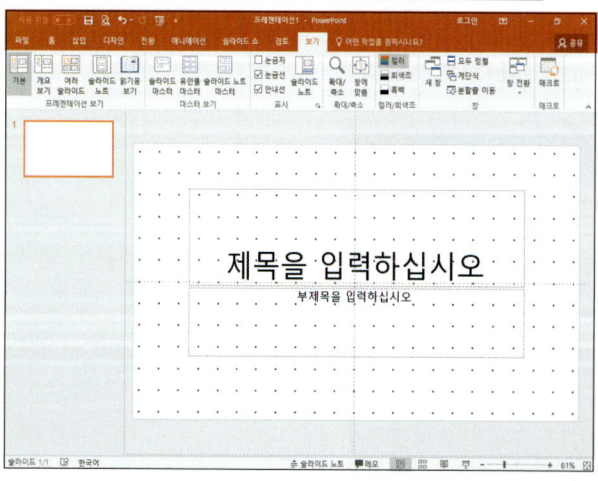

2. **[표시]** 그룹 하단의 **[눈금 설정]** 명령( )을 클릭하여 **[눈금 및 안내선]** 대화 상자의 '눈금 설정'에서 눈금선 간격을 '1.5'cm로 설정한다.

2. 슬라이드 순서 및 구역 관리

여러 개의 슬라이드를 관리할 때 관련 있는 내용별로 그룹화 하면 더욱 효과적으로 슬라이드를 관리할 수 있고, 효율적인 공동 작업이 가능하다. 또한 구역별로 이동, 삭제, 인쇄까지도 편리하게 할 수 있다. 구역 축소를 하거나 여러 슬라이드 보기를 이용하면 훨씬 쉽게 작업할 수 있다.

1 [홈] 탭-[슬라이드] 그룹-[구역] 명령을 클릭하면 다음과 같은 목록이 나타난다.

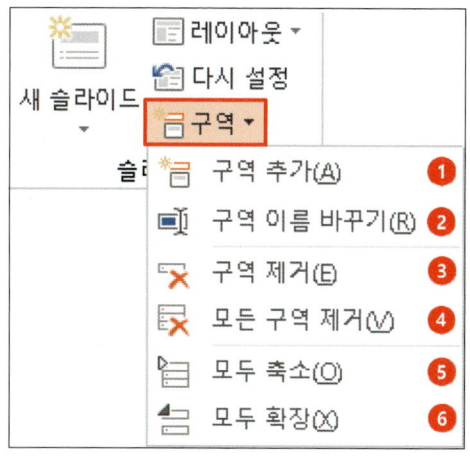

① **구역 추가** : 현재 선택한 슬라이드부터 다음 구역 지정 전까지 새로운 구역이 만들어진다.
② **구역 이름 바꾸기** : 구역의 이름을 변경한다.
③ **구역 제거** : 구역을 제거한다. 구역 내의 슬라이드는 삭제되지 않고 이전 구역에 포함된다.
④ **모든 구역 제거** : 프레젠테이션의 모든 구역이 제거된다. 슬라이드는 삭제되지 않는다.
⑤ **모두 축소** : 슬라이드를 숨겨 구역 이름만 보이도록 한다.
⑥ **모두 확장** : 숨겨진 슬라이드를 보이도록 한다.

2 만들어진 구역 위에서 마우스 오른쪽 단추를 누르면 다음과 같은 목록이 나타난다.

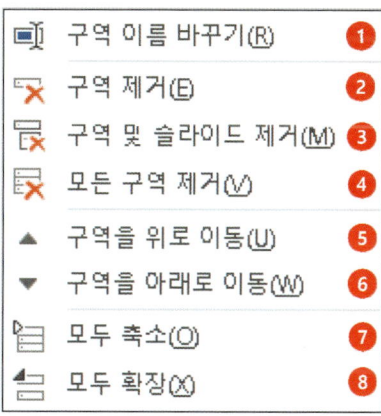

❶ **구역 이름 바꾸기** : 현재 선택된 구역의 이름을 변경한다.
❷ **구역 제거** : 현재 선택된 구역이 제거된다. 구역 내의 슬라이드는 이전 구역에 포함된다.
❸ **구역 및 슬라이드 제거** : 구역과 함께 구역 내의 슬라이드가 모두 제거된다.
❹ **모든 구역 제거** : 프레젠테이션의 모든 구역이 제거된다. 슬라이드는 삭제되지 않는다.
❺ **구역을 위로 이동** : 현재 선택된 구역의 위치를 위로 이동한다.
❻ **구역을 아래로 이동** : 현재 선택된 구역의 위치를 아래로 이동한다.
❼ **모두 축소** : 슬라이드를 숨겨 구역 이름만 보이도록 한다.
❽ **모두 확장** : 숨겨진 슬라이드를 보이도록 한다.

 **연습문제**

"연습 2.3.2" 파일을 열어 슬라이드7과 8의 순서를 변경하고, 슬라이드1은 '계획서 시작', 슬라이드2는 '목차', 슬라이드3, 4, 5, 6, 7, 8은 '자료들'이라는 구역을 만드시오.

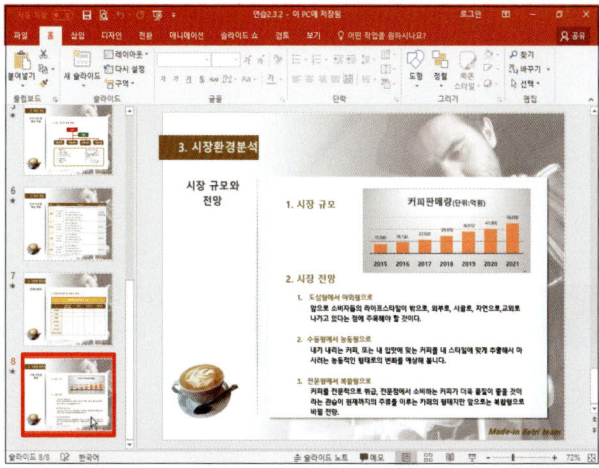

1. 슬라이드 목록에서 슬라이드7을 클릭하여 슬라이드8 아래로 드래그하여 슬라이드 순서를 변경한다.

2. 구역 편집을 쉽게 하기 위해 [보기] 탭–[프레젠테이션 보기] 그룹–[여러 슬라이드 보기] 명령을 누른다.

3. 슬라이드1을 선택한 후 [홈] 탭–[슬라이드] 그룹–[구역] 명령–[구역 추가] 명령을 선택한다.

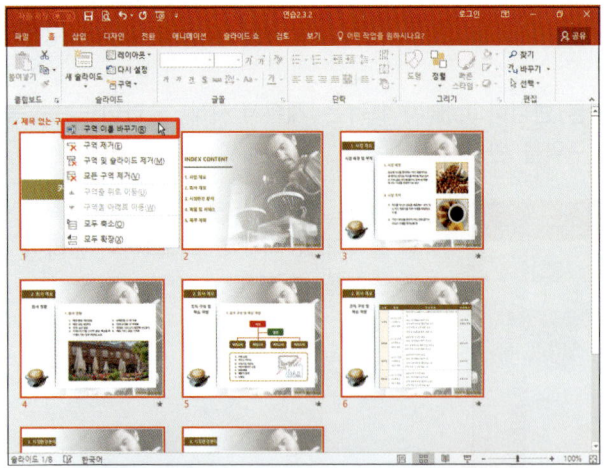

4. 제목 없는 구역이 생성되면 구역 위에서 마우스 오른쪽 단추를 눌러 **[구역 이름 바꾸기]** 메뉴를 선택한다.

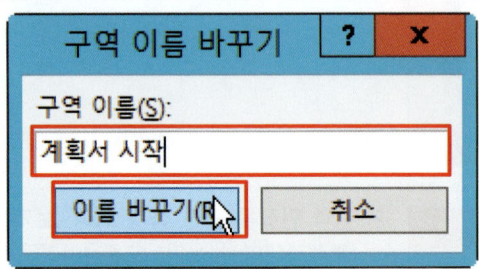

5. **[구역 이름 바꾸기]** 대화 상자에서 '계획서 시작'을 입력하고 **[이름 바꾸기]** 단추를 클릭한다.

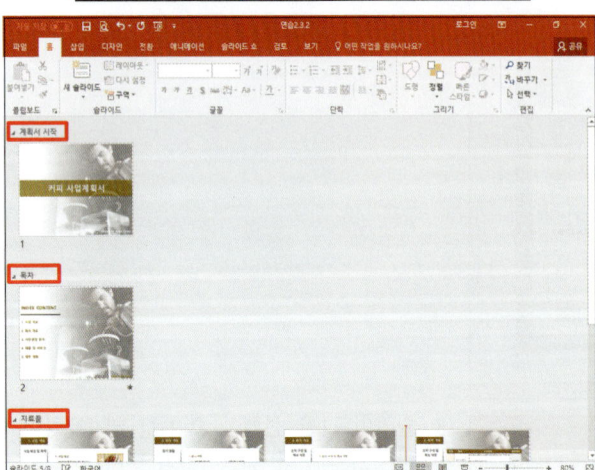

6. 동일한 방법으로 슬라이드2를 선택하고 구역을 추가한 후 구역 이름을 '목차'로 변경한다.

7. 슬라이드3을 선택하고 구역을 추가한 후 구역 이름을 '자료들'로 변경한다.

8. 프레젠테이션에 3개의 구역이 생성되었다.

 MOS 시험 유형 1

"시험 2.3.1" 파일을 열어 프레젠테이션에 눈금선이 표시되도록 설정하고 눈금 간격을 '0.5'cm로 설정하시오. 슬라이드2를 8번째로 변경하시오. 슬라이드3 앞에 '주요사항' 구역을 추가하고 슬라이드6 앞에 '세부사항' 구역을 추가하시오.

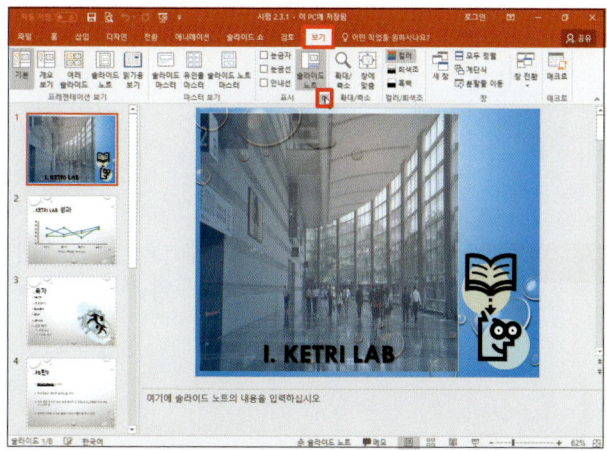

1. [보기] 탭–[표시] 그룹 하단의 [눈금 설정](🔽)을 클릭한다.

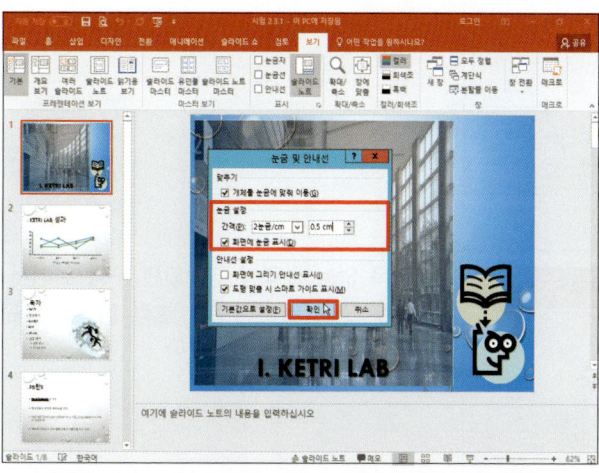

2. [눈금 및 안내선] 대화 상자의 '눈금 설정'에서 눈금 간격을 '0.5'cm로 설정한다.

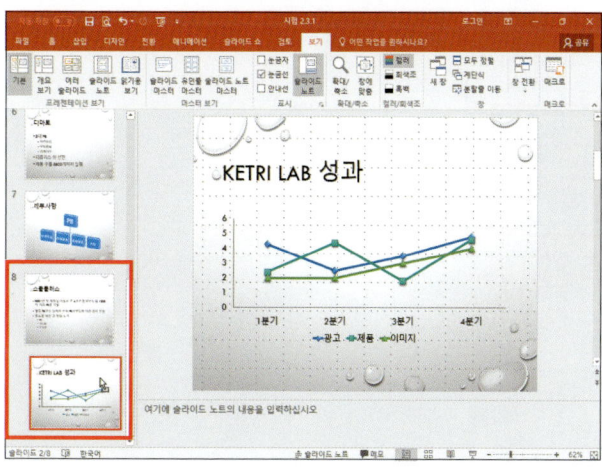

3. 슬라이드 목록에서 슬라이드2를 슬라이드8 아래로 드래그하여 슬라이드 순서를 변경한다.

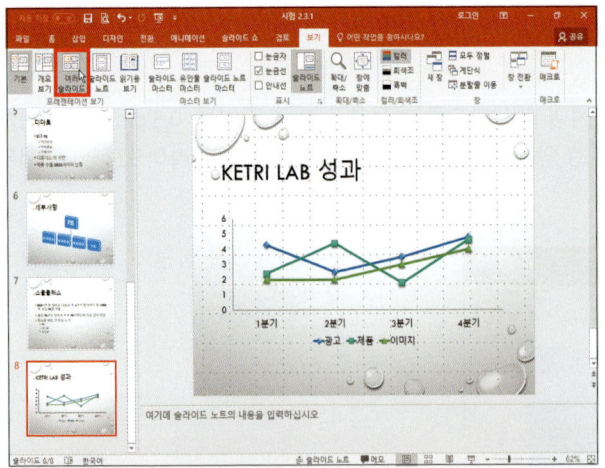

4. 구역 편집을 쉽게 하기 위해 **[보기]** 탭-**[프레젠테이션 보기]** 그룹-**[여러 슬라이드 보기]** 명령을 누른다.

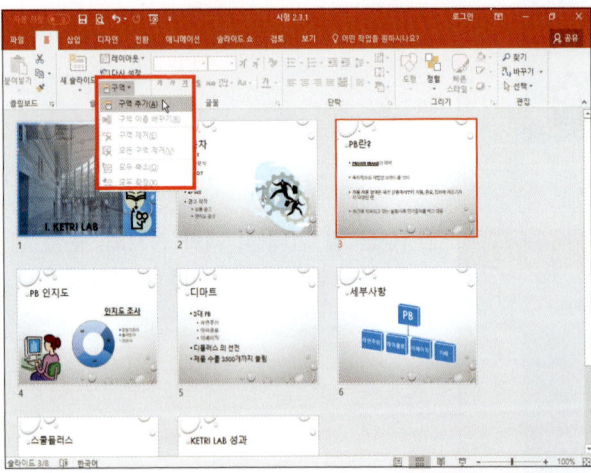

5. 슬라이드3을 선택한 후 **[홈]** 탭-**[슬라이드]** 그룹-**[구역]** 명령-**[구역 추가]** 메뉴를 선택한다.

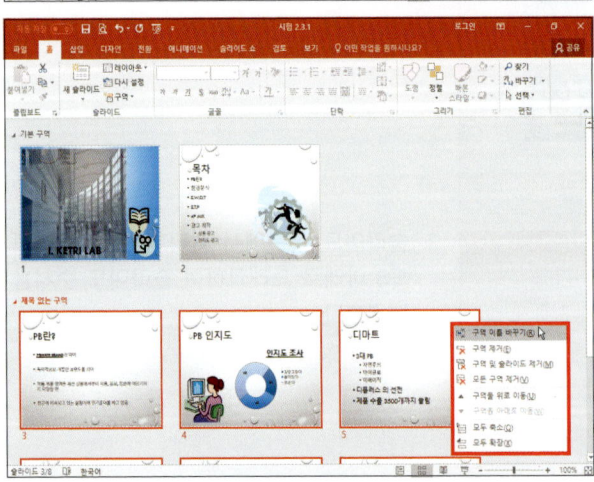

6. 제목 없는 구역이 생성되면 구역 위에서 마우스 오른쪽 단추를 눌러 **[구역 이름 바꾸기]** 메뉴를 선택한다.

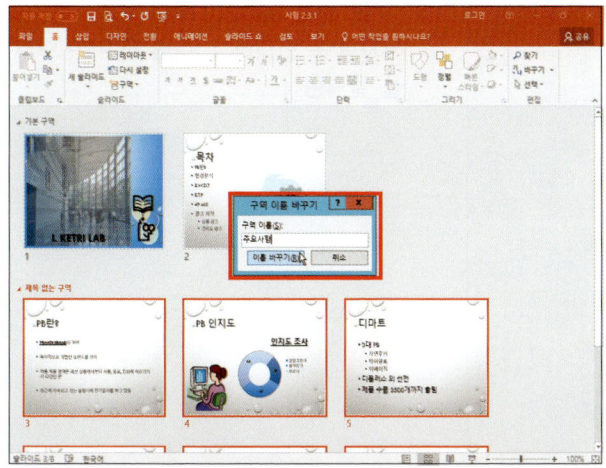

7. **[구역 이름 바꾸기]** 대화 상자에서 '<u>주요 사항</u>'을 입력하고 **[이름 바꾸기]** 단추를 클릭한다.

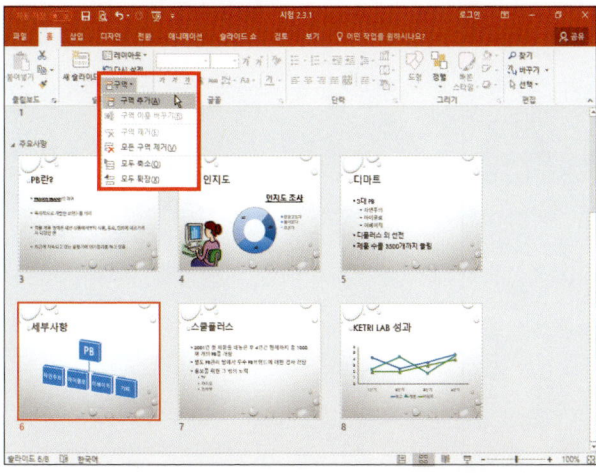

8. 슬라이드6을 선택한 후 **[홈]** 탭-**[슬라이드]** 그룹-**[구역]** 명령-**[구역 추가]** 메뉴를 선택한다.

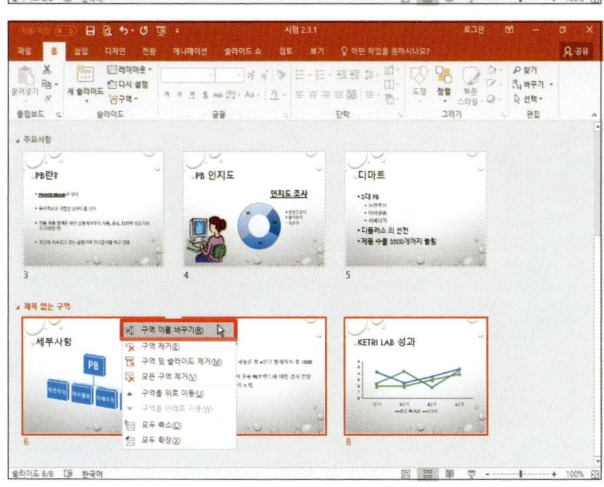

9. 제목 없는 구역이 생성되면 구역 위에서 마우스 오른쪽 단추를 눌러 **[구역 이름 바꾸기]** 메뉴를 선택한다.

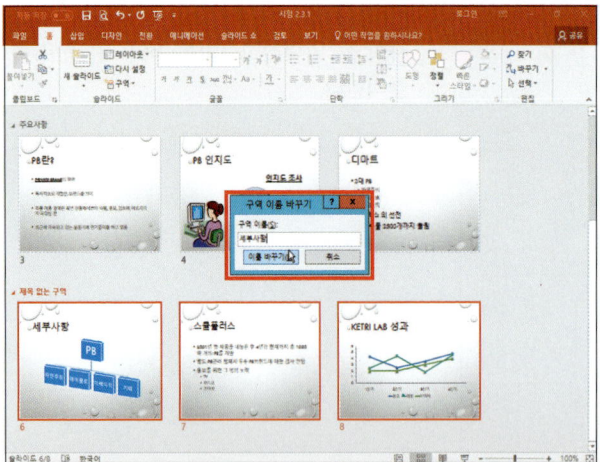

10. **[구역 이름 바꾸기]** 대화 상자에서 '세부사항'을 입력하고 **[이름 바꾸기]** 단추를 클릭한다.

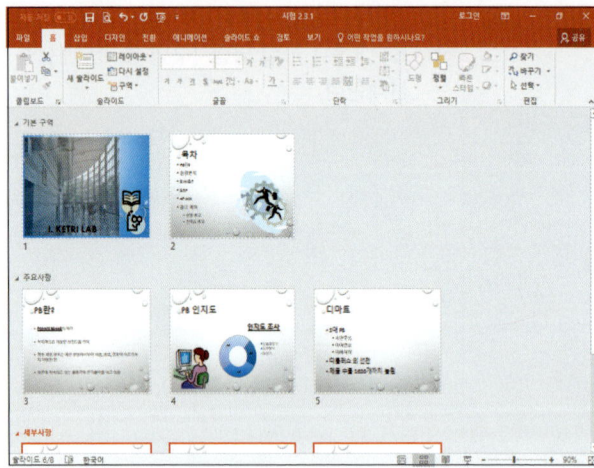

11. 결과 화면을 확인한다.

실전 활용 예제_06

06. PowerPointTip 파일을 실행하고, 다음 문제를 풀이하시오.

(1) 시작 구역 만들기 : 1번 슬라이드

(2) 디자인, 주석 달기, 공동작업 구역 만들기 : 2~4번 슬라이드

(3) 자세한 정보 구역 만들기 : 5번 슬라이드

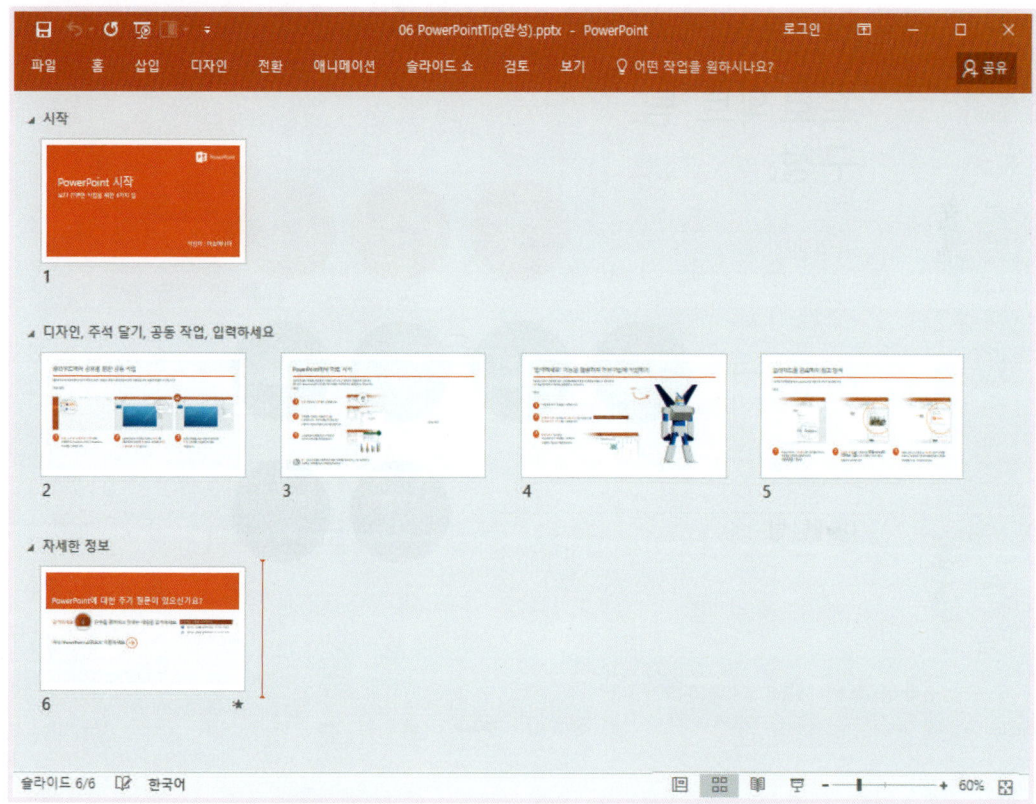

구역 추가

실전 활용 예제_07

07. 팀구성 파일을 실행하고, 다음 문제를 풀이하시오.

(1) 눈금자와 안내선 기능을 이용하여 <결과 파일>과 같이 슬라이드를 만드시오.

결과 파일

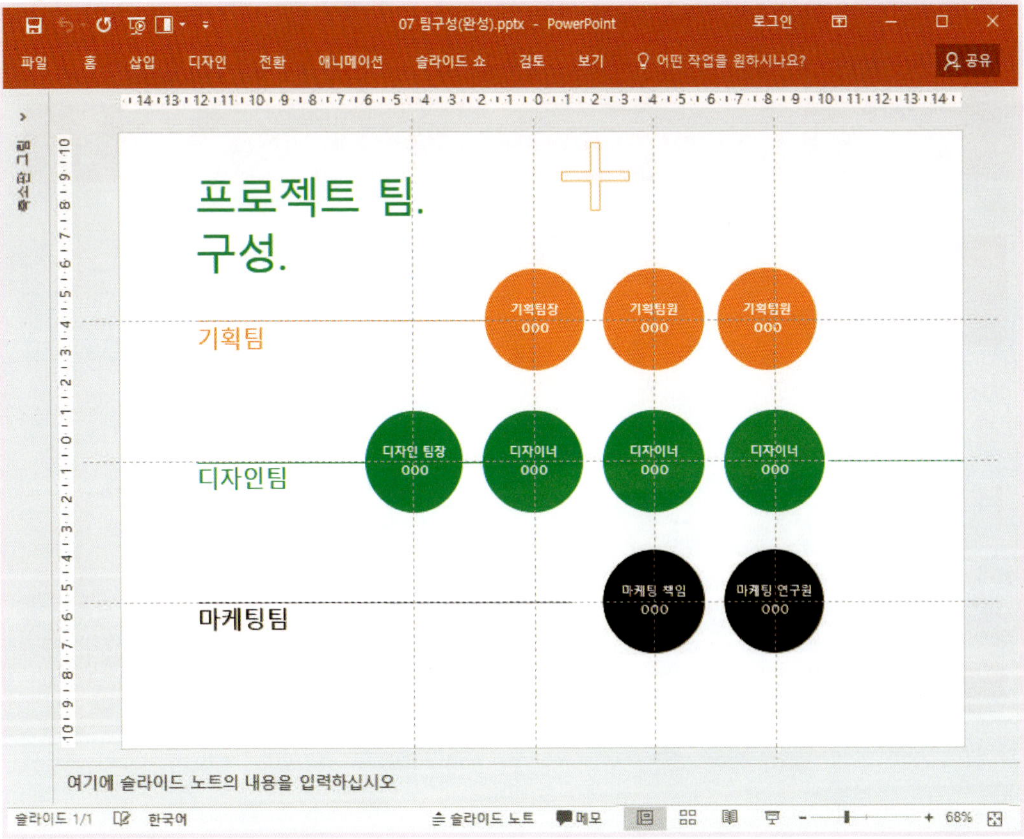

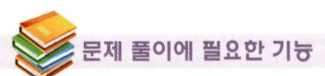

문제 풀이에 필요한 기능

눈금자, 안내선

MOS PowerPoint 2016

그래픽 및 멀티미디어 요소, 차트 및 표 사용

chapter 03

section 1 텍스트 삽입 및 서식 지정
section 2 이미지 삽입 및 서식 지정
section 3 SmartArt 삽입 및 서식 지정
section 4 표 삽입 및 서식 지정
section 5 차트 삽입 및 서식 지정
section 6 미디어 삽입 및 서식 지정

section 1
텍스트 삽입 및 서식 지정

1. 개체 틀의 텍스트 서식 지정(예제 위치 : 본문/개념3.1.1)

프레젠테이션에 새 슬라이드를 추가할 때, 당신이 선택한 레이아웃은 객체의 위치를 나타낸다.

1 [홈] 탭-[단락] 그룹에서 가로 맞춤을 할 수 있다(예제 : 개념3.1.1).

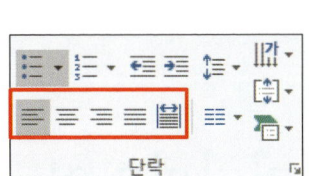
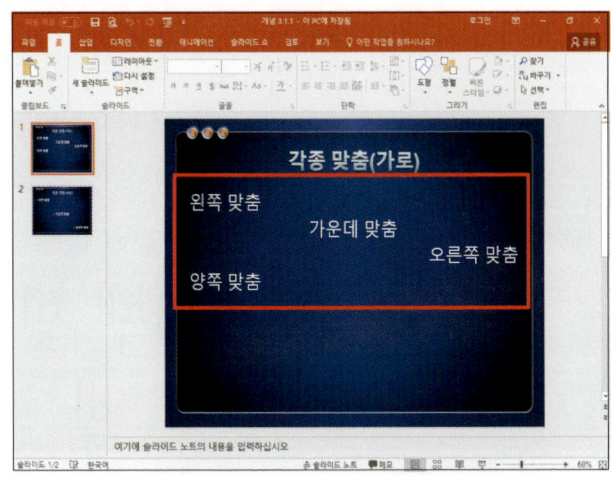

2 [홈] 탭-[단락] 그룹-[텍스트 맞춤] 명령을 클릭하면 중간 맞춤을 할 수 있다.

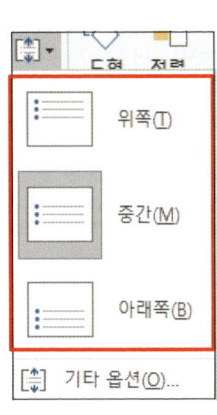
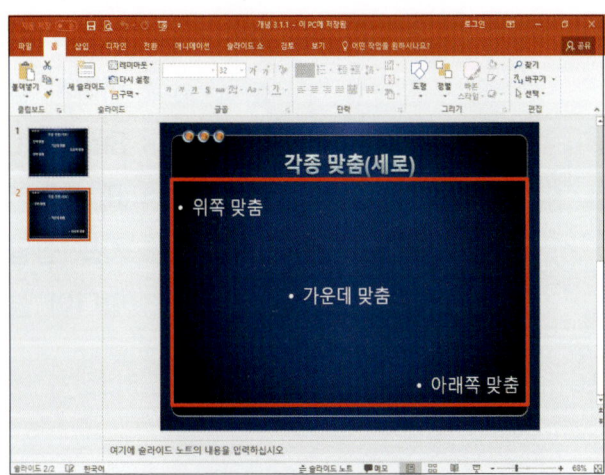

3 [홈] 탭-[글꼴] 그룹을 통해 다음의 리본 메뉴를 볼 수 있다.

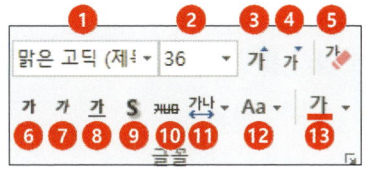

① 글꼴 : 글꼴을 변경한다.
② 글꼴 크기 : 글꼴의 크기를 변경한다.
③ 글꼴 크기 크게 : 명령을 클릭할 때마다 글꼴의 크기가 4pt씩 커진다.
④ 글꼴 크기 작게 : 명령을 클릭할 때마다 글꼴의 크기가 4pt씩 작아진다.
⑤ 모든 서식 지우기 : 글꼴에 설정된 모든 서식을 삭제한다.
⑥ 굵게 : 선택한 텍스트를 굵게 표시한다.
⑦ 기울임꼴 : 선택한 텍스트를 기울임꼴로 표시한다.
⑧ 밑줄 : 선택한 텍스트에 밑줄을 표시한다.
⑨ 텍스트 그림자 : 선택한 텍스트 뒤에 그림자를 추가한다.
⑩ 취소선 : 선택한 텍스트의 중간을 지나는 선을 그린다.
⑪ 문자간격 : 문자 사이의 간격을 조정한다. [기타 간격] 메뉴를 통해 상세한 값을 조정할 수 있다.
⑫ 대/소문자 바꾸기 : 선택한 텍스트를 대문자, 소문자로 변경한다.
⑬ 글꼴 색 : 텍스트의 색을 변경한다.

4 [홈] 탭-[단락] 그룹에서 [목록 수준 늘림] 또는 [목록 수준 줄임] 명령을 클릭하여 텍스트 목록의 수준을 변경할 수 있다(단축키 : 수준늘림(Tap), 수준줄임(Shift+Tap)).

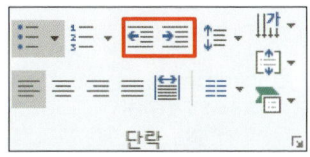

5 [홈] 탭-[단락] 그룹에서 (▣)을 클릭하면 다음과 같이 [단락] 대화 상자가 나타난다.

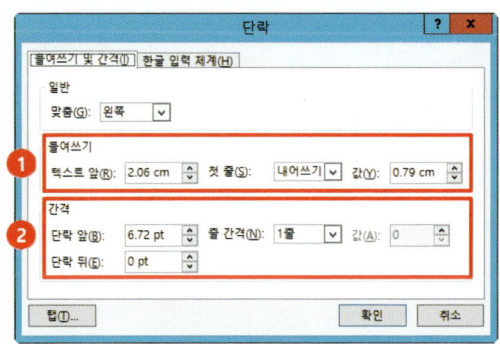

❶ **들여쓰기** : 들여쓰기나 내어쓰기 수치를 설정할 수 있다.

❷ **간격** : 단락과 단락 사이, 줄과 줄 사이의 간격을 설정할 수 있다.

6 **[삽입]** 탭-**[텍스트]** 그룹-**[텍스트 상자]**를 클릭하고 슬라이드에 드래그하여 텍스트 상자를 만든다.

7 **[삽입]** 탭-**[텍스트]** 그룹-**[텍스트 상자]** 명령의 화살표를 클릭하면 **[가로 텍스트 상자]** 또는 **[세로 텍스트 상자]** 둘 중 하나를 선택하여 텍스트 상자를 만들 수 있다.

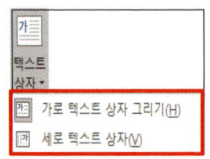

8 텍스트 상자위에 마우스 커서를 두고 오른쪽 클릭한 뒤 **[도형 서식]** 명령을 클릭한다. 그러면 다음과 같은 상자가 화면 오른쪽에 나타난다.

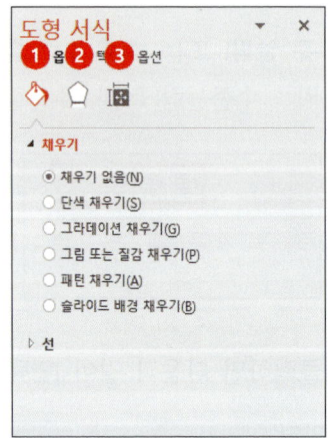

❶ **채우기 및 선** : 텍스트 상자에 테두리를 넣거나 제거할 수 있고, 텍스트 상자 색을 다양하게 바꿀 수 있다.

❷ **효과** : 텍스트 상자에 그림자, 반사, 네온 등 다양한 효과를 넣을 수 있다.

❸ **크기 및 속성** : 텍스트 상자의 크기를 조절하거나 위치를 옮길 수 있다.

연습문제

"연습 3.1.1" 파일을 열어 제목, 본문을 다음과 같이 작성하고(본문 부분은 직접 텍스트 상자를 삽입하여 작성한다), 본문 텍스트를 가운데 맞춤으로 정렬하시오. 그리고 제목 글꼴 서식은 44pt/맑은고딕/굵게/기울임을 설정하고, 본문 글꼴 서식은 32pt/맑은고딕/밑줄을 설정하시오.

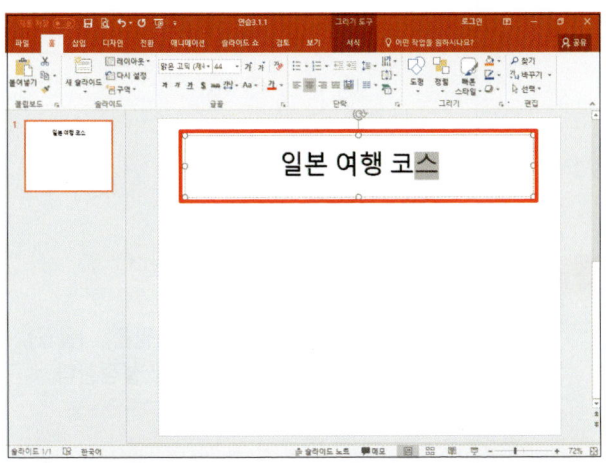

1. 제목 텍스트 상자를 선택한다.

2. 제목에 '일본 여행 코스'라는 문구를 입력한다.

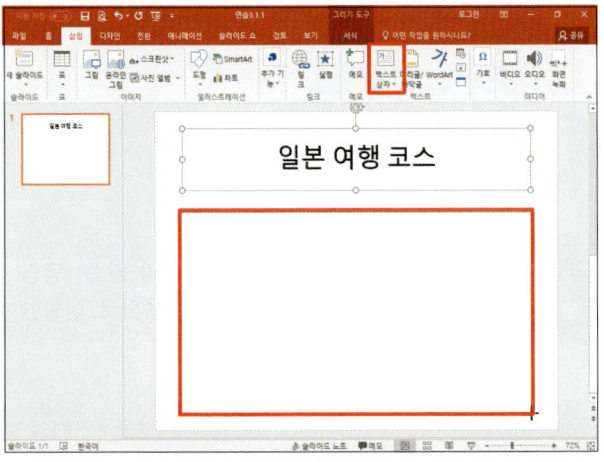

3. [삽입] 탭–[텍스트 상자] 명령을 클릭하고 슬라이드에 드래그하여 텍스트 상자를 삽입한다.

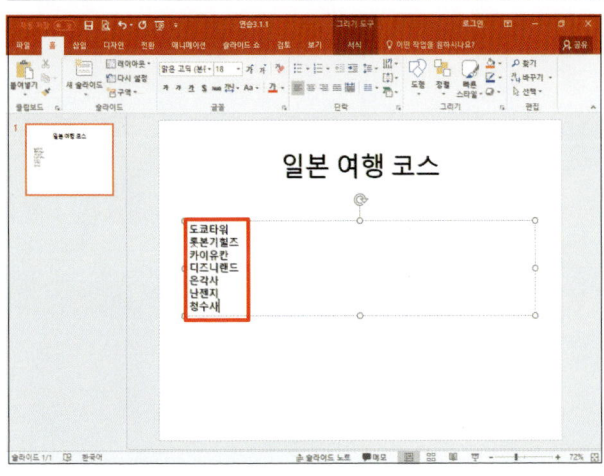

4. 본문 텍스트 상자에 다음과 같이 '도쿄타워, 롯본기힐즈, 카이유칸, 디즈니랜드, 은각사, 난젠지, 청수사' 문구를 입력한다.

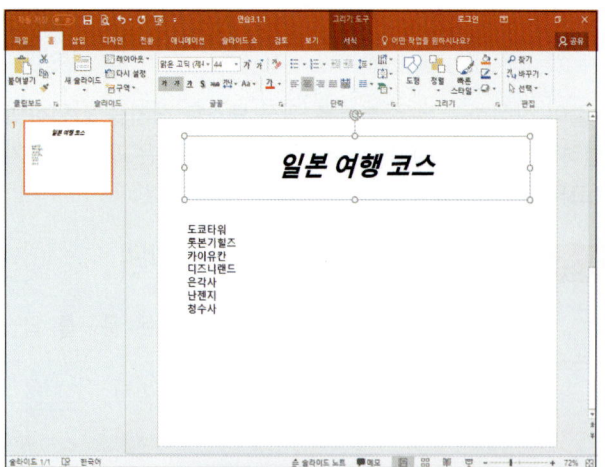

5. 제목 텍스트 상자를 선택한다.

6. **[홈]** 탭-**[글꼴]** 그룹에서 **[굵게]**, **[기울임]**, **[글꼴]**, **[글꼴 크기]**를 선택하여 문제에 맞게 설정한다.

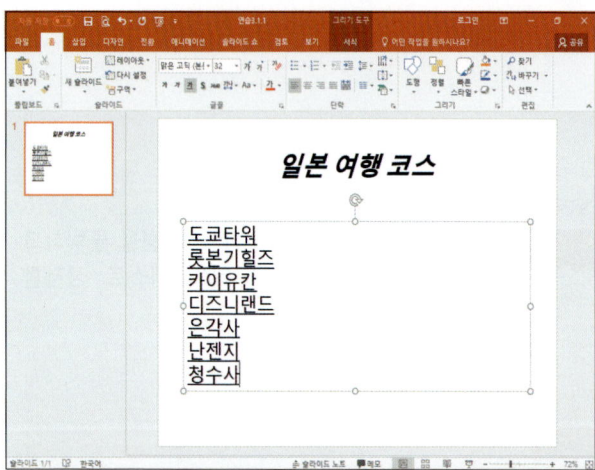

7. 본문 텍스트 상자를 선택한다.

8. **[홈]** 탭-**[글꼴]** 그룹에서 **[밑줄]**, **[글꼴]**, **[글꼴 크기]**를 문제와 맞게 설정한다.

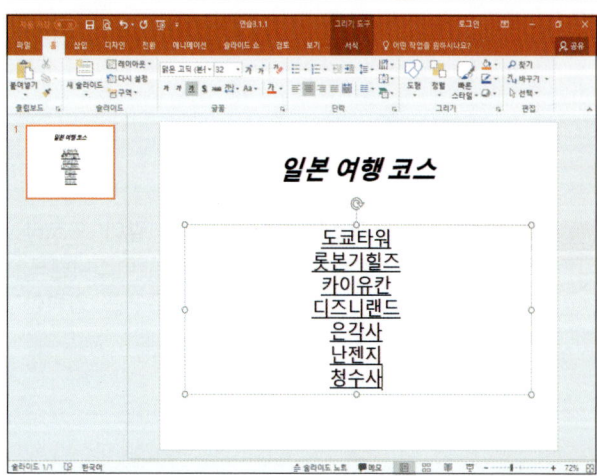

9. **[홈]** 탭-**[단락]** 그룹-**[가운데 맞춤]** 명령을 클릭하여 텍스트를 왼쪽으로 정렬한다.

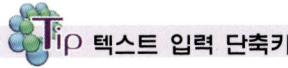 **텍스트 입력 단축키**

단축키를 활용하면 문서 작업 시간을 단축시킬 수 있다.

단축키	기능	비고
Ctrl+E	가운데 맞춤	
Ctrl+R	오른쪽 맞춤	
Ctrl+L	왼쪽 맞춤	
Ctrl+J	양쪽 맞춤	
Ctrl+Shift+., Ctrl+]	글자 크게	
Ctrl+Shift+,, Ctrl+[	글자 작게	
Ctrl+T, Ctrl+Shift+F	글꼴 변경	[글꼴] 대화 상자 열기
Ctrl+B	굵게	토글 기능
Ctrl+I	이탤릭체	토글 기능
Ctrl+U	밑줄	토글 기능
Shift+F3	영어 대소문자 변환	영어 대문자→소문자→전체 대문자 순서로 변경
Ctrl+Alt+Shift+., Ctrl+Shift+=	위첨자	계속 누르면 위첨자의 위치 변경
Ctrl+Alt+Shift+,, Ctrl+=	아래첨자	계속 누르면 아래첨자의 위치 변경
Ctrl+Alt+Shift+Z	위첨자, 아래첨자 원래대로	
Ctrl+K	하이퍼링크 삽입	

2. WordArt 만들기

<WordArt>는 텍스트에 디자인 요소를 가미한 것을 말한다. 일반 텍스트보다 화려하고 강력한 인상을 주기 때문에 주로 프레젠테이션에서 제목이나 강조할 문구에 사용된다. 텍스트 자체의 편집 요소와 디자인적 편집 요소로 나누어 편집이 이루어진다.

1 텍스트를 선택한 후, **[그리기 도구]-[서식]** 탭-**[WordArt 스타일]** 그룹의 **[자세]**히 버튼(🔽)을 클릭하면 다양한 WordArt 스타일 목록이 나타난다. 스타일 위에 마우스를 올리면, 스타일이 적용되는 것을 미리 볼 수 있다.

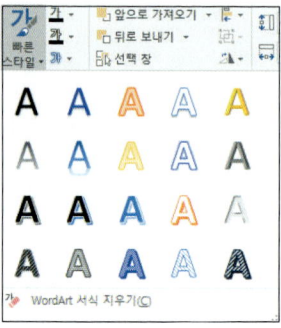

2 텍스트를 선택한 후, **[그리기 도구]**의 **[서식]** 탭-**[WordArt 스타일]** 그룹-**[텍스트 채우기]** 명령을 선택하면 텍스트를 단색, 그라데이션, 그림, 질감 등으로 채울 수 있다.

3 텍스트를 선택한 후, **[그리기 도구]**의 **[서식]** 탭-**[WordArt 스타일]** 그룹-**[텍스트 윤곽선]** 명령을 선택하면 텍스트 윤곽선의 색, 두께 및 선 스타일을 지정할 수 있다.

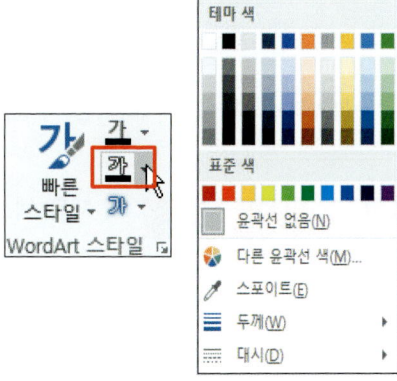

4 텍스트를 선택한 후, **[그리기 도구]-[서식]** 탭-**[WordArt 스타일]** 그룹의 **[텍스트 효과]** 명령을 선택하면 텍스트에 그림자, 반사, 네온, 입체 효과, 3차원 회전과 같은 시각 효과를 설정할 수 있다.

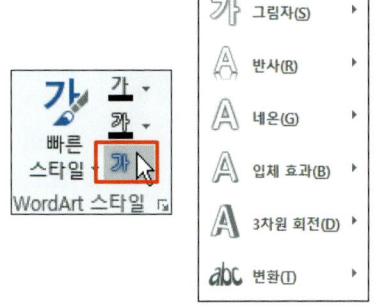

"연습 3.1.2" 파일을 열어 제목에는 '근접 반사 터치'를 부제목에는 '주황, 18pt 네온, 강조색2'를 설정하시오.

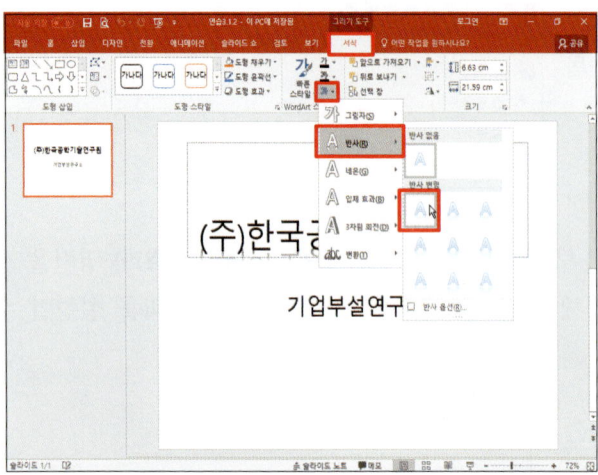

1. 제목 텍스트 상자를 선택한다.

2. [그리기 도구]의 [서식] 탭–[반사]–[근접 반사 터치] 명령을 클릭한다.

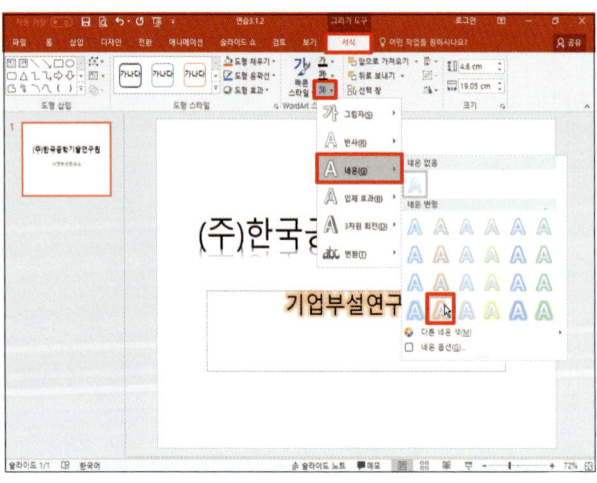

3. 부제목 텍스트 상자를 선택한다.

4. [그리기 도구]의 [서식] 탭–[네온]–[주황, 18pt 네온, 강조색2] 명령을 클릭한다.

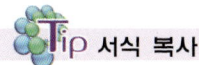 **서식 복사**

MS 오피스 프로그램에서는 개체 선택 & 붙여넣기뿐만 아니라 서식 복사 & 붙여넣기 기능을 제공한다. 그리고 파워포인트에서는 이 기능을 단축키로 제공하고 있어서 쉽게 서식을 복사 & 붙여넣기 할 수 있다. 도형이나 텍스트 상자 등 개체의 서식을 한 번만 설정하고 나머지는 서식 복사 & 붙여넣기 기능을 이용하면 작업 시간을 크게 단축할 수 있다.

1) 연습3.1.2.pptx에서 만든 제목을 선택하고 Ctrl+Shift+C를 눌러 서식을 복사한다.
2) 부제목을 선택한 후 Ctrl+Shift+V를 눌러 서식을 붙여 넣는다.
   참고로 Ctrl+Shift+V 대신 F4를 눌러도 마지막 명령을 실행하여 서식 복사할 수 있다.

무료 폰트 제공 사이트

소개하는 이미지 사이트의 이미지는 저작권에 문제가 되지 않으므로 개인용이나 상업용으로 사용이 가능하다. 단, 'pexels.com', 'unsplash.com', 'thenounproject.com' 사이트는 영문을 기반으로 하므로 알파벳으로 검색해야 한다.

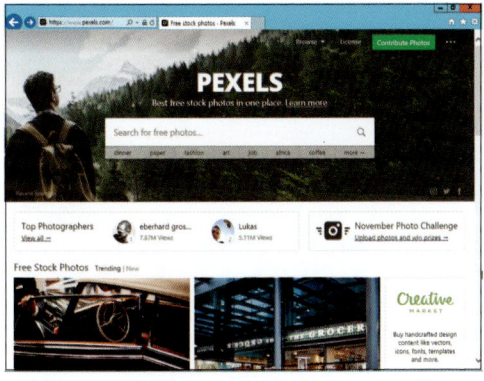
http://pexels.com

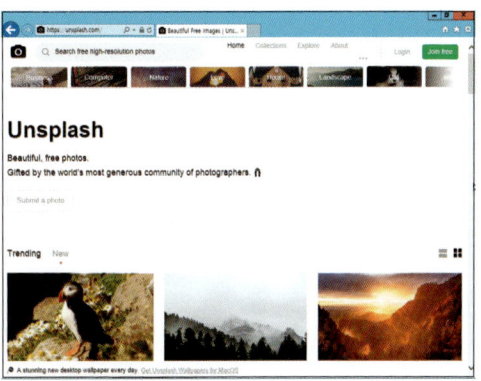
http://unsplash.com

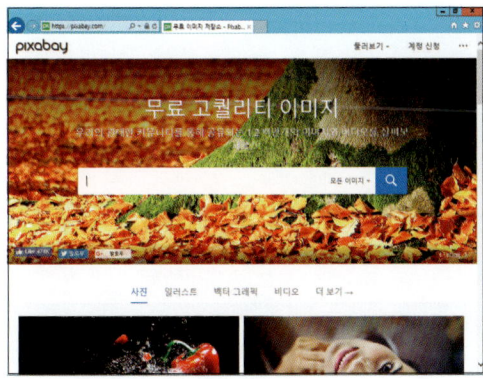
http://pixabay.com

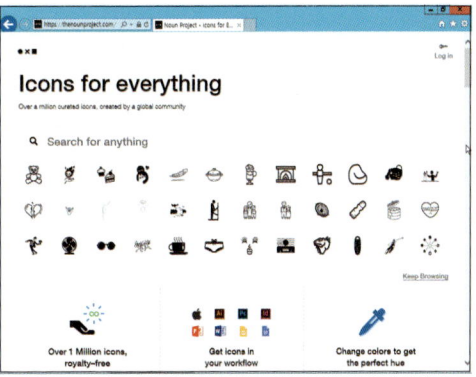
http://thenounproject.com

3. 텍스트에 단 서식 지정

텍스트 상자의 텍스트를 최대 여러 개의 단(최대 16개)으로 나눌 수 있고, 각 단간의 사이 간격을 지정할 수 있다.

1 [홈] 탭-[단락] 그룹-[열 추가 또는 제거] 명령을 클릭하여 열 개수를 정한다. 목록의 [기타 열] 메뉴를 클릭하면 열 사이 간격을 지정할 수 있다.

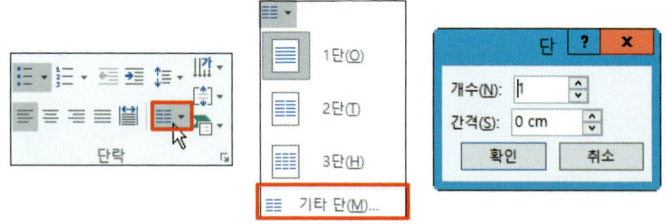

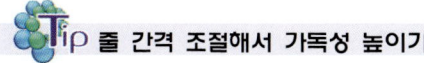
줄 간격 조절해서 가독성 높이기

줄과 줄 사이의 간격을 '레딩(leading, 베이스라인에서 베이스라인까지의 높이)'이라고 하는데, 레딩의 간격은 가독성에 큰 영향을 준다. 이것은 파워포인트뿐만 아니라 다른 문서 작업에서도 공통적으로 적용된다. 글꼴 크기의 경우 보통 10pt는 약 3.4mm, 12pt는 약 4mm의 크기이다. 레딩을 지정할 때 정해진 공식은 없지만, 글꼴의 120% 정도가 적당하다.

1) [홈] 탭-[단락] 그룹에서 [줄 간격]을 클릭하고 [줄 간격 옵션]을 선택한다.

2) [단락] 대화 상자가 열리면 [들여쓰기 및 간격] 탭을 선택하고 '간격'의 '줄 간격'에서 [배수]를 선택한다. '값'에 '1.2'를 입력하고 [확인]을 클릭한다.

"연습 3.1.3" 파일을 열어 본문 텍스트 상자를 2단으로 변경하고, 2번째 단의 시작을 2번째 줄로 설정하시오.

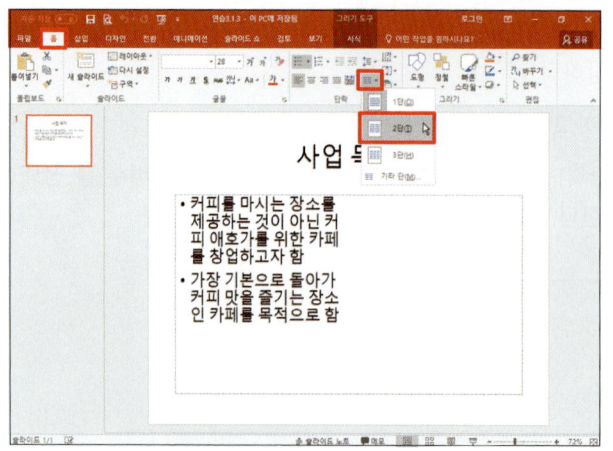

1. 본문 텍스트 상자를 선택한다.

2. **[홈]** 탭-**[열 추가 또는 제거]**-**[2단]** 명령을 클릭한다.

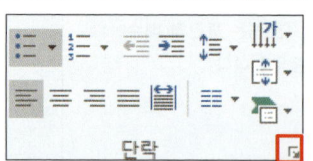

3. '가장 기본으로 돌아가~' 앞에 커서를 두고 **[홈]** 탭-**[단락]** 그룹에 있는 (□)를 클릭한다.

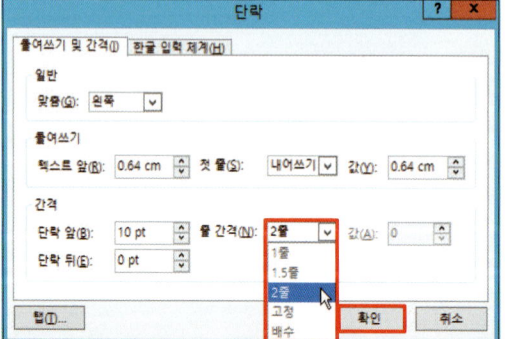

4. **[단락]** 대화 상자가 나타나면 **[줄 간격]**-**[2줄]**을 선택하고 **[확인]**을 클릭한다.

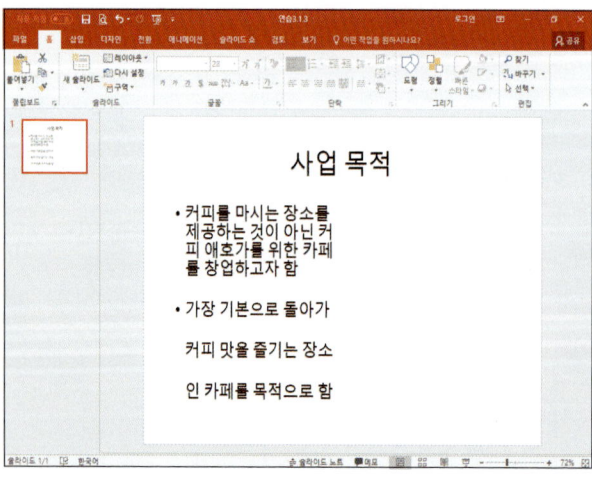

5. 설정이 잘되었는지 확인해본다.

4. 텍스트에 목록 서식 지정(예제 위치 : 본문/개념3.1.4)

슬라이드 레이아웃을 선택하면 자동으로 생성되는 텍스트 상자에서는 단락이 바뀔 때마다 글머리 기호가 나타난다. 글머리 기호는 적용한 서식파일에 따라 그 모양이 다르게 나타나는데 사용자가 원하는 모양으로 바꾸어 주거나 해제할 수 있다.

❶ '제목 및 내용' 레이아웃의 슬라이드를 선택하면, 내용 텍스트 상자에 글머리 기호가 자동으로 생성된다.

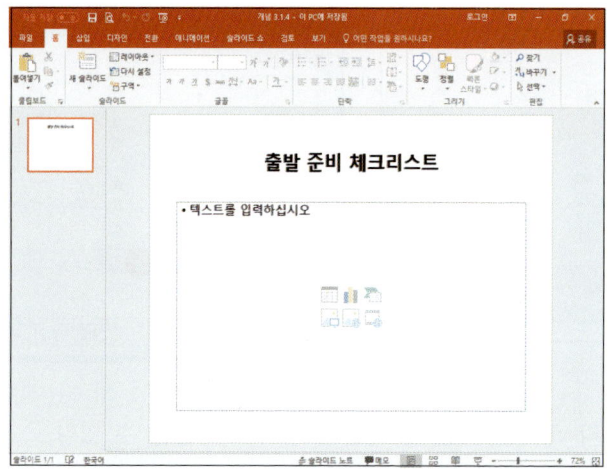

❷ [홈] 탭-[단락] 그룹-[글머리 기호] 명령의 목록 단추를 클릭하여 [글머리 기호 및 번호 매기기] 메뉴를 클릭한다. [글머리 기호 및 번호 매기기] 대화 상자가 나타난다.

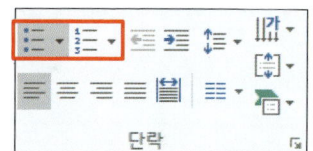

❸ [홈] 탭-[단락] 그룹-[글머리 기호] 명령의 목록 단추를 클릭하여 [글머리 기호 및 번호 매기기] 메뉴를 클릭한다. [글머리 기호 및 번호 매기기] 대화 상자가 나타난다.

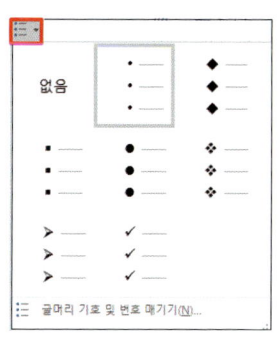 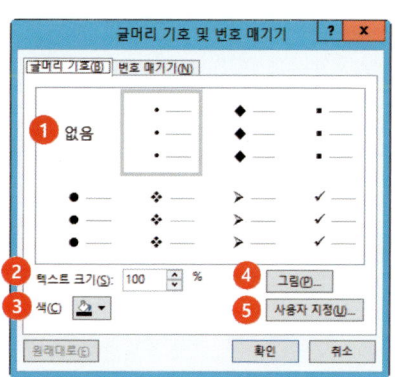

❶ **없음** : 적용되어 있는 글머리 기호를 해제하여 글머리 기호 목록이 나타나지 않도록 한다.
❷ **텍스트 크기** : 글머리 기호의 크기를 정한다. 백분율 단위로 변경할 수 있다.
❸ **색** : 글머리 기호의 색상을 정한다.
❹ **그림** : 글머리 기호를 저장해둔 그림으로 설정한다.
❺ **사용자 지정** : 다양한 기호를 글머리로 사용하도록 [기호] 대화 상자가 실행된다.

4 [홈] 탭-[단락] 그룹-[번호 매기기] 명령의 목록 단추를 클릭하여 [글머리 기호 및 번호 매기기] 메뉴를 클릭한다. [글머리 기호 및 번호 매기기] 대화 상자가 나타난다.

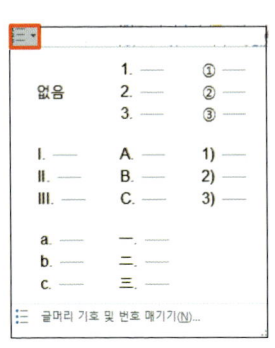
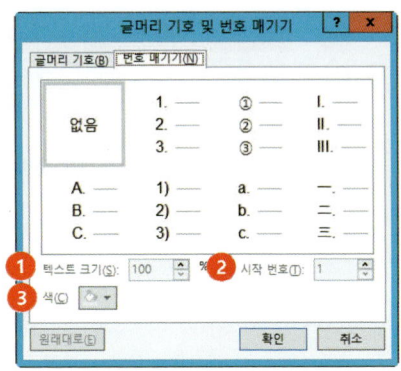

❶ **텍스트 크기** : 번호의 크기를 정한다. 백분율 단위로 변경할 수 있다.
❷ **시작 번호** : 번호 목록의 시작 번호를 변경한다.
❸ **색** : 번호의 색상을 정한다.

"연습 3.1.4" 파일을 열어 왼쪽 텍스트 상자의 글머리 기호는 없애고, 오른쪽 텍스트 상자의 글머리 기호는 '별표 글머리 기호'로 변경하시오. 그리고 '문화재~저작권 문제'의 글머리 기호 수준을 한 단계 늘리시오.

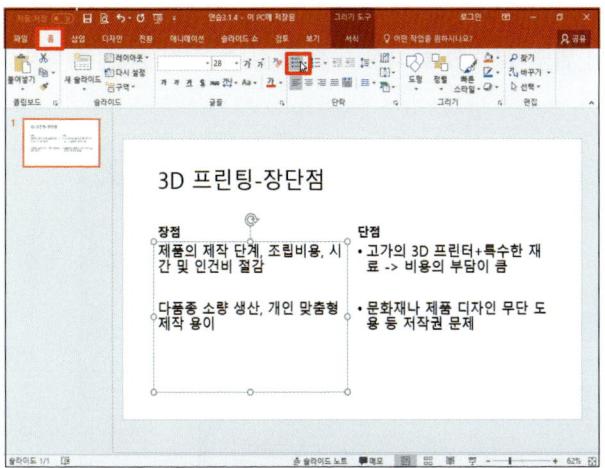

1. 왼쪽 텍스트 상자를 선택한다.

2. **[홈]** 탭-**[단락]** 그룹-**[글머리 기호]**를 클릭한다.

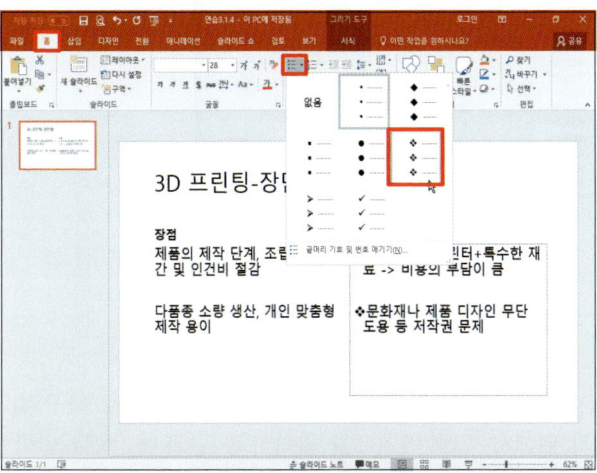

3. 오른쪽 텍스트 상자를 선택한다.

4. **[홈]** 탭-**[단락]** 그룹-**[글머리 기호]** 목록-**[별표 글머리 기호]** 명령을 클릭한다.

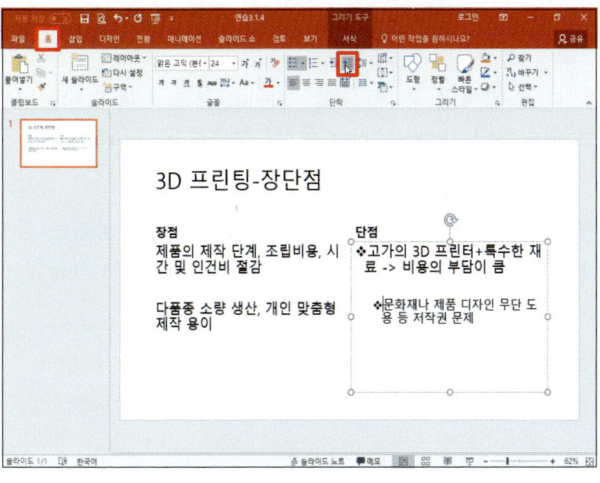

5. '문화재~저작권 문제' 앞에 커서를 둔다.

6. **[홈]** 탭-**[단락]** 그룹-**[목록 수준 늘림]** 또는 tab 키를 눌러서 목록 수준을 한 단계 늘린다.

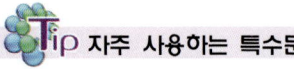 **자주 사용하는 특수문자 입력**

파워포인트나 워드와 같은 오피스 프로그램에서 문서를 작성할 경우 가운데 점(·)이나 당구장 기호(※)와 같은 특수 문자를 자주 사용한다. 자주 사용하는 특수 문자는 미리 저장한 후 사용하면 편리하다.

1) [파일] 탭-[옵션]을 선택한다.

2) [PowerPoint 옵션] 창이 열리면 [언어 교정] 범주에서 '자동 고침 옵션'의 [자동 고침 옵션]을 클릭한다.

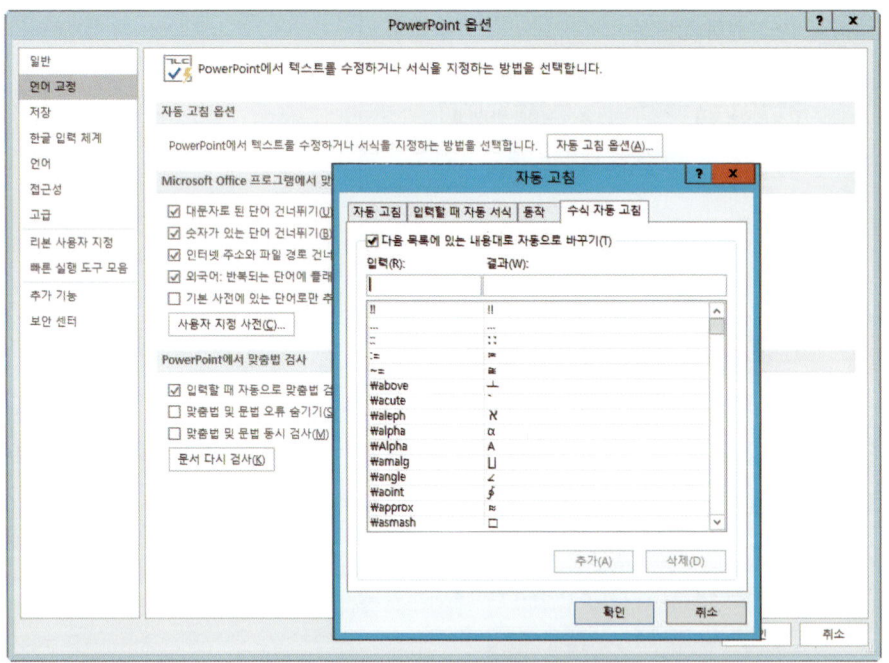

3) [자동 고침] 대화 상자가 열리면 [자동 고침] 탭에서 [다음 목록에 있는 내용대로 자동으로 바꾸기]에 체크한다. 여기에서는 가운데 점을 삽입하기 위해서 '입력'에 '(*)'을 입력하고 '결과'에 'ㄱ'을 입력한 후 '한자'를 누릅니다. 기호 목록이 나타나면 키보드의 'PageDown'을 한 번 눌러 다음 기호 목록을 나타내고 [·]을 선택한 후 [추가]를 클릭한다.

4) 이번에는 '입력'에 '(**)'을 입력하고 '결과'에 'ㅁ'을 입력한 후 '한자'를 누른다. 기호 목록이 나타나면 『※』를 선택하고 [추가]와 [확인]을 차례로 클릭한다. [PowerPoint 옵션] 창으로 되돌아오면 [확인]을 클릭한다.

   * '입력'과 '결과' 목록에서 추가된 기호를 확인할 수 있다. 이와 같은 방법으로 자주 사용하는 특수 문자를 미리 설정해 놓으면 워드와 엑셀과 같은 다른 오피스 프로그램에서도 편리하게 사용할 수 있다.

5) 빈 문서에 '(*)'을 입력해보면 자동으로 가운데 점(·)으로 바뀌는 것을 확인할 수 있다.

5. 텍스트에 하이퍼링크 서식 지정

숨겨진 슬라이드나 컴퓨터, 네트워크, 웹페이지 등에 있는 정보들을 파워포인트 내에 있는 텍스트, 그래픽, 도형 등 객체에 하이퍼링크를 첨부할 수 있다. 하이퍼링크가 적용되어 있는 개체를 클릭하면 링크되어 있는 위치로 이동한다.

1 하이퍼링크를 걸고 싶은 객체를 선택한 뒤 **[삽입]** 탭-**[링크]** 그룹-**[하이퍼링크]** 명령을 클릭하면 **[하이퍼링크 삽입]** 대화 상자가 나타난다.

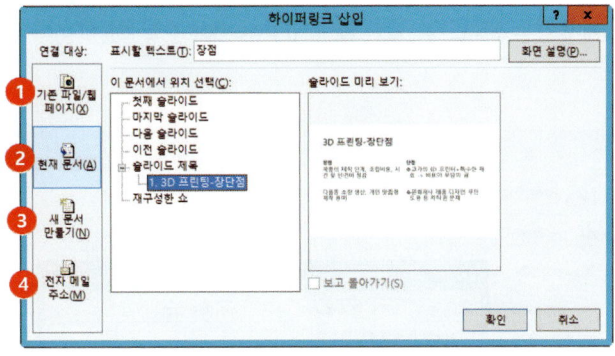

1 웹페이지나 컴퓨터에 저장된 파일을 연결할 때 하이퍼링크를 사용한다.
2 현재 문서에 있는 슬라이드에 하이퍼링크를 걸 때 사용한다.
3 새로 문서를 작업해서 하이퍼링크를 걸 때 사용한다.
4 E-Mail에 하이퍼링크를 걸 때 사용한다.

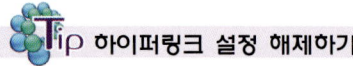 하이퍼링크 설정 해제하기

회사 소개와 같은 문서를 만들 때 홈페이지 주소를 적으면 자동으로 하이퍼링크가 설정되어 보기 좋지 않은 상태로 변하는 경우가 있다. 이 경우에는 [PowerPoint 옵션] 창에서 하이퍼링크 설정을 해제해야 한다.

1) 프레젠테이션 문서에 표시된 하이퍼링크를 확인하고 [파일] 탭-[옵션]을 선택한다.

2) [PowerPoint 옵션] 창이 열리면 [언어 교정] 범주를 선택하고 [자동 고침 옵션]을 클릭한다.

3) [자동 고침] 대화 상자가 열리면 [입력할 때 자동 서식] 탭에서 '인터넷과 네트워크 경로를 하이퍼링크로 설정'의 체크를 해제하고 [확인]을 클릭한다. [PowerPoint 옵션] 창으로 되돌아오면 [확인]을 클릭한다.

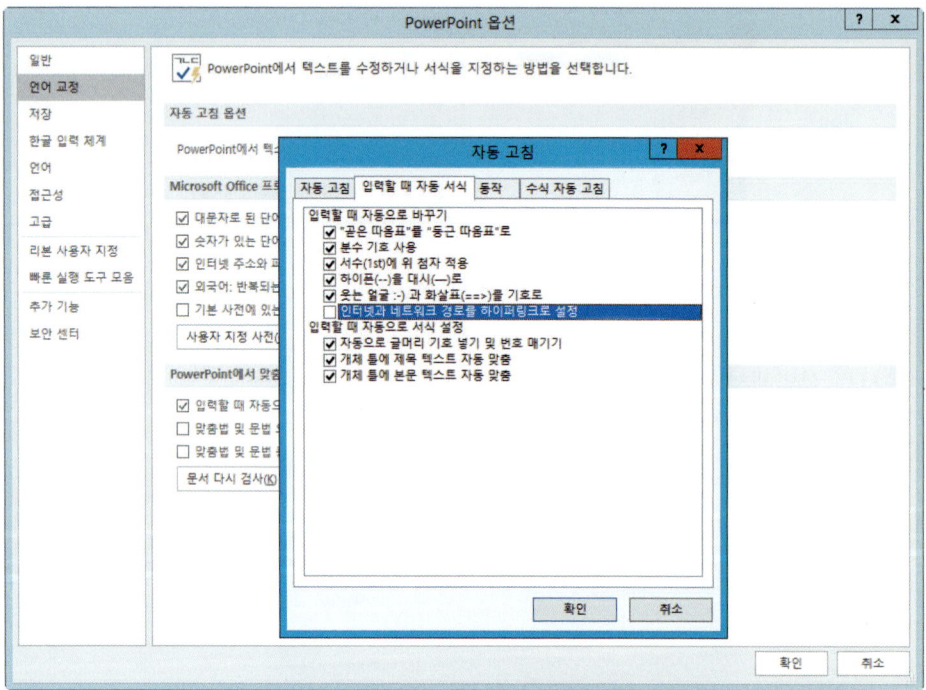

 연습문제

"연습 3.1.5" 파일을 열어 '여기를 클릭하면 '2번 슬라이드로 갑니다.' 문구에 2번 슬라이드로 연결되게 하이퍼링크를 연결하시오.

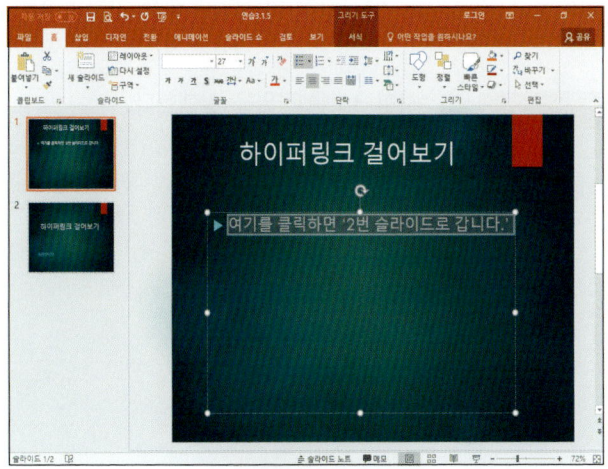

1. '여기를~갑니다.'를 드래그한다.

2. **[삽입]** 탭–**[링크]** 그룹–**[하이퍼링크]** 명령을 클릭한다.

3. 또는 **Ctrl+K**를 누른다.

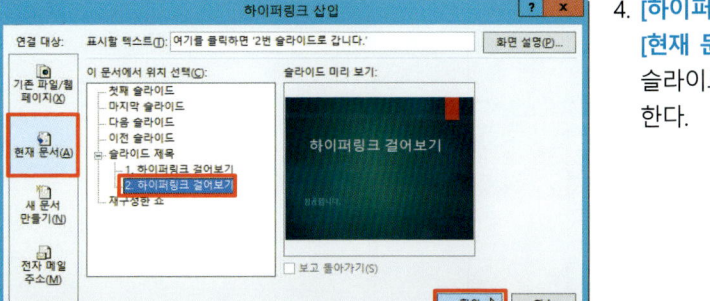

4. **[하이퍼링크 삽입]** 대화 상자가 나타나면 **[현재 문서]**–**[2. 하이퍼링크 걸어보기]**(2번 슬라이드)를 선택하고 확인버튼을 클릭한다.

5. 슬라이드쇼(F5키)를 켜서 확인해 본다.

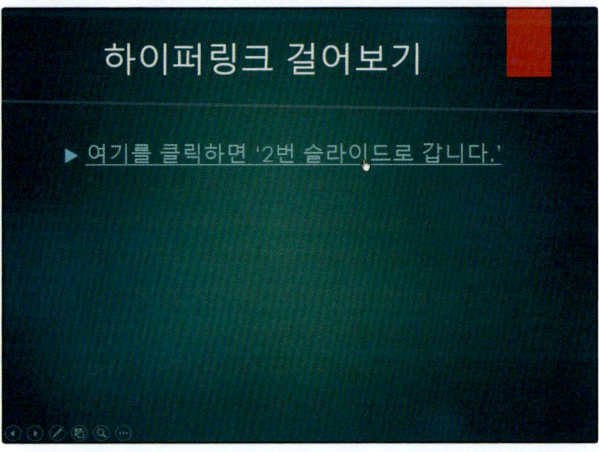

MOS 시험 유형 1

"시험 3.1.1" 파일을 열어 슬라이드1의 제목 텍스트에 '프로야구 창단기획서', 부제목 텍스트에 'KETRI 기업'을 입력하시오. 슬라이드2의 본문 텍스트에 '팀 연고 내용'을 입력하시오. 슬라이드3의 '현재 12구단~발전에 일조함' 내용을 왼쪽 텍스트 상자로 이동한 후 1, 2, 3 번호 매기기를 적용하고 개체 정렬을 왼쪽 맞춤으로 적용하시오.

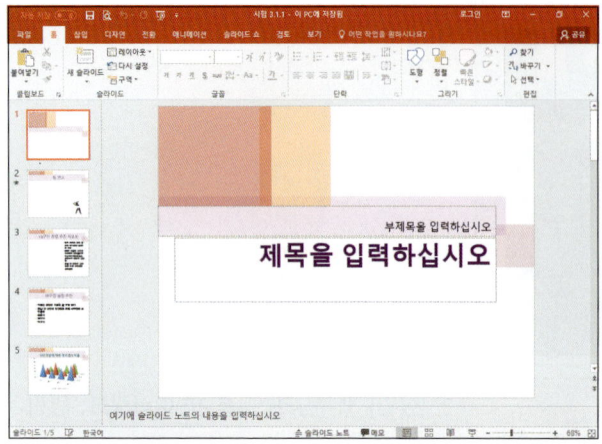

1. "시험 3.1.1" 파일을 실행한다.

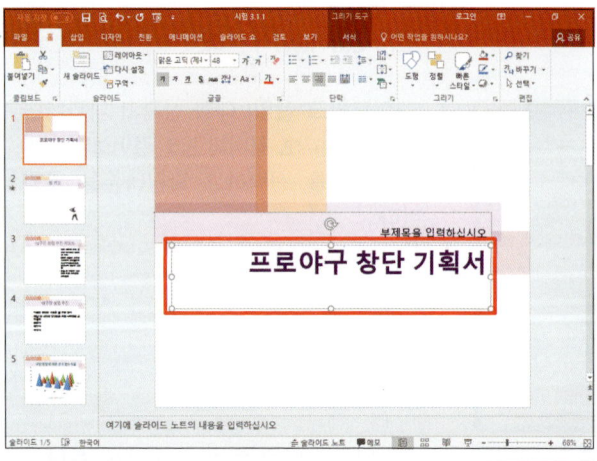

2. 제목 텍스트를 선택한 후 '프로야구 창단 기획서'를 입력한다.

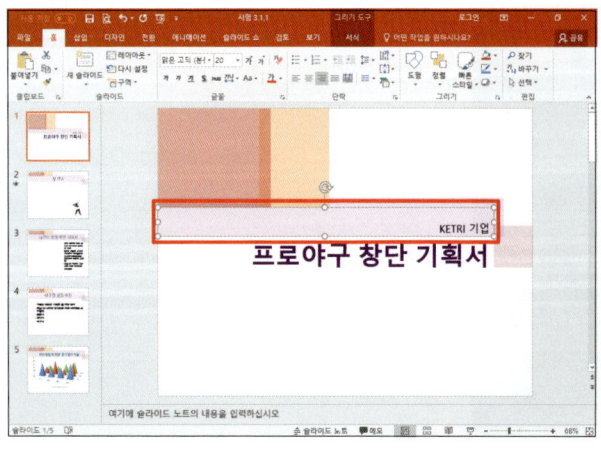

3. 부제목 텍스트를 선택한 후 'KETRI 기업'을 입력한다.

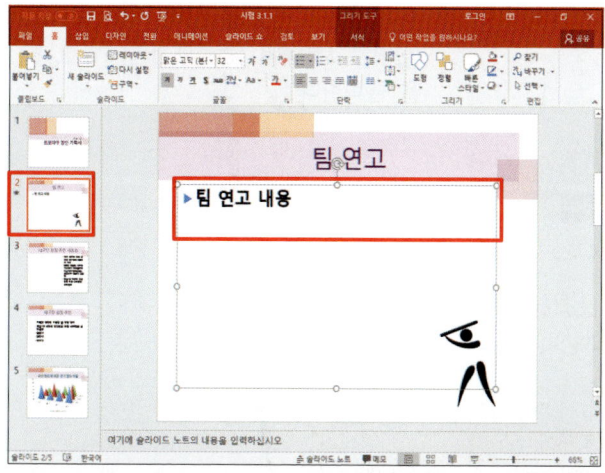

4. 슬라이드2의 본문 텍스트를 선택한 후 '팀 연고 내용'을 입력한다.

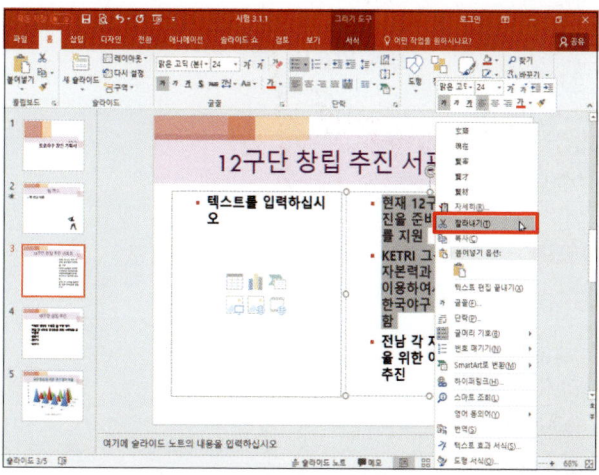

5. 슬라이드3의 '현재 12구단~발전에 일조함' 내용을 선택한 후 마우스 오른쪽 버튼을 클릭하여 [잘라내기]를 클릭한다.

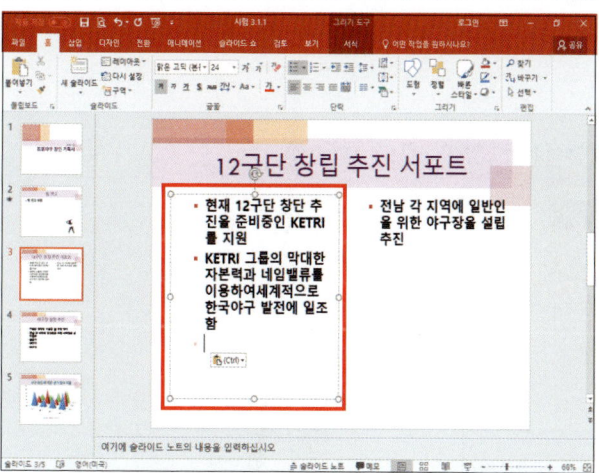

6. [잘라내기] 한 내용을 왼쪽 텍스트 상자에 붙여넣기 한다.

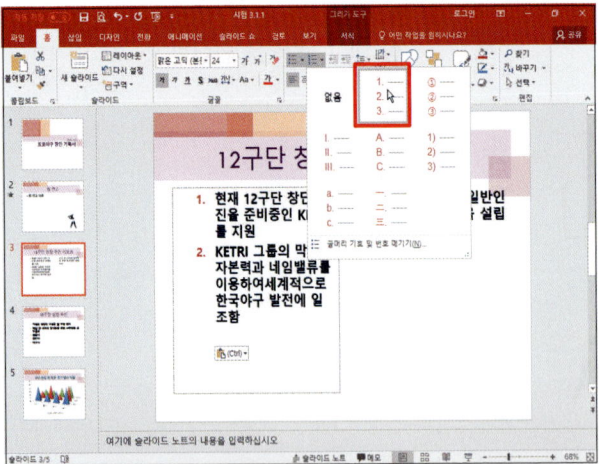

7. 왼쪽 텍스트 상자를 선택한 후 [홈] 탭-[단락] 그룹에서 [번호매기기]-[1. 2. 3.]을 클릭한다.

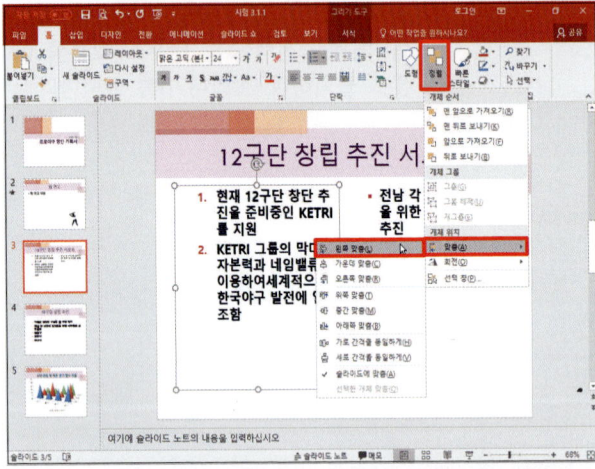

8. [홈] 탭-[그리기] 그룹에서 [정렬]-[맞춤]-[왼쪽 맞춤]을 클릭한다.

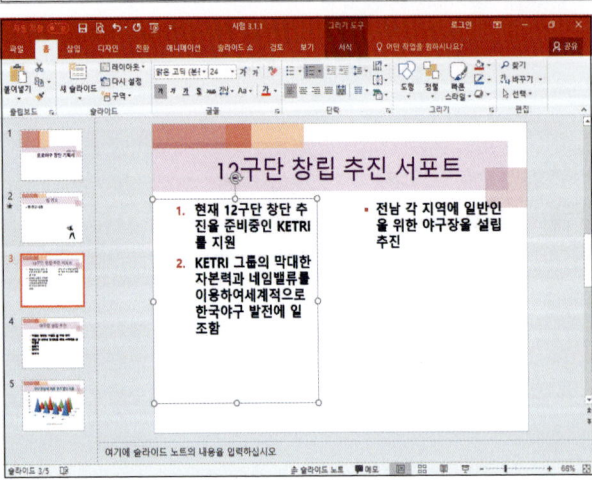

9. 결과 화면을 확인한다.

MOS 시험 유형 2

"시험 3.1.2" 파일을 열어 슬라이드2의 본문 내용의 텍스트 맞춤을 목차와 참고사항만 가운데 맞춤으로 변경하고 크기를 높이 '11.51'cm, 너비 '20.29'cm를 적용하시오. 슬라이드3 본문 내용의 첫 번째 행은 글머리 기호 없음, 두 번째 행은 글머리 기호 수준 1, 나머지 단락은 글머리 기호 수준 2를 적용하시오. 슬라이드4 본문 내용의 단락을 2단으로 변경하고 '민간부문' 내용이 두 번째 열에서 시작되도록 높이를 조정하시오.

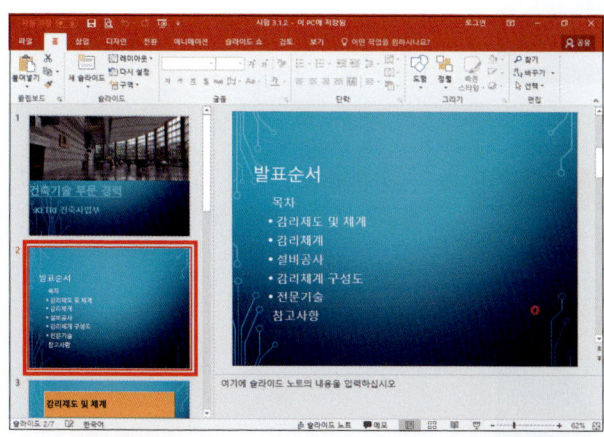

1. "시험 3.1.2" 파일을 실행하여 슬라이드2를 클릭한다.

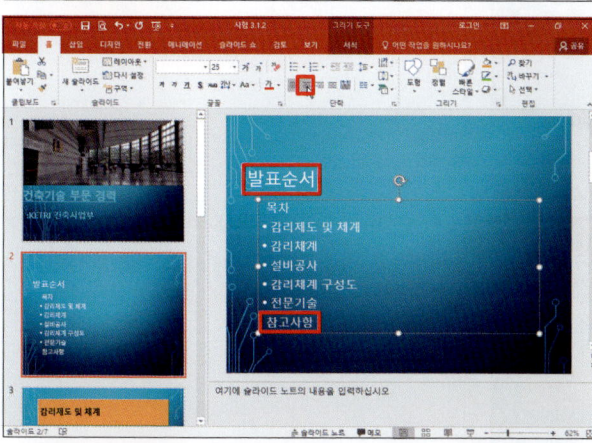

2. '발표순서'를 선택한 후 **[홈] 탭–[단락]** 그룹에서 **[가운데 맞춤]**을 클릭한다. '참고사항'도 같은 방법으로 적용한다.

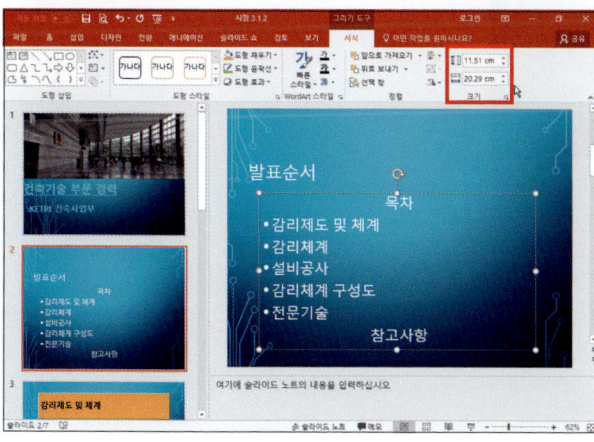

3. 본문 텍스트 상자를 선택한 후 **[서식] 탭–[크기]** 그룹에서 **[도형 높이]**를 '11.51'cm, **[도형 너비]**를 '20.29'cm로 적용한다.

chapter 03 그래픽 및 멀티미디어 요소, 차트 및 표 사용

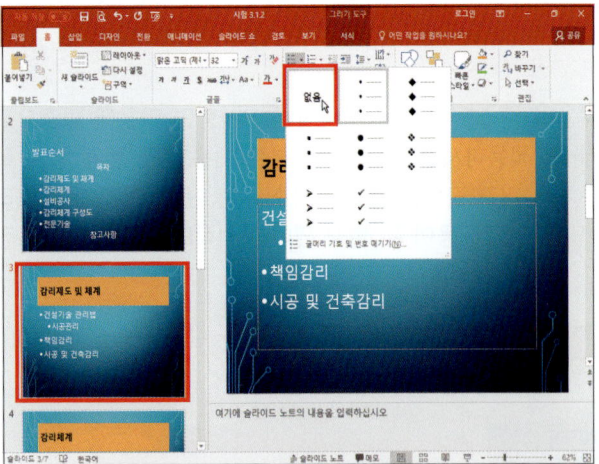

4. 슬라이드3의 '건설기술 관리법'을 선택한 후 [홈] 탭-[단락] 그룹에서 [글머리 기호]-[없음]을 클릭한다.

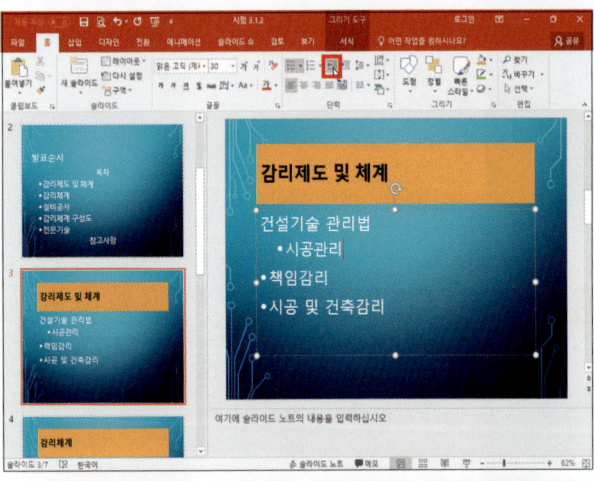

5. '시공관리'를 선택한 후 [홈] 탭-[단락] 그룹에서 [목록 수준 줄임]을 클릭한다.

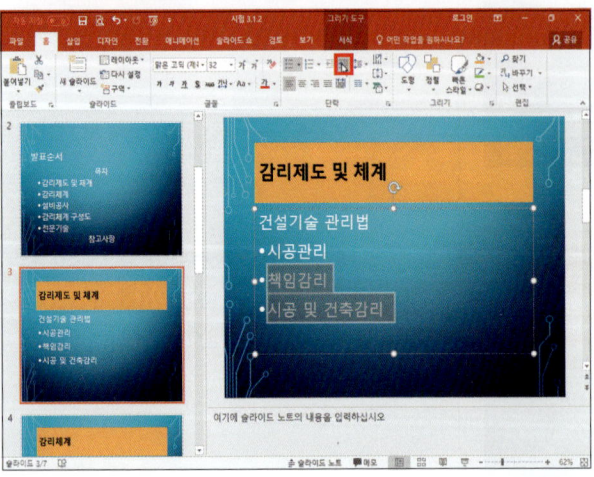

6. 나머지 단락을 선택한 후 [홈] 탭-[단락] 그룹에서 [목록 수준 늘림]을 클릭한다.

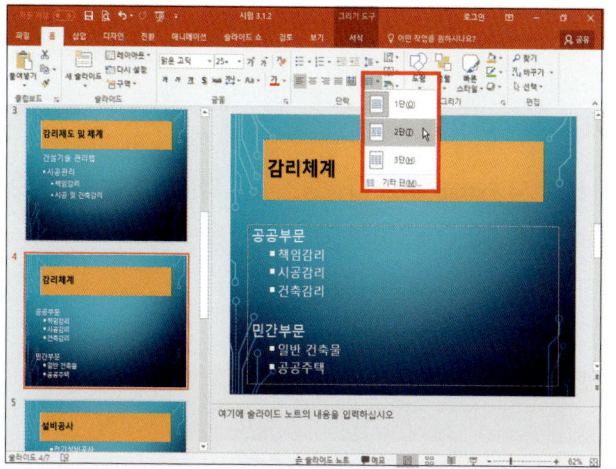

7. 슬라이드4의 본문 텍스트를 선택한 후 [홈] 탭-[단락] 그룹에서 [열 추가 또는 제거]-[2단]을 클릭한다.

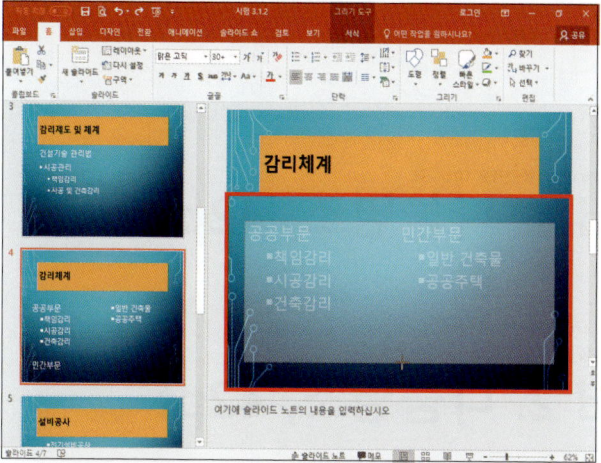

8. '민간부문' 내용이 두번째 열에서 시작되도록 높이를 조정한다.

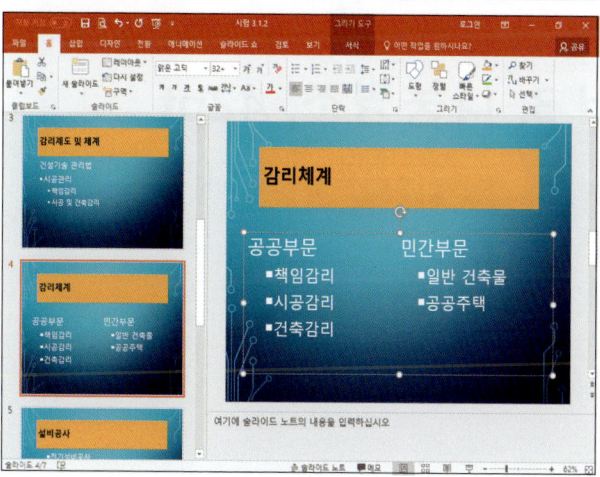

9. 결과 화면을 확인한다.

실전 활용 예제_08

08. PowerPoint 2016을 실행하고, 다음 문제를 풀이하시오.

(1) 인터넷을 검색하여 무료 글꼴인 나눔고딕, 나눔고딕 ExtraBold와 나눔명조 B를 다운받아 설치하시오.

(2) 다운받은 글꼴을 이용하여 <결과 파일>과 같이 슬라이드를 만드시오.

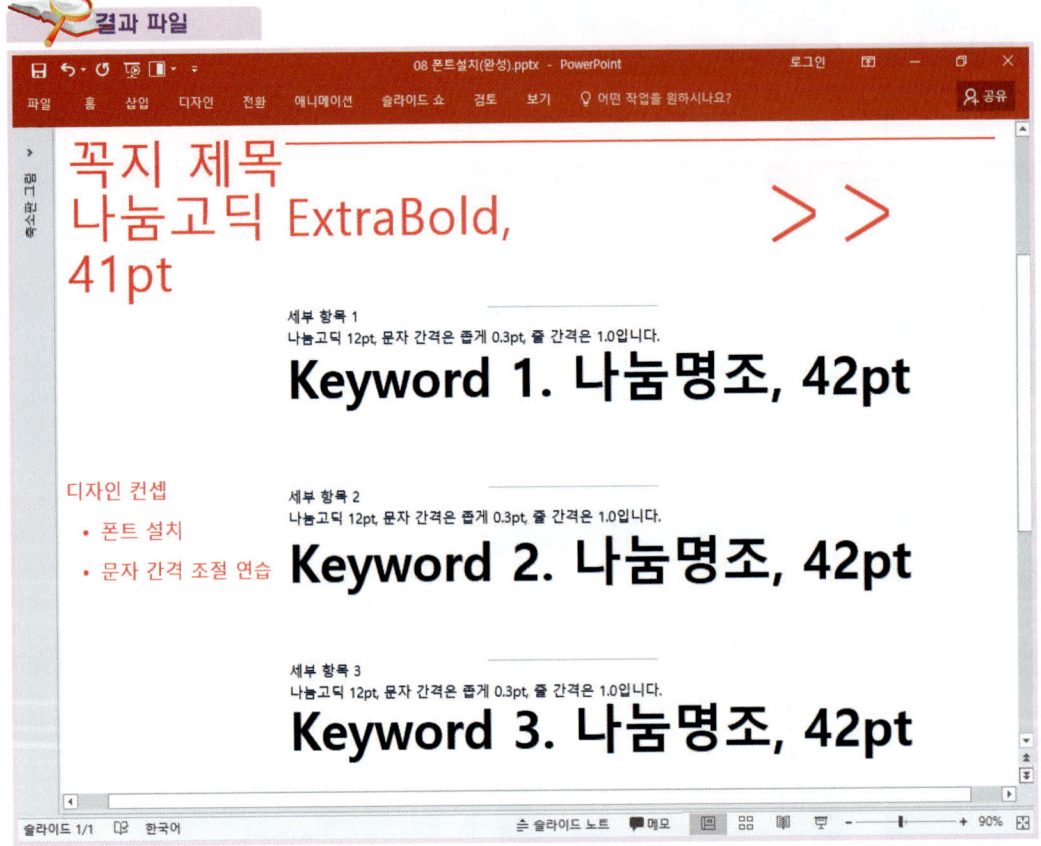

설치된 폰트 확인 방법(제어판 → 모양 및 개인 설정 → 글꼴)

section 2 이미지 삽입 및 서식 지정

1. 이미지 삽입

PowerPoint에서는 외부의 그림 이미지를 슬라이드에 삽입할 수 있다. 또한 <그림 바꾸기>를 이용하면 현재의 서식과 크기를 유지한 생태에서 새로운 그림을 삽입할 수 있다.

1 [삽입] 탭-[이미지] 그룹-[그림] 명령을 클릭한다.

2 [그림 삽입] 대화 상자가 나타난다. 원하는 그림 파일을 찾아 선택하고 [삽입] 단추를 클릭하면 슬라이드에 그림이 삽입된다.

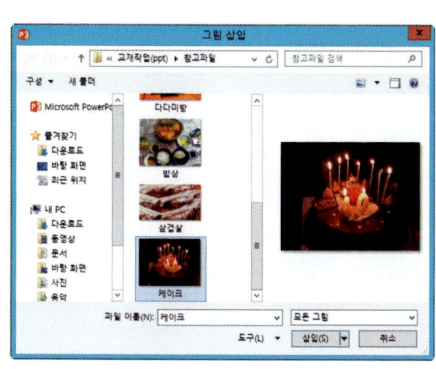 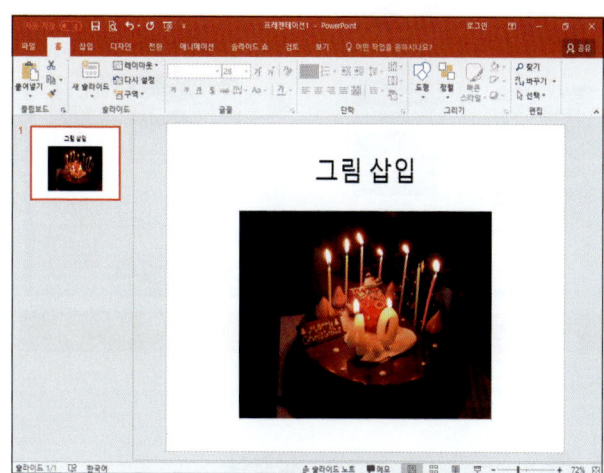

"연습 3.2.1" 파일을 열어 삼겹살.jpg 이미지를 삽입하시오.

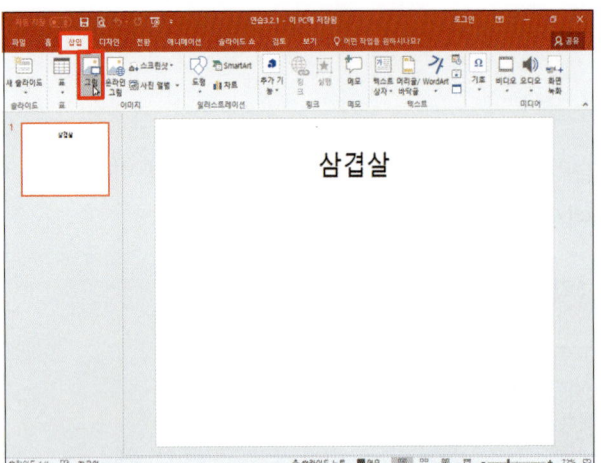

1. [삽입] 탭-[그림] 명령을 클릭한다.

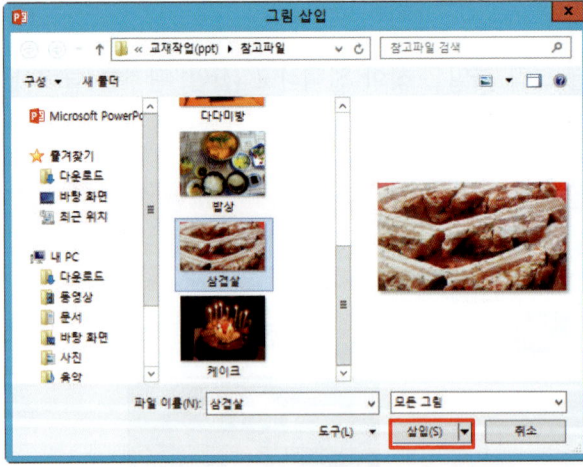

2. [그림 삽입] 대화 상자가 나타나면 **삼겹살.jpg**를 선택하고 [삽입] 버튼을 클릭한다.

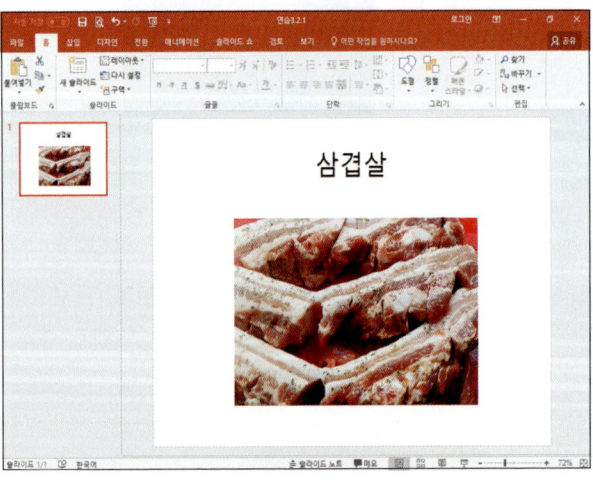

3. 삽입된 그림을 확인한다.

실전 활용 예제_09

09. 여행사진앨범 파일을 실행하고, 다음 문제를 풀이하시오.

(1) 인터넷에서 여행 사진 세 장을 찾아 삽입하시오.

(2) <결과 파일>과 같이 슬라이드 배경을 꾸미시오.

결과 파일

문제 풀이에 필요한 기능

삽입 - 그림, 슬라이드 마스터 - 배경 스타일

chapter 03 그래픽 및 멀티미디어 요소, 차트 및 표 사용

2. 이미지 서식 지정

슬라이드에 삽입된 그림을 원하는 서식으로 바꿀 수 있다.

1 [그림 도구]의 [서식] 탭은 다음 그림과 같다.

❶ **배경 제거** : 삽입한 그림의 배경을 삭제하여 원하는 이미지만 사용할 수 있다.
❷ **수정** : 삽입된 그림의 부족한 부분을 보정하기 위해 화질을 선명하게 하거나, 밝고 어둡기를 조정, 대비 값을 조정할 수 있다.
❸ **색** : 그림의 채도와 온도(색조)를 조정하거나, 다시 칠하기 기능을 통해 회색조나 세피아, 흑백 톤과 같은 여러 가지 색 효과를 그림에 적용할 수 있다.
❹ **꾸밈 효과** : 삽입한 그림을 페인트 브러쉬, 필름, 모자이크, 스케치 등과 같은 그림으로 보이도록 회화 효과를 줄 수 있다.
❺ **그림 압축** : 삽입한 그림을 압축하여 파일의 용량을 줄일 수 있다.
❻ **그림 바꾸기** : 삽입한 그림을 다른 그림으로 바꿀 수 있다.
❼ **그림 원래대로** : 그림을 초기설정값으로 되돌릴 수 있다.

❶ **그림 스타일** : 그림에 미리 정의되어 있는 그림 스타일을 선택하여 적용할 수 있다.
❷ **그림 테두리** : 그림 테두리의 색을 지정하고, 선의 두께나 선 스타일을 설정할 수 있다.
❸ **그림 효과** : 그림에 기본 설정, 그림자, 반사, 네온, 부드러운 가장자리, 입체 효과, 3차원 회전을 설정할 수 있다.
❹ **그림 레이아웃** : 선택한 그림을 SmartArt 그래픽으로 변환할 수 있다.

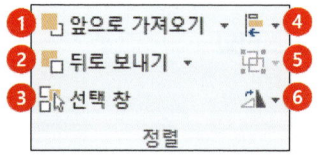

❶ **앞으로 가져오기** : 선택한 그림을 앞으로 가져와 앞을 가리는 개체 수를 줄인다.
❷ **뒤로 보내기** : 선택한 그림을 뒤로 보내 앞에 있는 개체에 가려지게 한다.

❸ **선택 창** : 슬라이드에 삽입되어 있는 텍스트 상자의 목록이 나타나 한눈에 볼 수 있다. 각 개체를 선택하고 개체의 순서와 표시방법을 변경할 때 선택 창을 띄운다.

❹ **맞춤** : 선택한 여러 그림을 수직 또는 수평으로 정렬하고, 간격을 일정하게 맞춘다. 슬라이드에 눈금선을 설정할 수 있다.

❺ **그룹** : 단일 개체처럼 처리될 수 있도록 여러 그림을 그룹화하거나, 그룹을 해제한다.

❻ **회전** : 선택한 개체를 오른쪽, 왼쪽으로 90도 회전하거나 상하, 좌우 대칭 이동한다. **[기타 회전 옵션]** 메뉴를 통해 상세한 각도를 설정할 수도 있다.

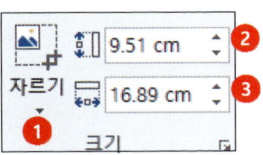

❶ **자르기** : 그림을 원하는 만큼 자를 수 있다.
❷ **도형 높이** : 그림의 높이를 조절할 수 있다.
❸ **도형 너비** : 그림의 너비를 조절할 수 있다.

"연습 3.2.2" 파일을 열어 삼겹살 이미지에 색은 '파랑 강조1', 두께는 '6pt'인 테두리를 넣으시오.

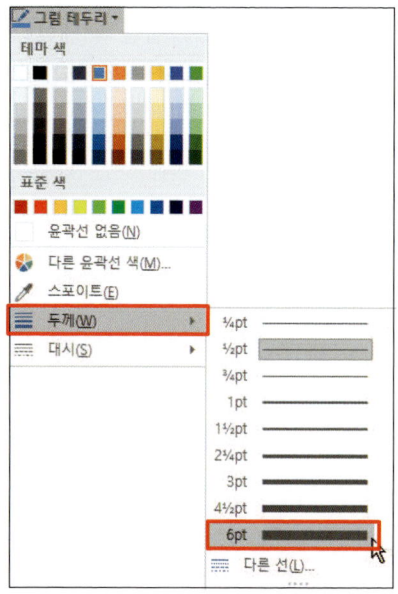

1. **[그림 도구]**의 **[서식]** 탭-**[그림 스타일]** 그룹-**[그림 테두리]**-**[테마 색]**-**[파랑 강조1]** 명령을 클릭한다.

2. **[그림 도구]**의 **[서식]** 탭-**[그림 스타일]** 그룹-**[그림 테두리]**-**[두께]**-**[6pt]** 명령을 클릭한다.

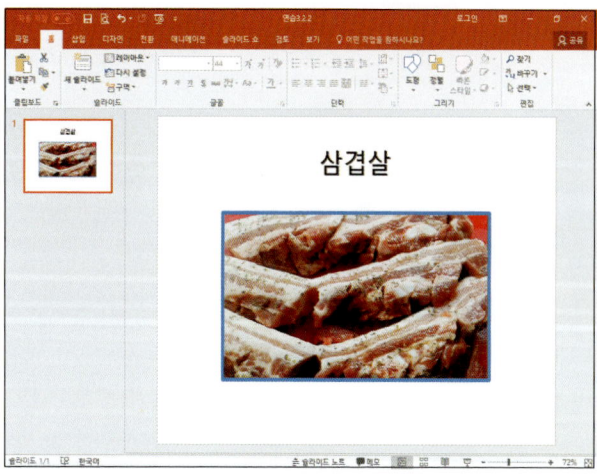

3. 서식 변경 결과를 확인한다.

"시험 3.2.1" 파일을 열어 슬라이드5에 그림 위치를 '개체 틀'로 하여 '건물1.jpg'를 삽입하시오. 그림 스타일은 '입체 직사각형', 그림의 테두리 두께는 '5pt', 그림 꾸밈 효과는 '흐리게'를 적용하시오.

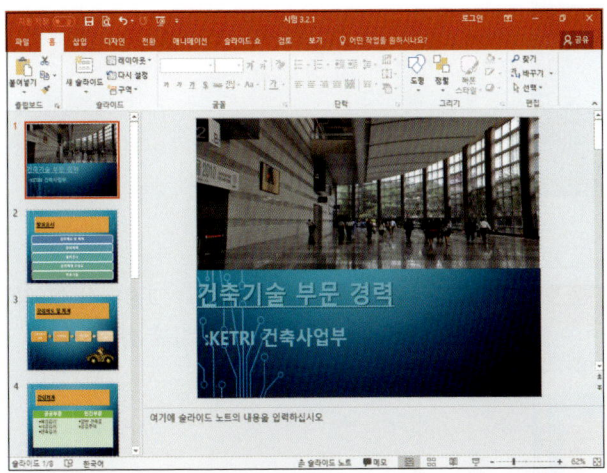

1. "시험 3.2.1" 파일을 실행한다.

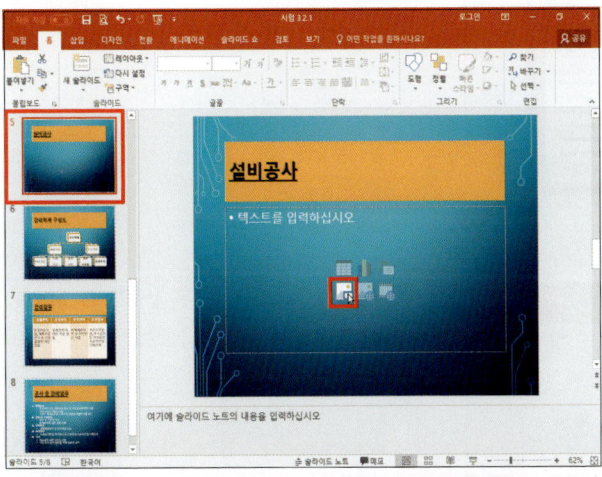

2. 슬라이드5를 선택한 후 [개체틀]-[그림]을 클릭한다.

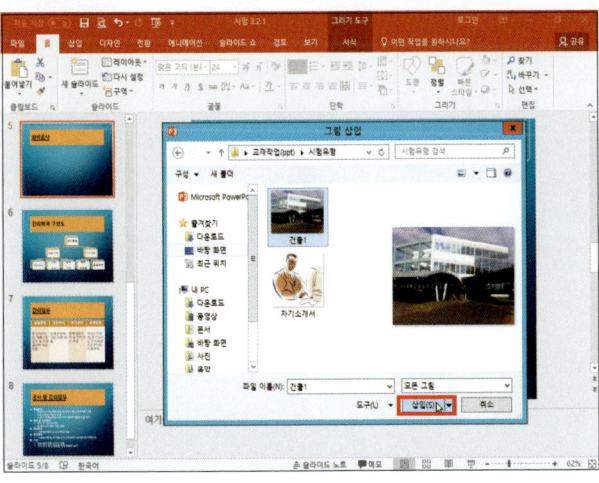

3. [그림 삽입] 대화 상자가 나타나면 건물1.jpg를 선택하고 [삽입] 버튼을 클릭한다.

chapter 03 그래픽 및 멀티미디어 요소, 차트 및 표 사용

4. [서식] 탭-[그림 스타일] 그룹에서 자세히 (⏷)를 클릭하여 [입체 직사각형]을 선택한다.

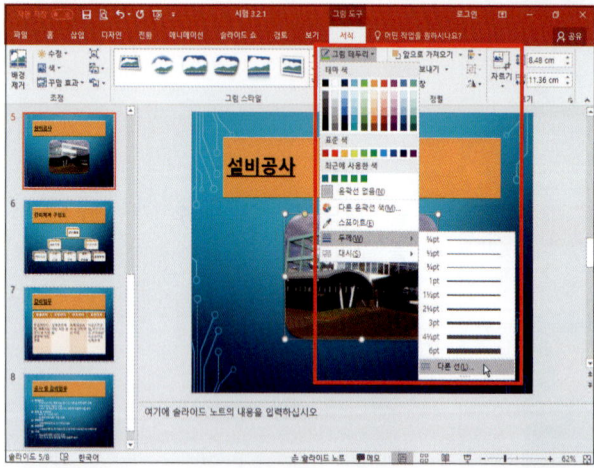

5. [서식] 탭-[그림 스타일] 그룹에서 [그림 테두리]-[두께]-[다른 선]을 선택한다.

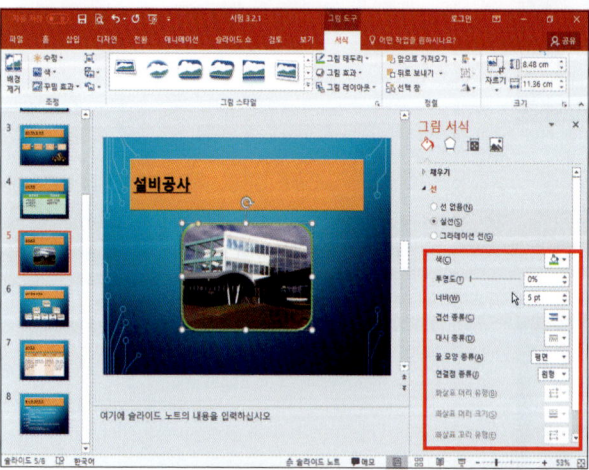

6. [선]-[실선]을 선택한 후 [너비]에 5pt를 적용한다.

7. [서식] 탭-[조정] 그룹에서 [꾸밈 효과]를 클릭하여 [흐리게]를 선택한다.

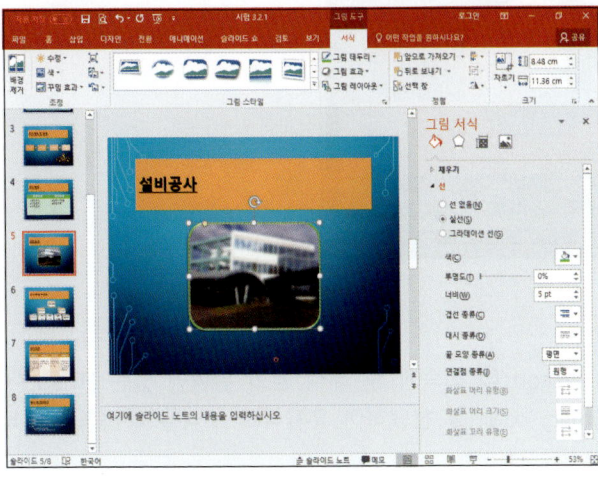

8. 결과 화면을 확인한다.

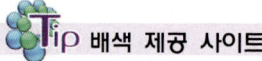 **배색 제공 사이트**

프레젠테이션을 보는 사람들이 내용을 읽기 좋게 하려면 가독성이 좋아야 한다. 가독성을 높이기 위한 방법으로 보색 관계를 이용하면 좋다.

1. Adobe Color CC

1) 웹 브라우저를 실행하고 'http://color.adobe.com'에 접속한 후 [탐색]을 선택한다.

2) 왼쪽 위에 있는 [모든 테마]를 클릭하고 [인기도순]이나 [사용 횟수순]을 선택한다. 오른쪽 위에 있는 검색 창에 원하는 기업의 컬러도 검색할 수 있다.

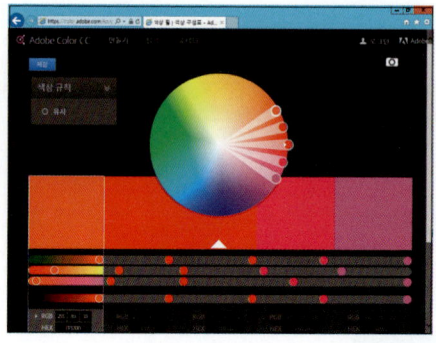

2. Paletton

1) 웹 브라우저를 실행하고 'http://www.paletton.com'에 접속한 후 배색 원의 위쪽에 있는 [Triad (3-colors)] 단추를 클릭한다. 배색 원에서 [Primary color]를 선택하여 유사색과 보색을 확인하고 아래쪽에 있는 [EXAMPLES..]를 클릭한다.

2) 선택한 컬러로 꾸며진 샘플 사이트가 나타나면 슬라이드를 디자인할 때 전반적인 느낌을 미리 확인할 수 있다.

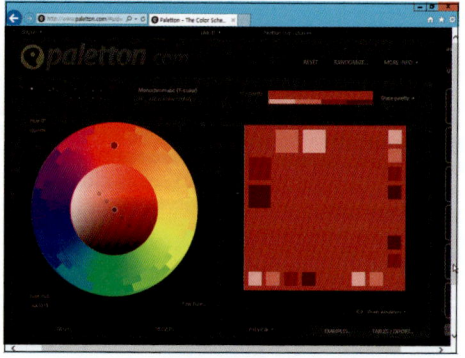

실전 활용 예제_10

10. PowerPoint 2016을 실행하고, 다음 문제를 풀이하시오.

(1) 새 프레젠테이션을 열고 임의의 이미지를 이용하여 <결과 파일>과 같이 특정 영역에 스포트라이트 효과를 만드시오.

🔍 **결과 파일**

 문제 풀이에 필요한 기능

도형 서식 - 채우기 - 그라데이션, 그리기 - 타원(입체효과:부드럽게 둥글리기)

chapter 03 그래픽 및 멀티미디어 요소, 차트 및 표 사용

section 3 SmartArt 삽입 및 서식 지정

1. SmartArt 그래픽 삽입 및 수정 (예제 위치 : 본문/개념3.4.1)

PowerPoint는 프레젠테이션을 위한 도구이므로 슬라이드 내에 텍스트보다는 시각적으로 작성하면 효과적이다. SmartArt는 효율적으로 도형을 만들고 편집할 수 있다. 또한 편집한 SmartArt 스타일과 색을 원래대로 되돌릴 수 있고, SmartArt 그래픽을 일반 텍스트나 도형으로 변환할 수 있다.

1 [삽입] 탭-[일러스트레이션] 그룹-[SmartArt] 명령을 클릭한다.

2 [SmartArt 그래픽 선택] 대화 상자가 나타나면 원하는 SmartArt 그래픽 유형을 선택하고 [확인] 단추를 클릭한다. SmartArt 그래픽은 목록형, 프로세스형, 주기형, 계층 구조형 등의 다양한 종류로 분류되어 있다.

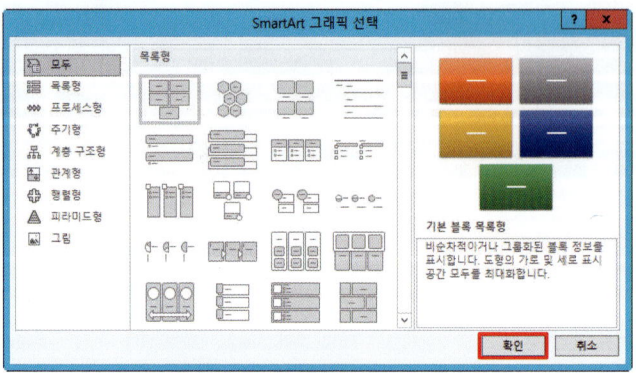

3 SmartArt 그래픽이 삽입되면, 도형 안의 [텍스트] 부분을 클릭하여 적절한 텍스트를 입력한다.

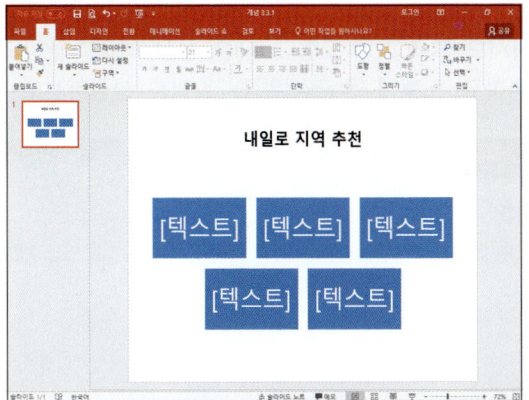 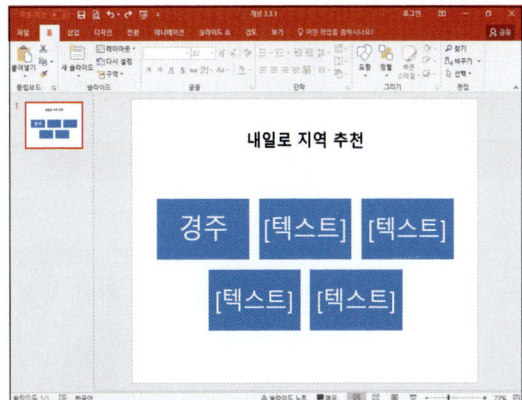

4 [SmartArt 도구]의 [디자인] 탭-[원래대로] 그룹-[그래픽 원래대로] 명령을 선택하면 편집한 SmartArt의 스타일과 변경한 색상이 모두 초기의 상태로 돌아간다.

5 [SmartArt 도구]의 [디자인] 탭-[원래대로] 그룹-[변환] 명령을 선택하면 다음과 같은 목록이 나타난다.

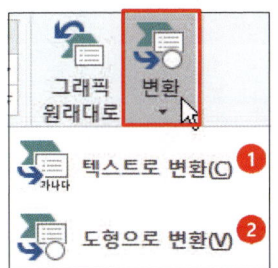

❶ **텍스트로 변환** : SmartArt 그래픽을 텍스트로 변환시킨다. 변환 후에는 SmartArt 그래픽 서식을 변경할 수 없다.

❷ **도형으로 변환** : SmartArt 그래픽을 도형으로 변환시킨다. 도형으로 변환되면 SmartArt 도구가 아닌 그리기 도구에서 서식 편집이 가능하다.

"연습 3.3.1" 파일을 열어 '조직도형' SmartArt를 삽입하시오. 그리고 각 도형에 '사장, 점장, 바리스타'라고 텍스트를 입력하고 도형색은 '색상형-강조색'으로 설정하고, 도형에 '원근감(왼쪽)' 효과를 설정하시오.

1. [삽입] 탭–[일러스트레이션] 그룹–[SmartArt] 명령을 클릭한다.

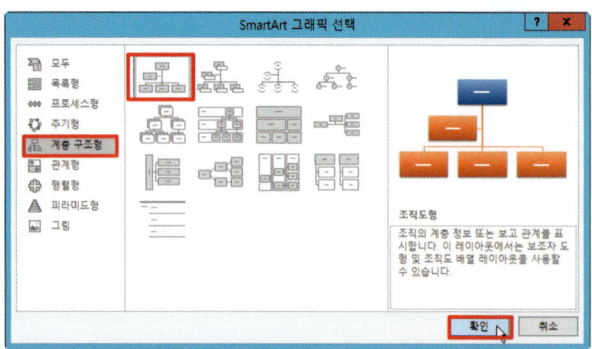

2. [SmartArt 그래픽 선택] 대화 상자가 나타나면 [계층구조형]–[조직도형]을 선택하고 확인 버튼을 클릭한다.

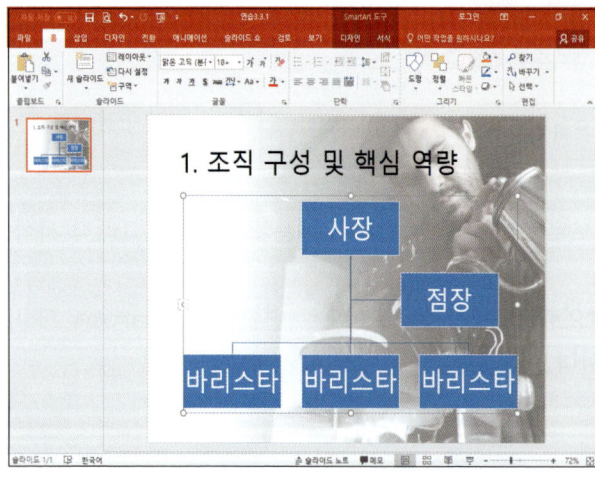

3. 도형에 그림과 같이 각각 '사장, 점장, 바리스타'를 입력한다.

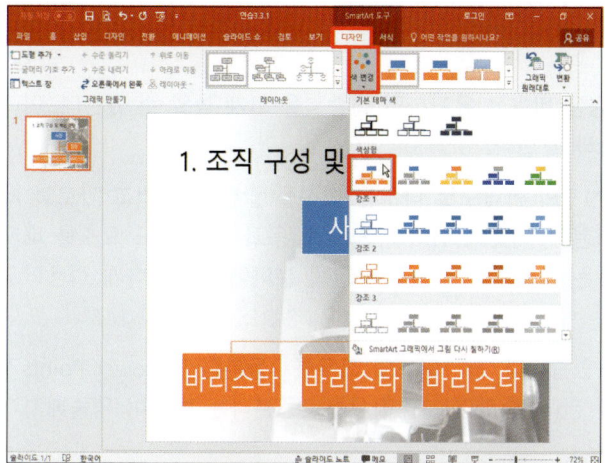

4. 도형을 선택한다.

5. **[SMARTART 도구]**의 **[디자인]** 탭–**[색 변경]**–**[색상형–강조색]** 명령을 클릭한다.

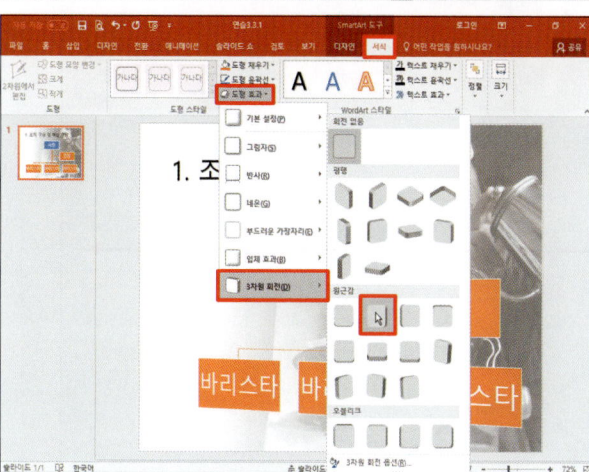

6. **[SMARTART 도구]**의 **[서식]** 탭–**[도형 스타일]** 그룹–**[도형 효과]**–**[3차원 회전]**–**[원근감(왼쪽)]** 명령을 클릭한다.

Tip 슬라이드 3등분 원칙

슬라이드에 이미지나 텍스트를 배치할 때 안정된 비율을 유지하면 집중력을 크게 높일 수 있는데, 이러한 비율을 '3등분의 법칙' 또는 '황금 비율'이라고 한다.

3등분의 법칙이란, 가로와 세로를 3등분하여 9개의 영역으로 나누는 법칙을 말한다. 그리고 가로와 세로를 3등분한 교차점을 'Power Points'라고 하는데, 이곳에 이미지, 텍스트 등과 같은 주요 요소를 배치하는 것이 좋다. 이런 3등분의 법칙을 사용하는 사례는 영상, 사진, 인쇄 분야에서 다양하게 적용되고 있다.

파워포인트에서도 3등분의 법칙을 응용할 수 있습니다. 슬라이드의 좌우를 3등분한 후 Power Points가 되는 위치에 강조해야 할 개체를 위치시키면 된다. 슬라이드의 좌우를 3등분하는 방법이 익숙해지기 전까지는 안내선을 이용하면 편리하다.

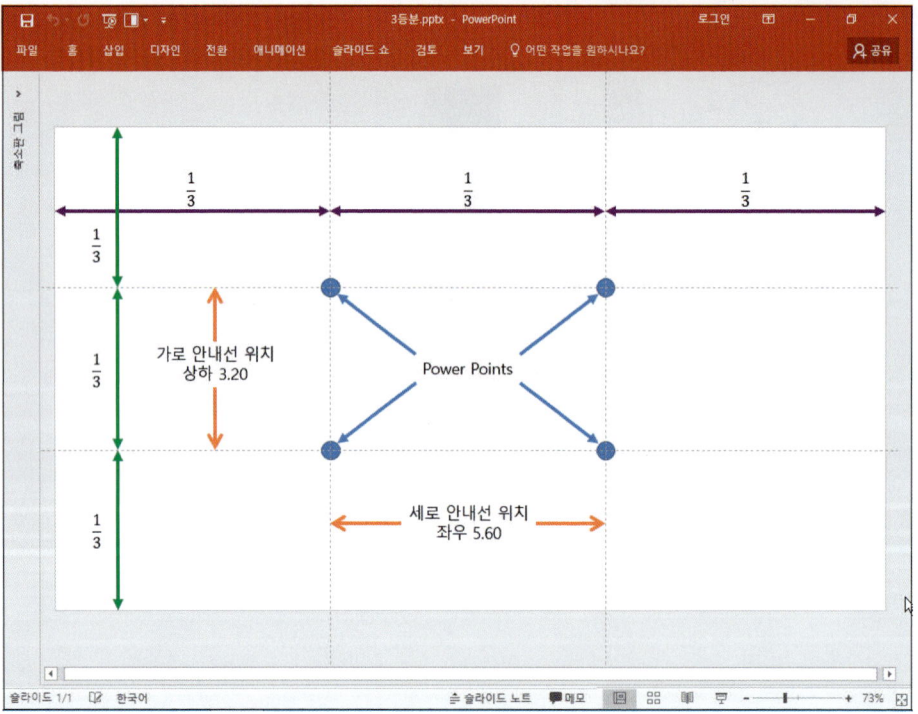

 **MOS 시험 유형 1**

"시험 3.3.1" 파일을 열어 슬라이드5에 SmartArt 위치를 '개체틀'로 하여 '연속 블록 프로세스형'을 삽입하고 각 도형에 '취업전략, 취업스펙, 자기관리' 텍스트를 입력하시오. SmartArt 스타일은 '3차원 경사', SmartArt 색은 '색상형 범위-강조색 4 또는 5'를 적용하시오. 슬라이드6의 가장 큰 원의 SmartArt 그림에 '자기소개서.jpg'를 삽입하시오.

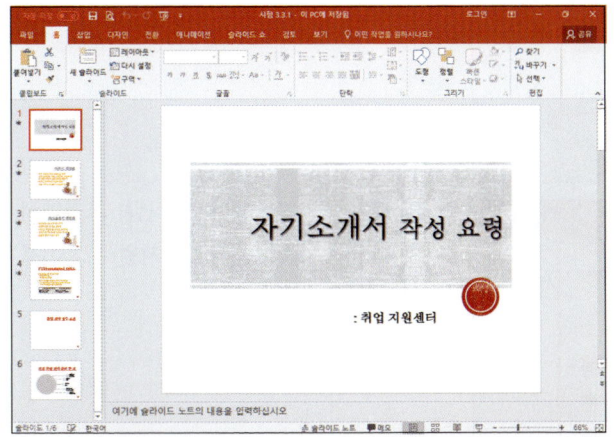

1. "시험 3.3.1" 파일을 실행한다.

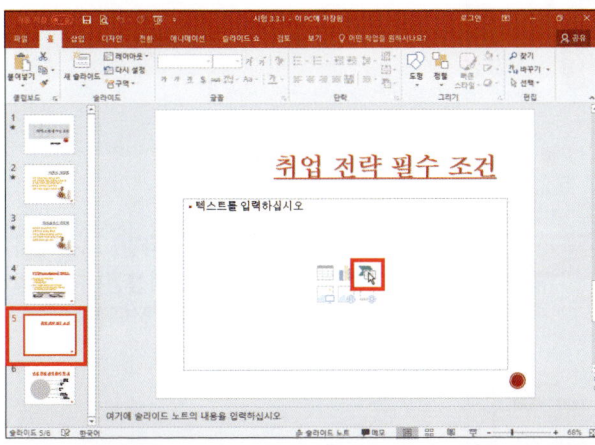

2. 슬라이드5를 선택한 후 [개체틀]–[SmartArt 그래픽 삽입]을 클릭한다.

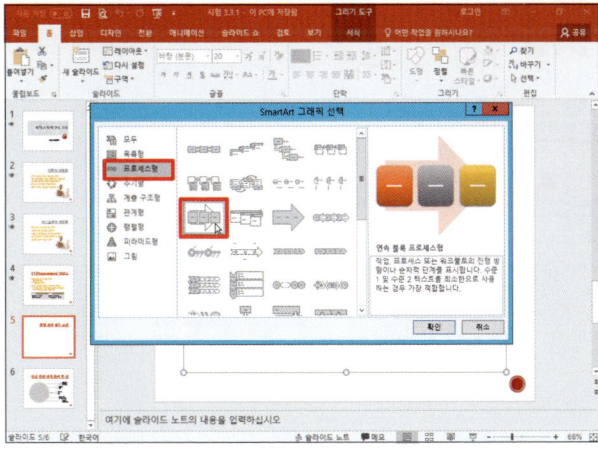

3. [프로세스형]–[연속 블록 프로세스형]을 클릭한다.

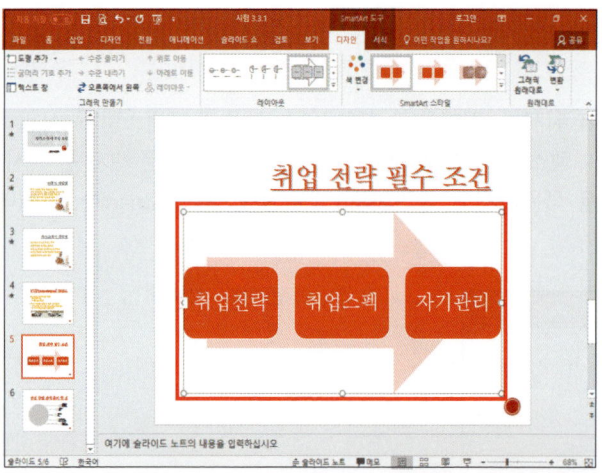
4. 각 도형에 '취업전략, 취업스펙, 자기관리' 텍스트를 입력한다.

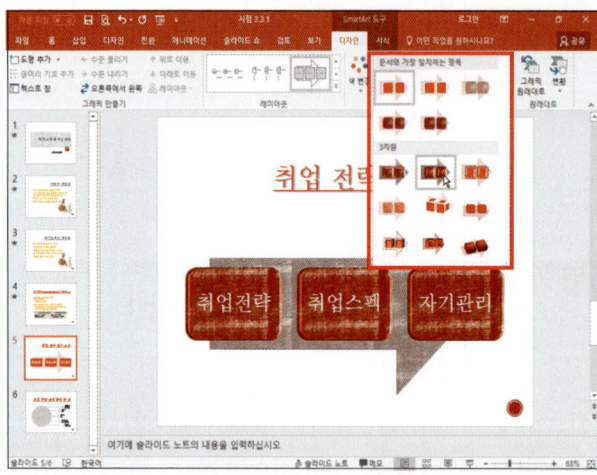
5. [디자인] 탭-[SmartArt 스타일] 그룹에서 자세히(▼)를 클릭하여 [3차원]-[경사]를 선택한다.

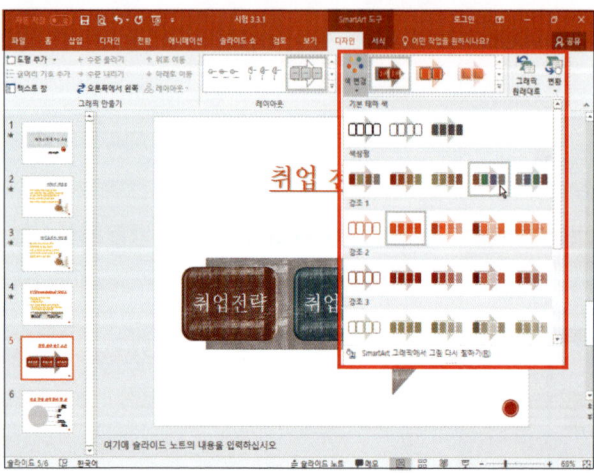
6. [디자인] 탭-[SmartArt 스타일] 그룹에서 [색 변경]을 클릭하여 [색상형]-[색상형 범위-강조색 4 또는 5]를 선택한다.

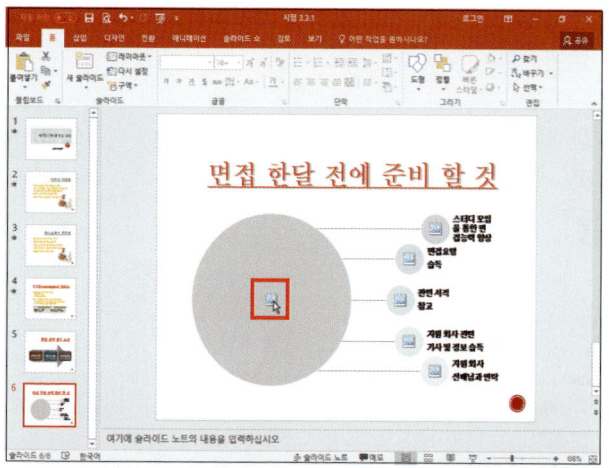

7. 슬라이드6을 선택한 후 가장 큰 원의 그림 삽입을 클릭한다.

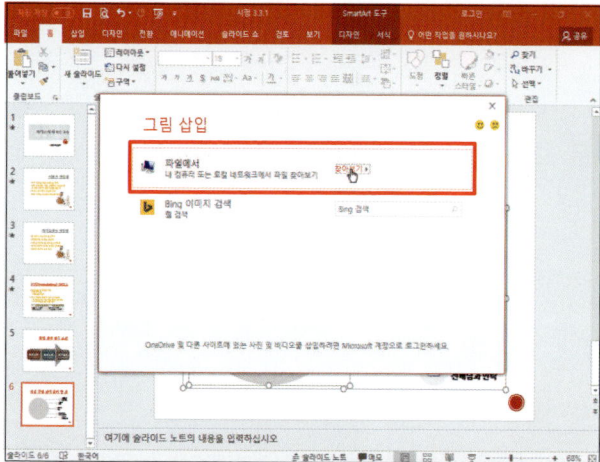

8. [파일에서]-[찾아보기]를 클릭한다.

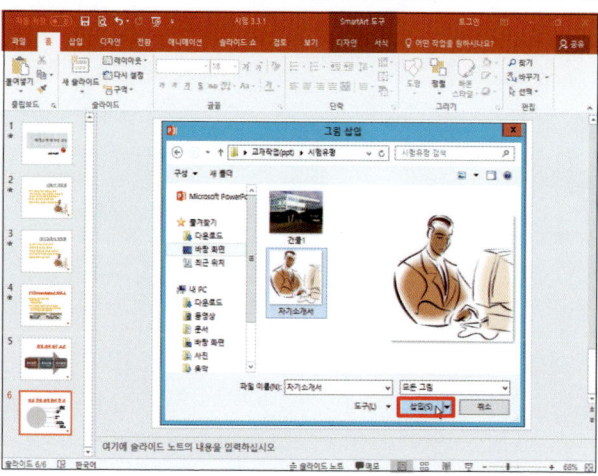

9. [그림 삽입] 대화 상자가 나타나면 자기소개서.jpg를 선택하고 [삽입] 버튼을 클릭한다.

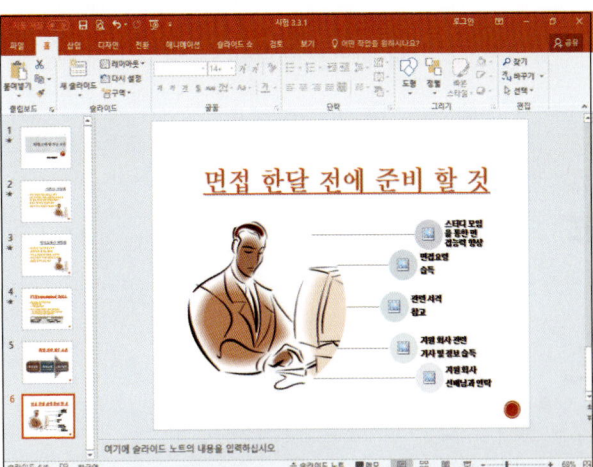

10. 결과 화면을 확인한다.

실전 활용 예제_11

11. PowerPoint 2016을 실행하고, 다음 문제를 풀이하시오.

(1) 새 테마 색 만들기를 이용하여 <결과 파일>과 같이 SmartArt 도형을 만드시오.

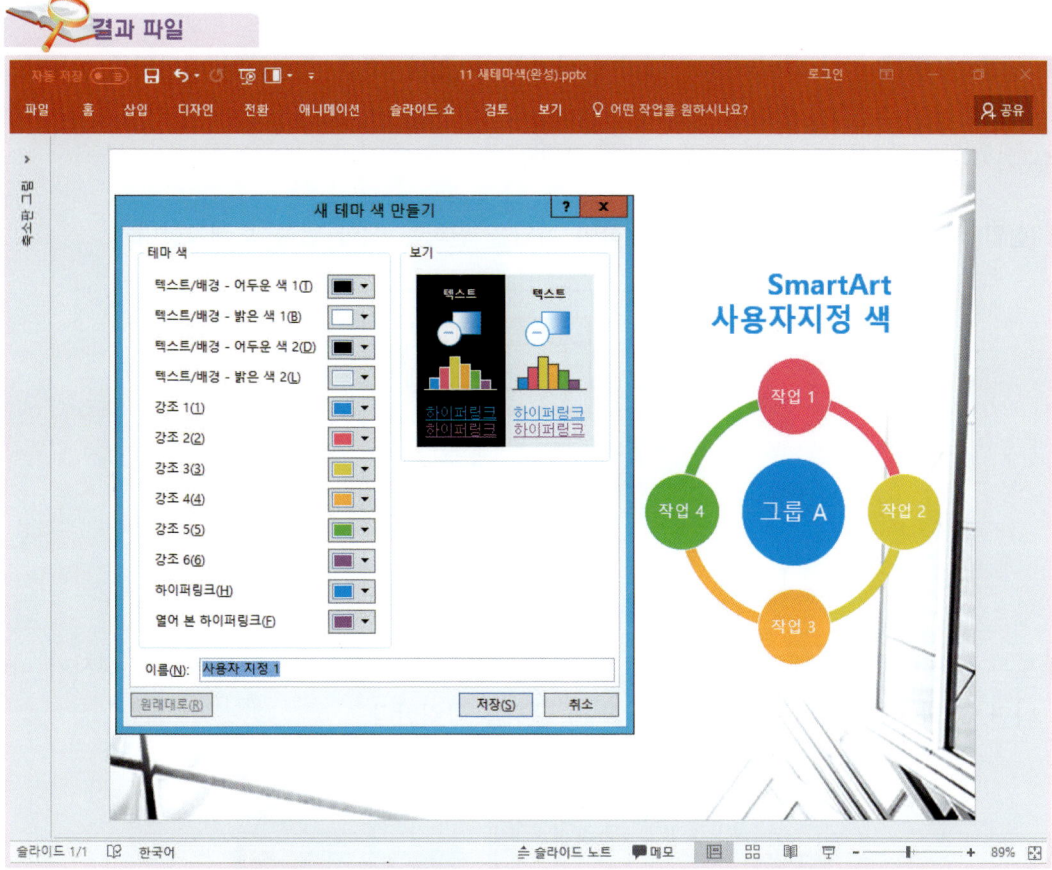

SmartART, 디자인-적용-색-색 사용자 지정

Section 4. 표 삽입 및 서식 지정

1. 표 만들기 및 가져오기

<표 삽입>을 통해 각종 데이터를 정렬하여 나열할 수 있다. 표를 삽입하면 데이터를 한눈에 보기 쉽게 표현할 수 있어 정보를 정확히 전달하는데 효과적이다. 또한 Excel 워크 시트에서 데이터를 가져올 수도 있다.

1 [삽입] 탭-[표] 그룹-[표] 명령을 클릭하여 삽입을 원하는 행과 열을 드래그한다.

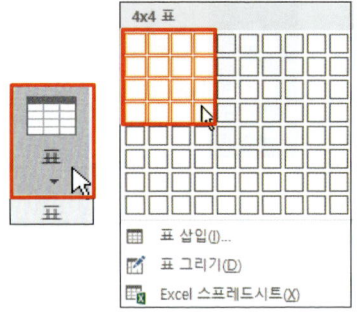

2 또는 [삽입] 탭-[표] 그룹-[표] 명령의 [표 삽입] 메뉴를 선택한다. [표 삽입] 대화 상자가 나타나면, 행과 열의 개수를 입력한 뒤 [확인] 단추를 클릭한다.

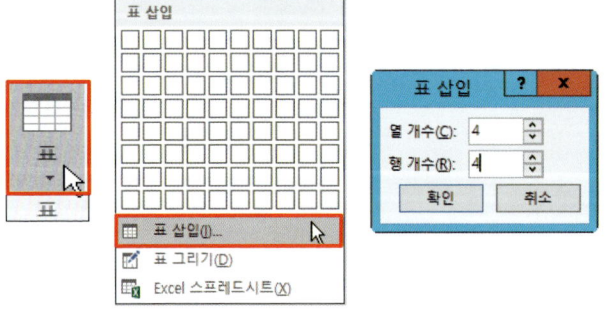

3 Excel 시트를 복사(Ctrl+c)해서 슬라이드에 붙여넣기(Ctrl+v) 할 수 있다(예제 : 개념3.4.1.a).

"연습 3.4.1" 파일을 열어 엑셀 시트에서 데이터를 가져와서 "연습 3.4.1" 파일의 슬라이드4에 붙여 넣으시오(행 4열 1의 표).

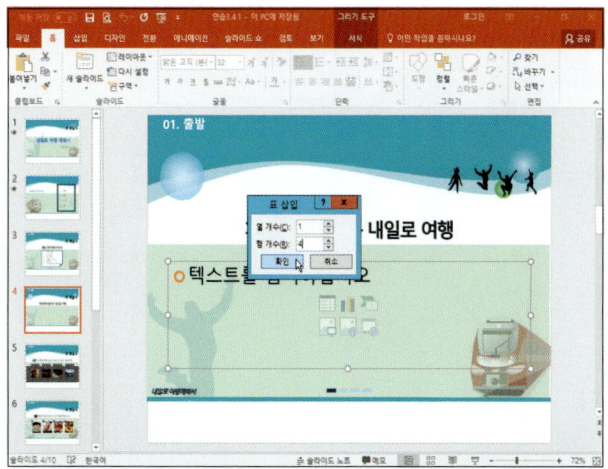

1. [삽입] 탭–[표] 그룹–[표] 명령의 [표 삽입] 메뉴를 선택한다. [표 삽입] 대화 상자가 나타나면, 행과 열의 개수를 입력한 뒤 [확인] 단추를 클릭한다.

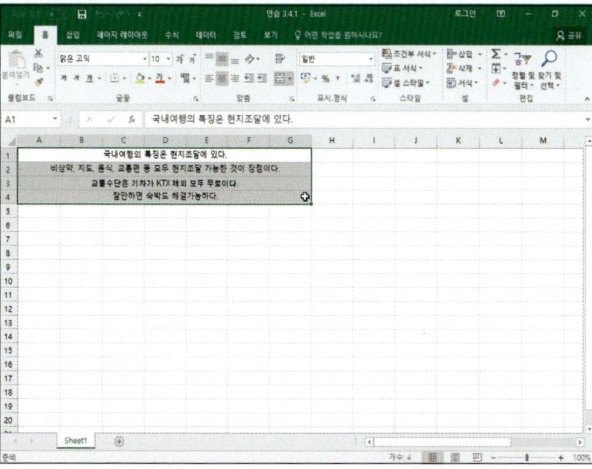

2. Excel 시트를 복사(Ctrl+c)해서 슬라이드에 붙여넣기(Ctrl+v)한다.

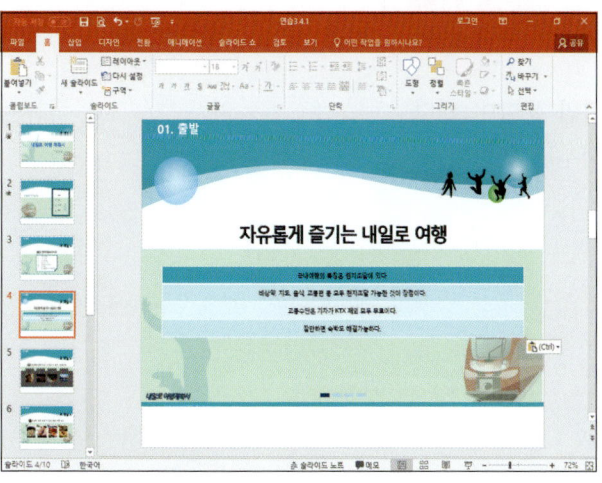

3. 결과 화면이다.

2. 표 구조 변경

표를 삽입한 후에 표의 구조를 변경할 수 있다.

1 [표 도구]-[레이아웃] 탭-[행 및 열] 그룹에서 행렬을 추가 및 삭제할 수 있다.

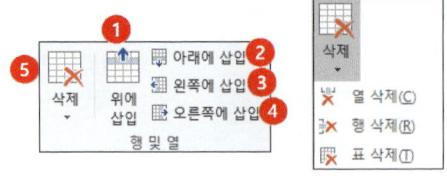

❶ **위에 삽입** : 위로 행을 추가한다.
❷ **아래에 삽입** : 아래로 행을 추가한다.
❸ **왼쪽에 삽입** : 왼쪽으로 열을 추가한다.
❹ **오른쪽에 삽입** : 오른쪽으로 열을 추가한다.
❺ **삭제** : 행렬 및 표를 삭제한다.

2 [표 도구]-[레이아웃] 탭-[병합] 그룹에서 셀을 병합하거나 분할할 수 있다.

3 [표 도구]-[디자인] 탭-[테두리 그리기] 그룹에서도 셀을 병합하거나 분할할 수 있다.

❶ **표 그리기** : 분할하고 셀에 경계선을 그리면 분할이 된다.
❷ **지우개** : 병합하고 싶은 셀의 경계선을 지우면 병합이 된다.

"연습 3.4.2" 파일을 열어 슬라이드4에 표 '잘만하면 숙박도 해결가능하다.' 행을 삭제하시오.

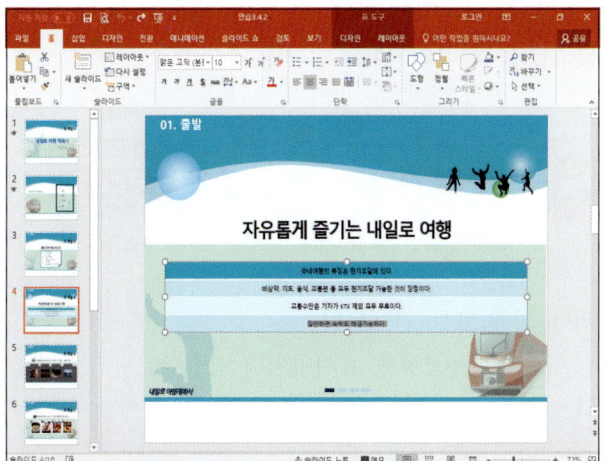

1. '잘만하면 숙박도 해결가능하다.' 행을 드래그한다.

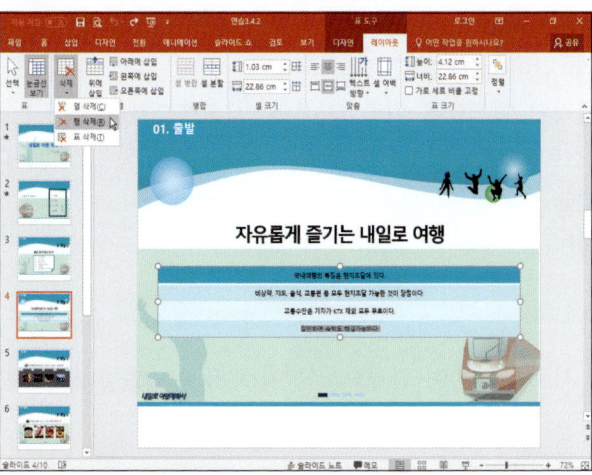

2. [표 도구]-[레이아웃] 탭-[행 및 열] 그룹에서 행 삭제를 선택한다.

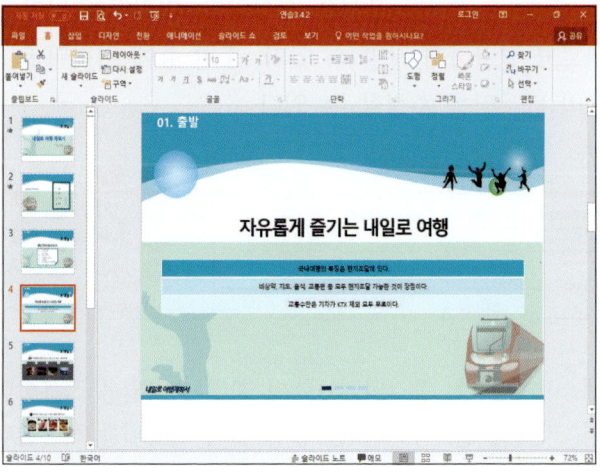

3. 결과 화면을 확인한다.

3. 표 서식 지정

표에 있는 텍스트의 서식도 설정할 수 있다.

1 [표 도구]-[레이아웃] 탭을 이용해 표를 편집한다. 만들어진 표에 새 행과 열을 추가 및 삭제하고, 표와 셀 크기를 변경하거나 여러 개의 셀을 하나의 셀로 병합할 수 있다.

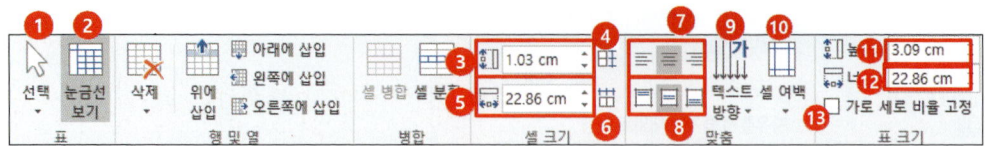

① **선택** : 커서가 있는 행 또는 열을 선택하거나 전체 표를 선택한다.
② **눈금선 보기** : 표의 테두리를 삭제한 경우, 표 안의 눈금선을 표시하거나 숨긴다.
③ **표 행 높이** : 선택한 셀의 높이를 설정한다.
④ **행 높이를 같게** : 선택한 행의 높이를 모두 같아지도록 조정한다.
⑤ **표 열 너비** : 선택한 셀의 너비를 설정한다.
⑥ **열 너비를 같게** : 선택한 열의 너비를 모두 같아지도록 조정한다.
⑦ **텍스트 왼쪽/가운데/오른쪽 맞춤** : 셀에 입력된 텍스트를 왼쪽, 가운데, 오른쪽으로 맞춘다.
⑧ **위쪽/가운데/아래쪽 맞춤** : 셀에 입력된 텍스트를 세로 방향으로 위쪽, 가운데, 아래쪽으로 맞춘다.
⑨ **텍스트 방향** : 텍스트를 세워 쓰거나 세로로 쓰거나 원하는 방향으로 회전한다.
⑩ **셀 여백** : 선택한 셀의 안쪽 여백을 조정한다.
⑪ **높이** : 표 전체의 높이를 설정한다.
⑫ **너비** : 표의 전체 너비를 설정한다.
⑬ **가로 세로 비율 고정** : 표의 높이와 너비가 서로 비례하여 변경되도록 가로 세로 비율을 고정 시킨다.

2 [표 도구]-[디자인] 탭을 이용해 만들어진 표에 표 스타일 옵션을 지정하고, 미리 정의되어 있는 스타일을 이용하여 표의 디자인을 빠르고 간단하게 꾸밀 수 있다. 또한 표에 입력된 텍스트에 WordArt 스타일을 지정하거나 표의 테두리를 수정할 수 있다.

① **머리글 행/요약 행/줄무늬 행** : 표의 첫 행, 마지막 행, 중간의 한 행씩 걸러 스타일을 적용한다.
② **첫째 열/마지막 열/줄무늬 열** : 표의 첫 열, 마지막 열, 중간의 한 열씩 걸러 스타일을 적용한다.
③ **빠른 표 스타일** : 미리 정의되어 있는 서식을 표에 적용한다. [자세히] 버튼(▼)을 클릭하면 다양한

표 스타일 목록이 나타난다.

④ **음영** : 선택한 셀 또는 표의 배경에 색, 그림, 그라데이션, 질감 채우기를 지정한다.

⑤ **테두리** : 선택한 셀 또는 표의 테두리 서식을 변경한다.

⑥ **효과** : 셀에 입체, 그림자, 반사와 같은 효과를 적용한다.

⑦ **빠른 스타일** : 표에 입력된 텍스트에 미리 정의되어 있는 WordArt 스타일을 적용한다.

⑧ **텍스트 채우기** : 텍스트를 단색, 그라데이션, 그림 또는 질감으로 채울 수 있다.

⑨ **텍스트 윤곽선** : 텍스트 윤곽선의 색, 두께 및 선 스타일을 지정할 수 있다.

⑩ **텍스트 효과** : 텍스트에 그림자, 반사, 네온, 입체 효과, 3차원 회전과 같은 시각 효과를 설정할 수 있다.

"시험 3.4.1" 파일을 열어 슬라이드7의 표에 '테마 스타일 1-강조 2' 스타일을 적용하고 2행(공백)을 삭제하시오.

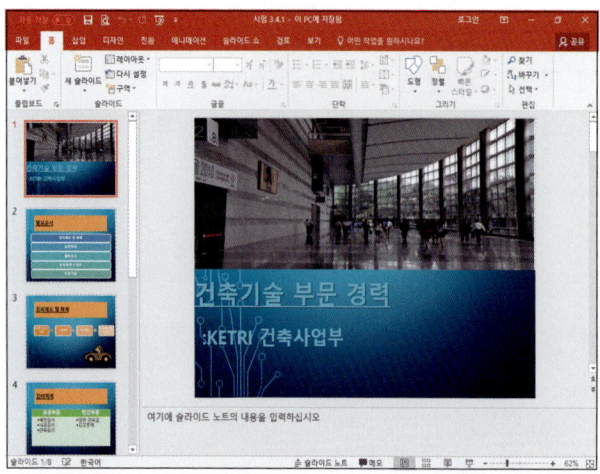

1. "시험 3.4.1" 파일을 실행한다.

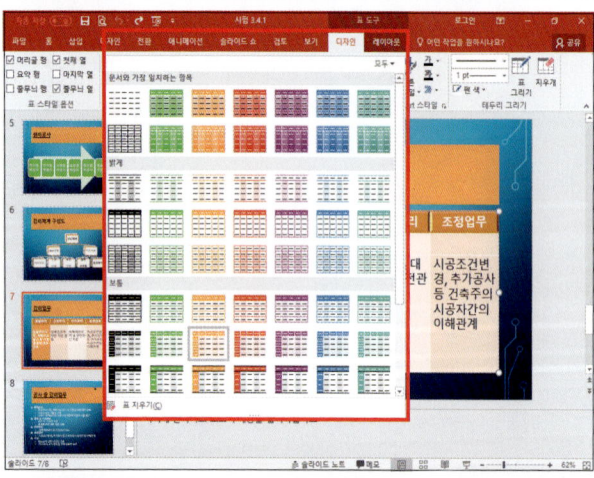

2. 슬라이드7의 표를 선택한 후 [디자인] 탭-[표 스타일] 그룹에서 자세히(▼)를 클릭하여 [테마 스타일 1-강조 2]를 선택한다.

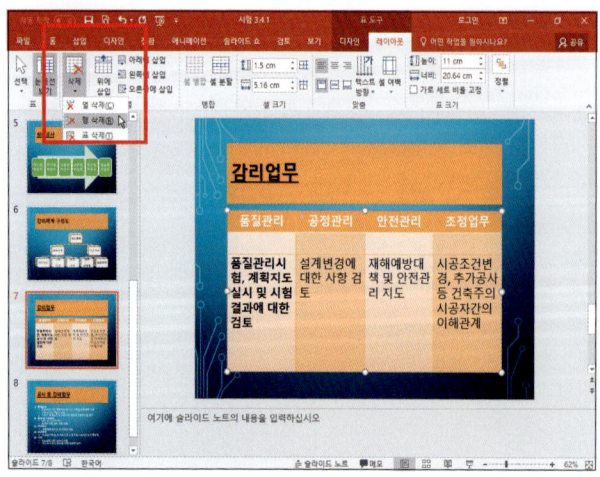

3. 2행을 선택한 후 [레이아웃] 탭-[행 및 열] 그룹에서 [삭제]-[행 삭제]를 클릭한다.

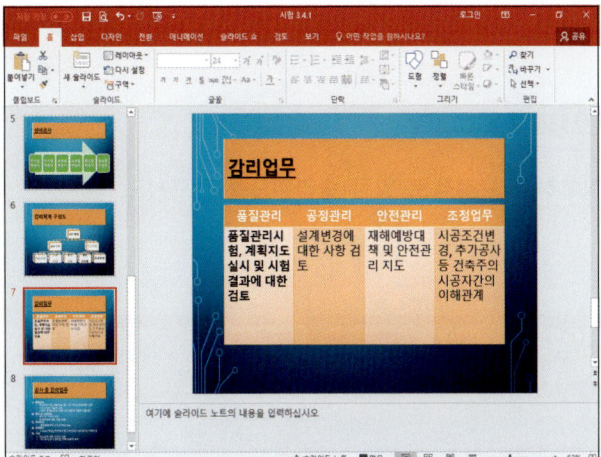

4. 결과 화면을 확인한다.

실전 활용 예제_12A

12A. PowerPoint 2016을 실행하고, 다음 문제를 풀이하시오.

(1) 새 프레제테이션을 열고 <결과 파일>을 참고하여 프로젝트 일정 슬라이드를 만드시오.

결과 파일

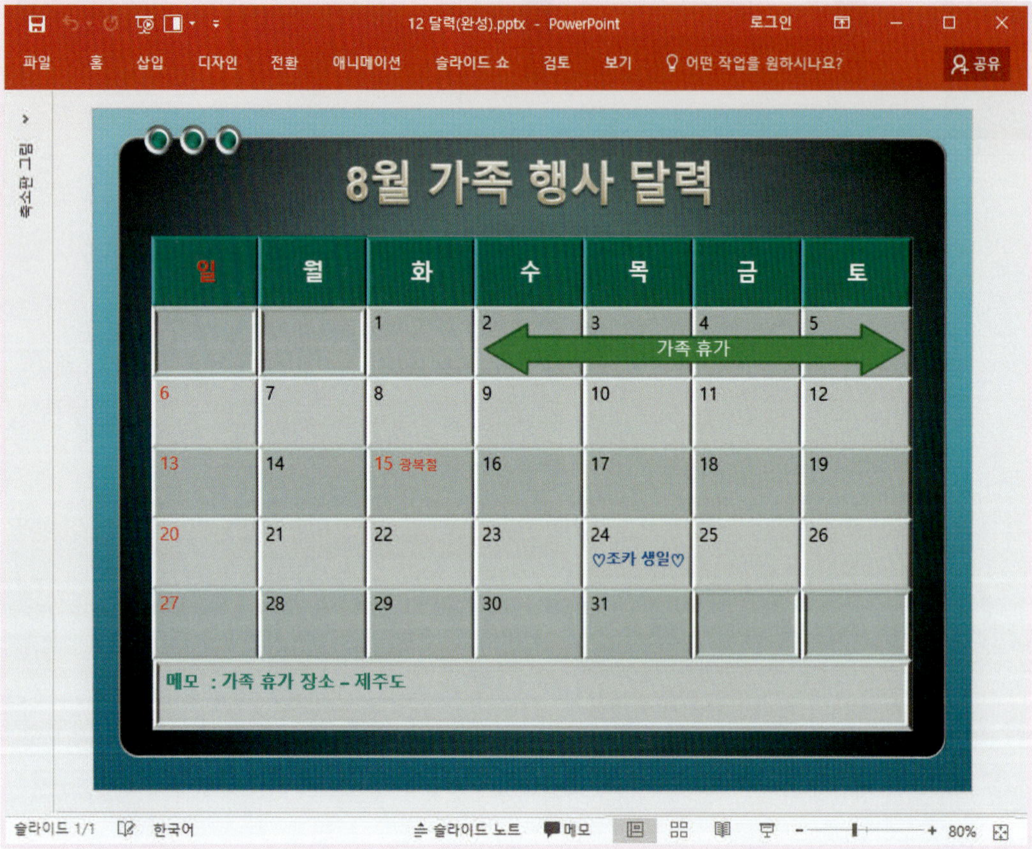

문제 풀이에 필요한 기능

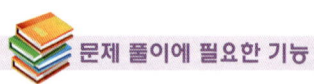

표, 셀 입체 효과

실전 활용 예제_12B

12B. PowerPoint 2016을 실행하고, 다음 문제를 풀이하시오.

(1) 새 프레제테이션을 열고 <결과 파일>을 참고하여 프로젝트 일정 슬라이드를 만드시오.

결과 파일

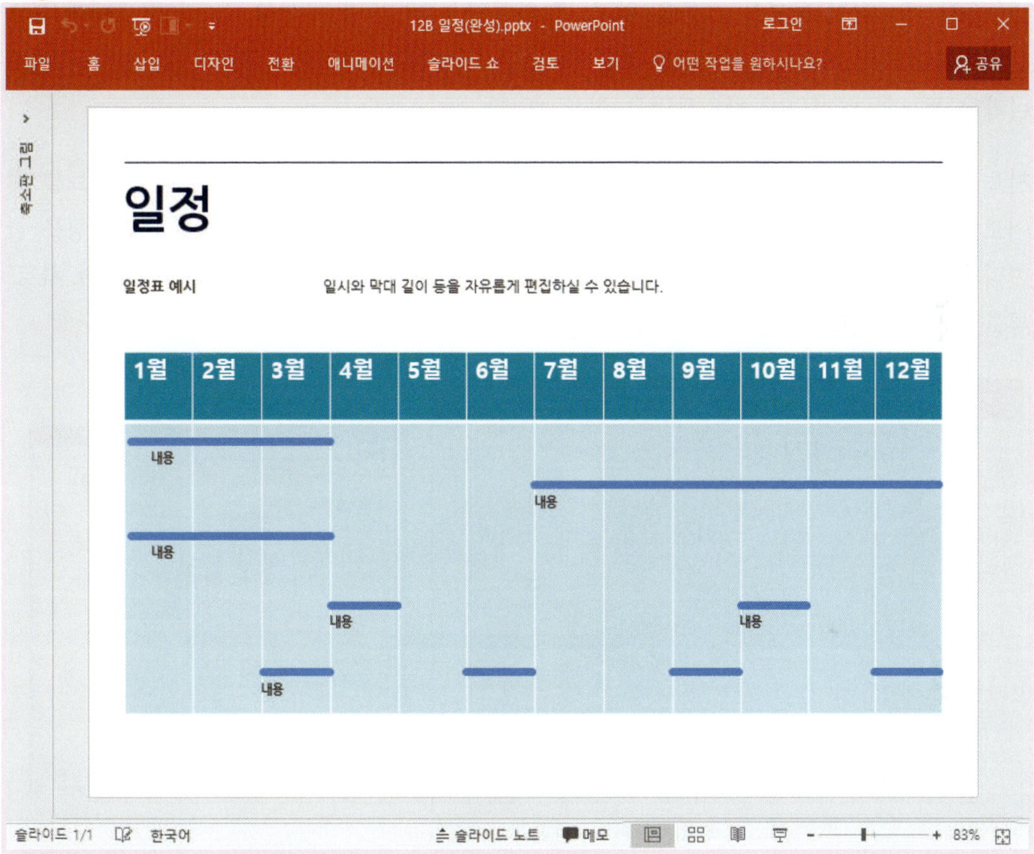

[PowerPoint 슬라이드: "일정" 제목과 1월~12월 간트 차트 형태의 일정표]

표, 선 그리기

section 5 차트 삽입 및 서식 지정

1. 차트 만들기 및 가져오기(예제 위치 : 본문/개념3.4.1)

차트는 숫자 데이터의 분포와 흐름을 한 눈에 확인하고 비교 및 분석할 수 있는 그래픽 요소이다. PowerPoint 2016에서는 차트를 그릴 수 있는 기능을 자체적으로 포함하고 있지는 않으나 Excel과 자동으로 연결되어 차트작업을 할 수 있다.

1 차트를 삽입하기 위해서는 데이터가 필요하다. 첨부파일 "개념3.4.1"를 열어서 차트를 만들어보자. 데이터를 차트로 만들기 위해서 [삽입] 탭-[일러스트레이션] 그룹-[차트] 명령을 클릭한다. [차트 삽입] 대화 상자가 나타나면, 숫자 데이터의 특성 및 목적에 따라 적합한 차트 종류를 선택하고 [확인] 단추를 클릭한다.

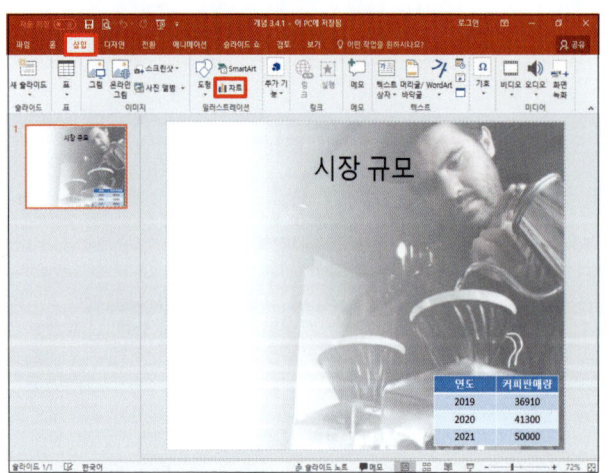 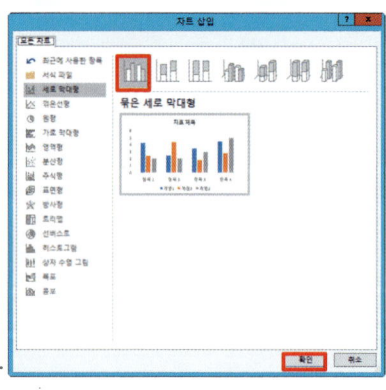

2 Microsoft PowerPoint의 차트가 실행되면, 파란 실선 영역이 차트 데이터 범위가 된다. 파란 실선 오른쪽 하단 모서리 위로 마우스 포인터를 가져가 드래그를 하면서 차트 데이터 영역을 변경한다. 셀의 범위와 값을 수정하고, 불필요한 부분은 [Delete] 키를 눌러 지운다. Microsoft PowerPoint의 차트의 [닫기] 명령을 클릭하면 입력한 데이터에 따라 차트가 완성된다.

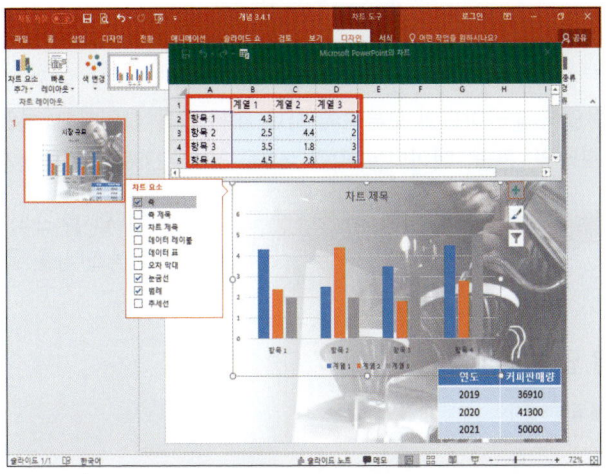

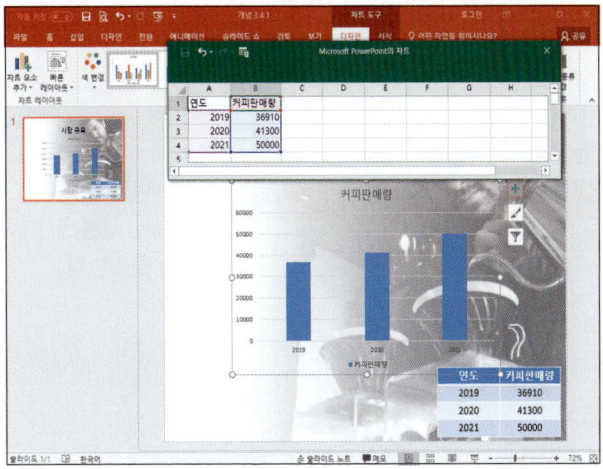

3 Excel 워크시트에서 데이터 작업을 하여 차트를 만들 수도 있다.

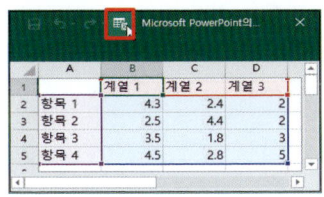
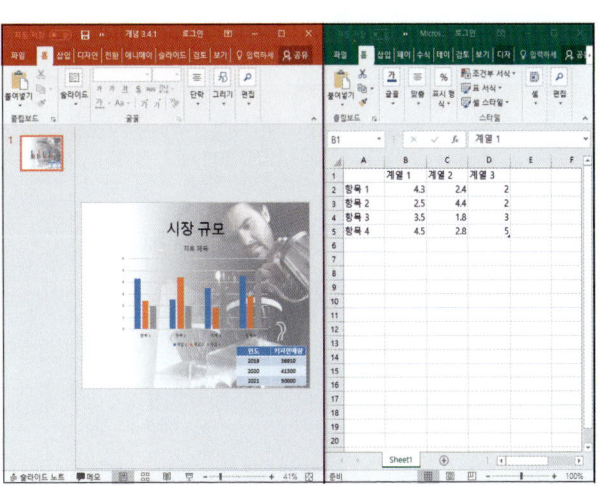

chapter 03 그래픽 및 멀티미디어 요소, 차트 및 표 사용 151

새 프레젠테이션 파일을 열어 슬라이드의 오른쪽에 차트 개체 틀을 삽입하고, 틀안에 원형 차트를 삽입하여 범례 항목에는 PC, 모바일, 콘솔, 데이터는 각각 '41%, 36%, 23%'를 입력하시오.

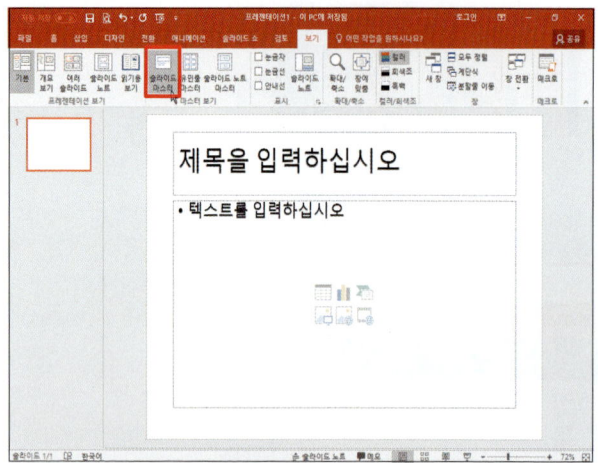

1. **[보기]** 탭-**[마스터 보기]** 그룹에서 **[슬라이드 마스터]**를 클릭한다.

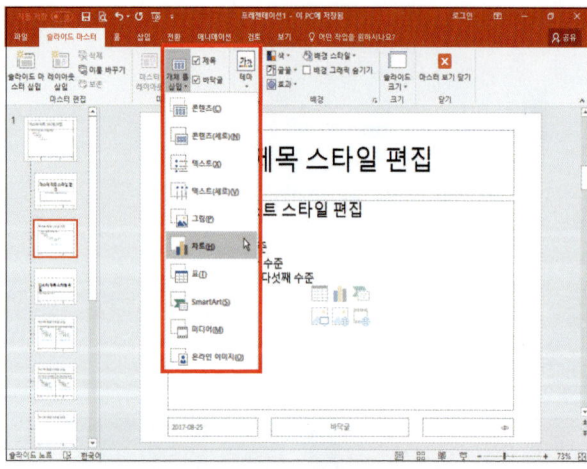

2. 두 번째 슬라이드 클릭 후, **[마스터 레이아웃]** 그룹의 **[개체 틀 삽입]**에서 **[차트]**를 클릭한다.

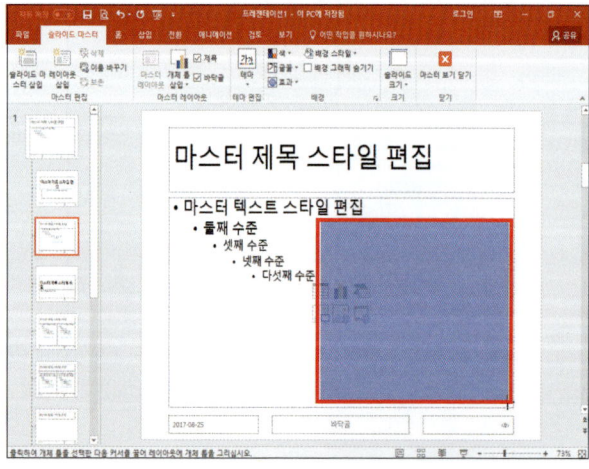

3. 빈 공간에 마우스로 드래그하여 적당한 크기로 개체 틀을 만들어 준다.

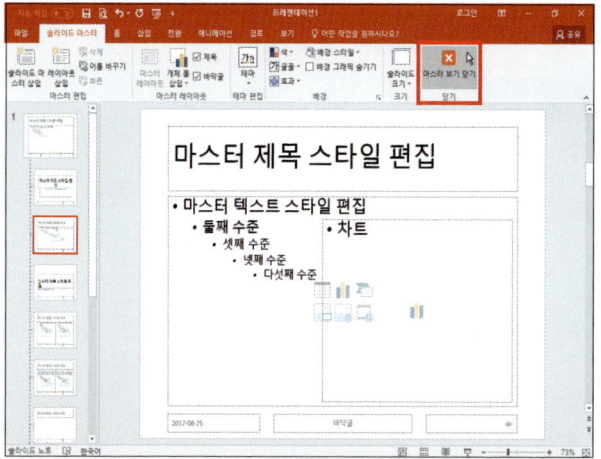

4. **[슬라이드 마스터]** 탭-**[닫기]** 그룹의 **[마스터 보기 닫기]**를 클릭한다.

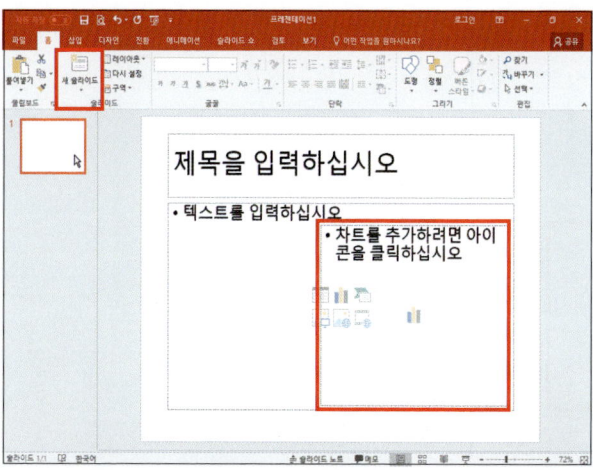

5. **[홈]** 그룹의 새 슬라이드를 클릭하여 **[제목 및 내용]** 테마를 생성하면 슬라이드 마스터에서 생성한 차트 개체 틀이 만들어진 것을 확인할 수 있다.

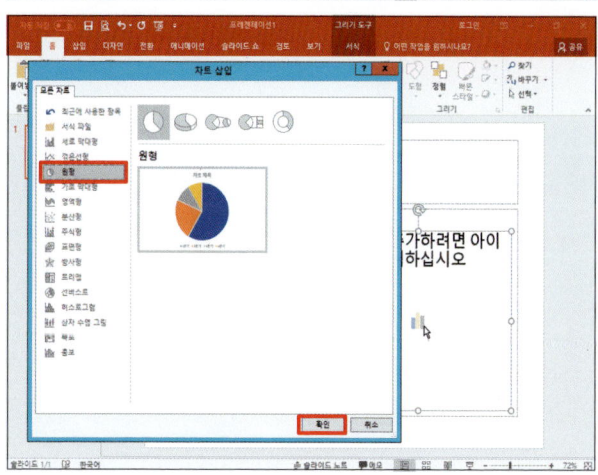

6. 개체 틀의 차트 삽입 아이콘을 클릭하고, 차트 삽입 상자에서 원형 차트 선택 후 확인 버튼을 클릭한다.

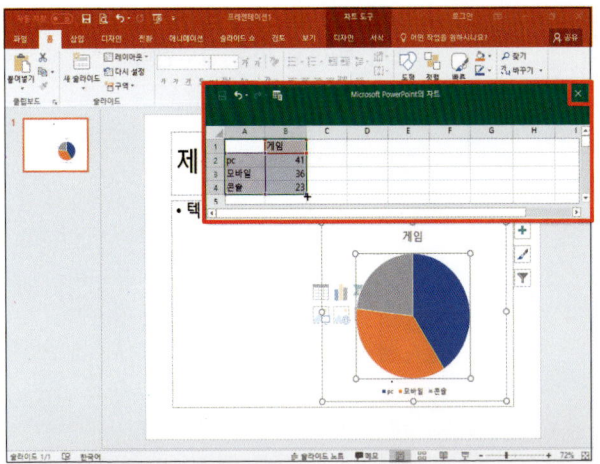

7. 엑셀 워크시트에 그림과 같이 데이터를 입력한 후 닫는다.

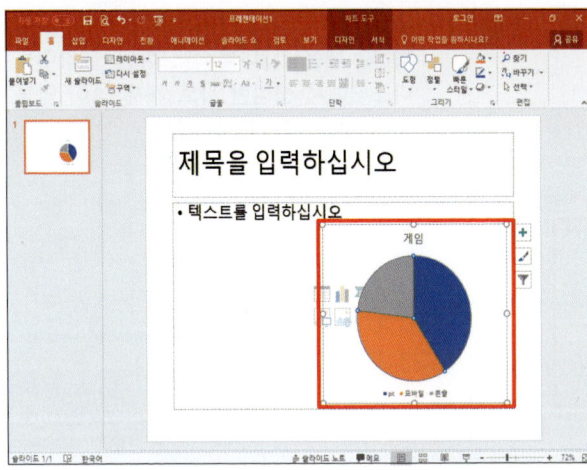

8. 성공적으로 차트가 완성이 되었다.

2. 차트 종류, 레이아웃 및 요소 변경

프레젠테이션에 삽입된 차트가 숫자 데이터의 특성이나 목적에 적합하지 않다면 <차트 종류 변경>을 통해 다른 종류로 변경할 수 있다. 차트 전체 영역을 선택하면 전체 변경이 되지만, 특정 계열을 선택한 후 차트 종류를 변경했다면 선택된 계열만 다른 차트 종류로 변경되어 혼합 차트 구조가 된다.

1 차트를 선택하고, [차트 도구]의 [디자인] 탭-[종류] 그룹-[차트 종류 변경] 명령을 클릭한다.

2 [차트 종류 변경] 대화 상자가 나타나면, 변경을 원하는 차트 종류를 선택하고 [확인] 단추를 클릭한다.

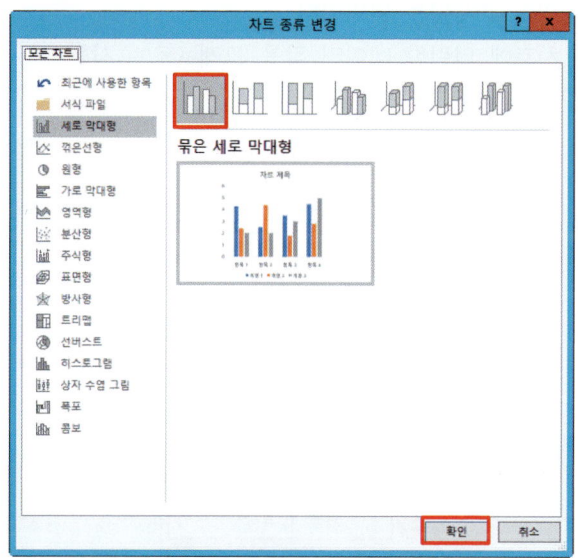

3 차트 구성 요소를 설명한 것은 다음과 같다.

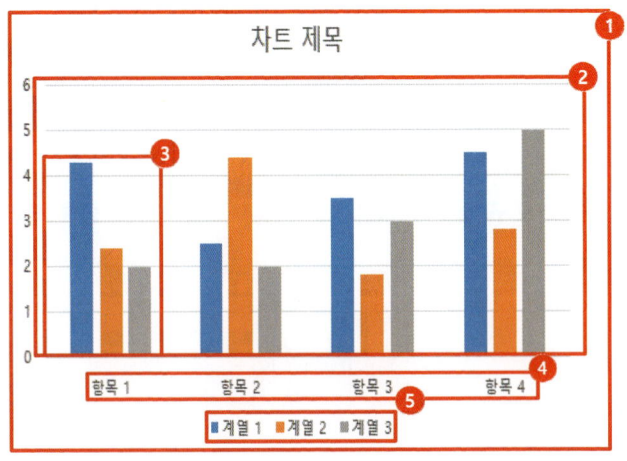

- ❶ **차트 영역** : 차트 전체의 영역으로 전체 크기를 조정한다.
- ❷ **그림 영역** : 데이터 계열이 표시되는 영역이다.
- ❸ **데이터 계열** : 데이터 시트에 입력한 데이터 값을 그래프로 표시한다.
- ❹ **축 레이블** : 데이터 값을 표시한다.
- ❺ **범례** : 각각의 항목에 대한 이름이다.

4 **[차트 도구]-[디자인]** 탭-**[차트 레이아웃]** 그룹-**[차트 요소 추가]** 명령을 이용해 각 구성 요소들을 추가 및 제거하고, 위치를 변경할 수 있다.

❶ **축** : 가로, 세로 보조 축의 서식과 레이아웃을 변경한다.
❷ **축 제목** : 가로, 세로 축의 눈금선을 추가, 제거한다.
❸ **차트 제목** : 차트의 제목을 추가, 제거 또는 위치를 지정한다.
❹ **데이터 레이블** : 데이터 레이블을 추가, 제거 또는 위치를 지정한다.
❺ **데이터 표** : 차트에 데이터 표를 추가한다.
❻ **오차 막대** : 오차 막대를 추가, 제거 또는 여러 가지 옵션으로 지정한다.
❼ **눈금선** : 가로, 세로 축의 눈금선을 지정한다.
❽ **범례** : 차트 범례를 추가, 제거 또는 위치를 지정한다.
❾ **선** : 선을 추가, 제거 또는 여러 가지 옵션으로 지정한다.
❿ **추세선** : 추세선을 추가, 제거 또는 여러 가지 옵션으로 지정한다.
⓫ **양선/음선** : 선형 차트에서만 활성화되며, 데이터 값의 차이를 양과 음 형태의 도형이나 색상으로 표현한다.

"연습 3.5.2" 파일을 열어 슬라이드에 삽입된 차트의 종류를 '3차원 묶은 세로 막대형'으로 적용하시오.

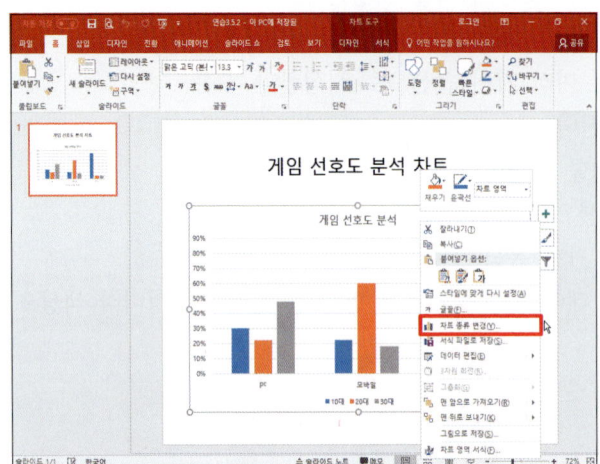

1. 개체 선택 후, 오른쪽 마우스를 클릭하여 차트 종류 변경을 선택한다.

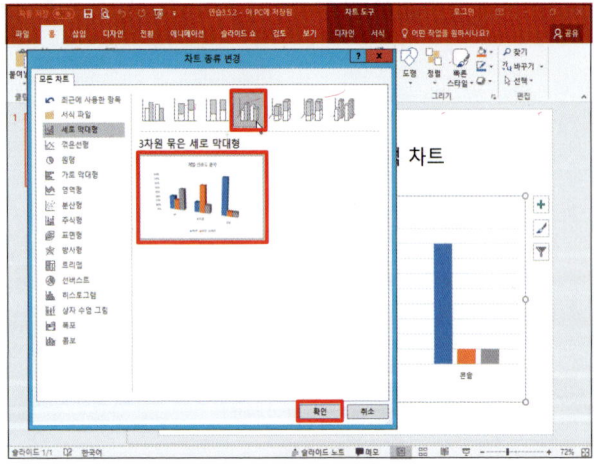

2. 차트 종류를 3차원 묶은 세로 막대형으로 선택한 후, 확인 단추를 클릭한다.

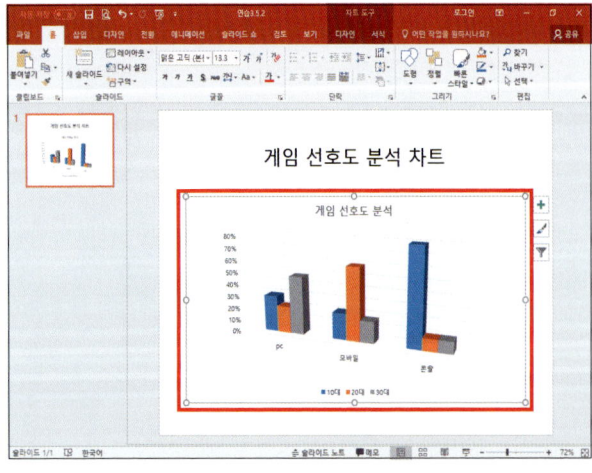

3. 차트의 종류가 '3차원 묶은 세로 막대형'으로 변경되었다.

3. 차트 서식 지정

차트 요소에 손쉽게 서식을 적용하여 눈길을 끄는 멋진 모양의 서식을 사용자 지정할 수 있다. 도형 스타일과 WordArt 스타일을 이용하여 빠르고 손쉽게 서식을 지정할 수 있고, 수동변경으로 사용자가 원하는 대로 서식을 지정할 수도 있다.

❶ [차트 도구]-[서식] 탭을 선택하면 다음과 같은 메뉴가 나온다.

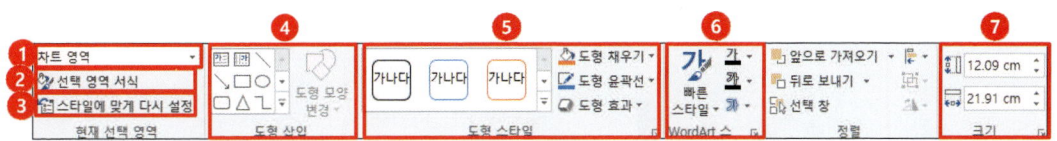

❶ **차트 영역** : 차트 요소 영역을 마우스로 선택하기 어려울 때 여기서 목록을 선택하면 편하다.
❷ **선택 영역 서식** : 선택된 차트 구성 요소의 대화 상자가 실행되어 차트 요소의 서식을 상세하게 변경한다.
❸ **스타일에 맞게 다시 설정** : 변경된 차트 레이아웃 및 서식을 원래 값으로 되돌린다.
❹ **도형 삽입** : 다양한 도형을 차트에 삽입할 수 있다.
❺ **도형 스타일** : 차트에 윤곽선, 그림자, 네온 등 다양한 효과를 넣을 수 있다.
❻ **WordArt 스타일** : 차트 내에 있는 텍스트에 WordArt 스타일을 줄 수 있다.
❼ **크기** : 차트 크기를 조절할 수 있다.

"연습 3.5.3" 파일을 열어 슬라이드에 삽입된 차트에 '스타일3'를 적용하시오.

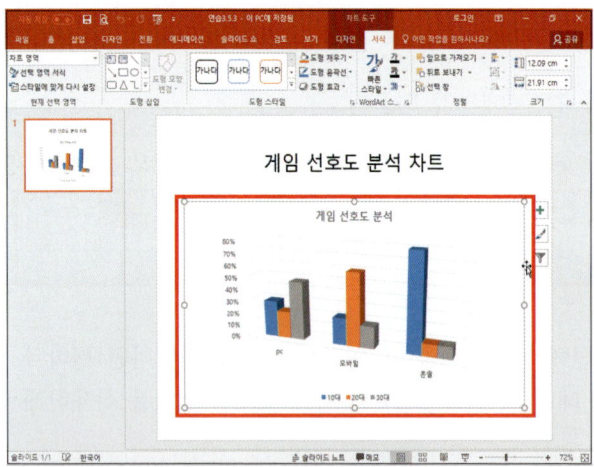

1. 슬라이드에서 차트 개체를 선택한다.

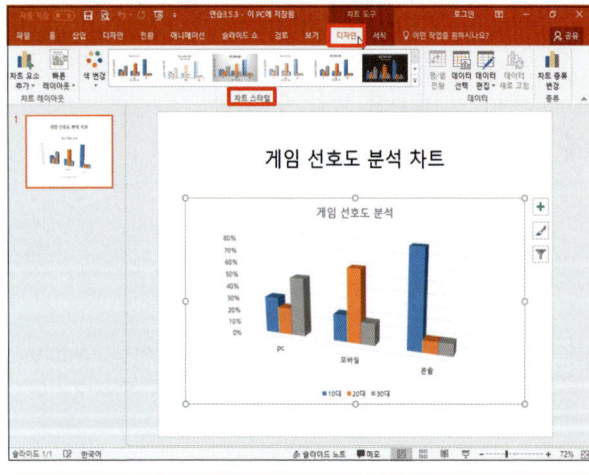

2. [디자인] 탭-[차트 스타일] 그룹에서 스타일 종류 중 스타일3를 선택한다.

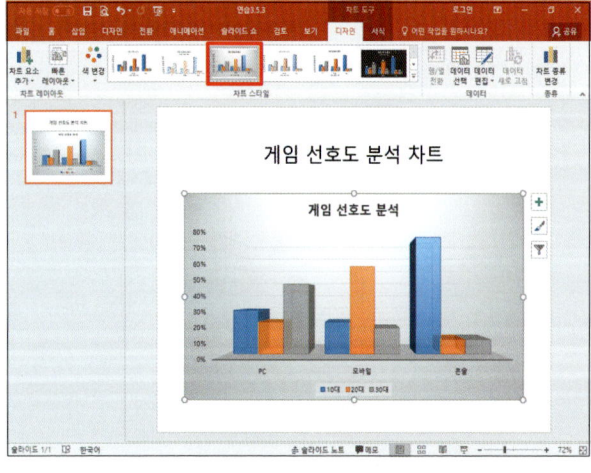

3. 스타일을 선택하면 차트의 스타일이 적용되어 나타난다.

실전 활용 예제_13

13. 직원 파일을 열고, 다음 문제를 풀이하시오.

(1) <결과 파일>을 참고하여 연령대별 직원 비율을 보여주는 차트를 만드시오.

결과 파일

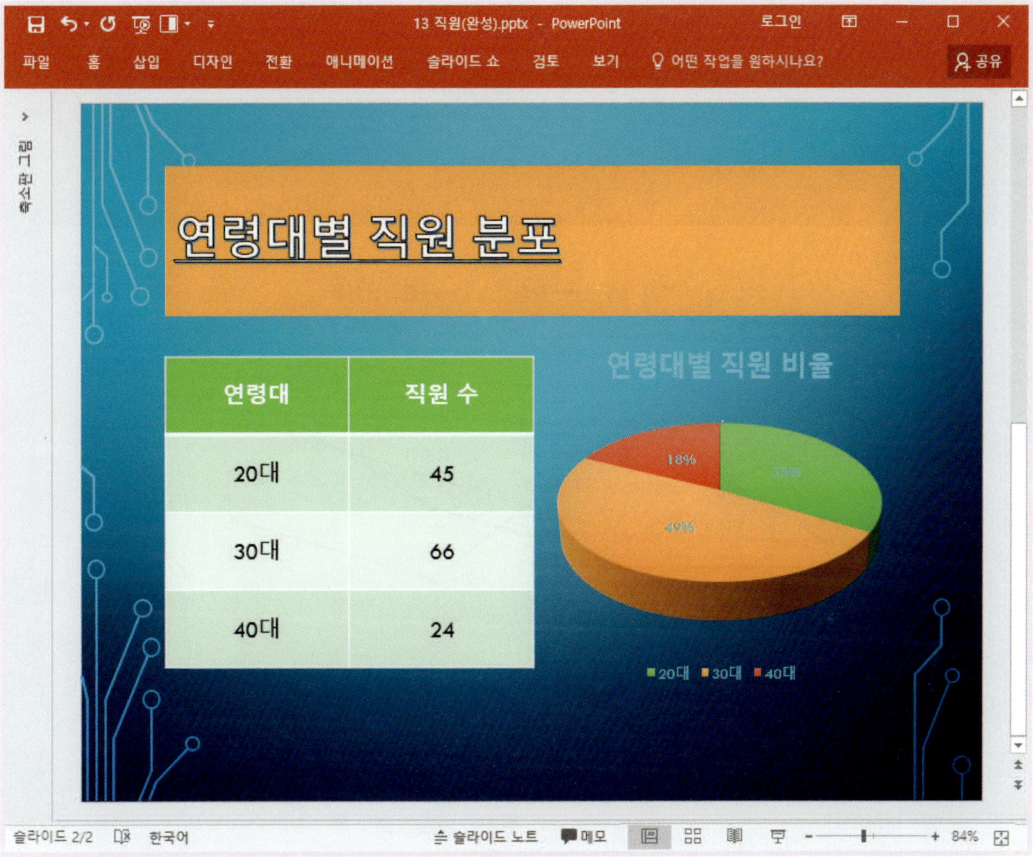

연령대	직원 수
20대	45
30대	66
40대	24

차트 - 3차원 원형, 데이터 레이블 - 백분율, 레이블 위치 - 가운데

실전 활용 예제_14

14. 차트 파일을 열고, 다음 문제를 풀이하시오.

(1) <결과 파일>을 참고하여 대기오염물질 차트를 만드시오.

결과 파일

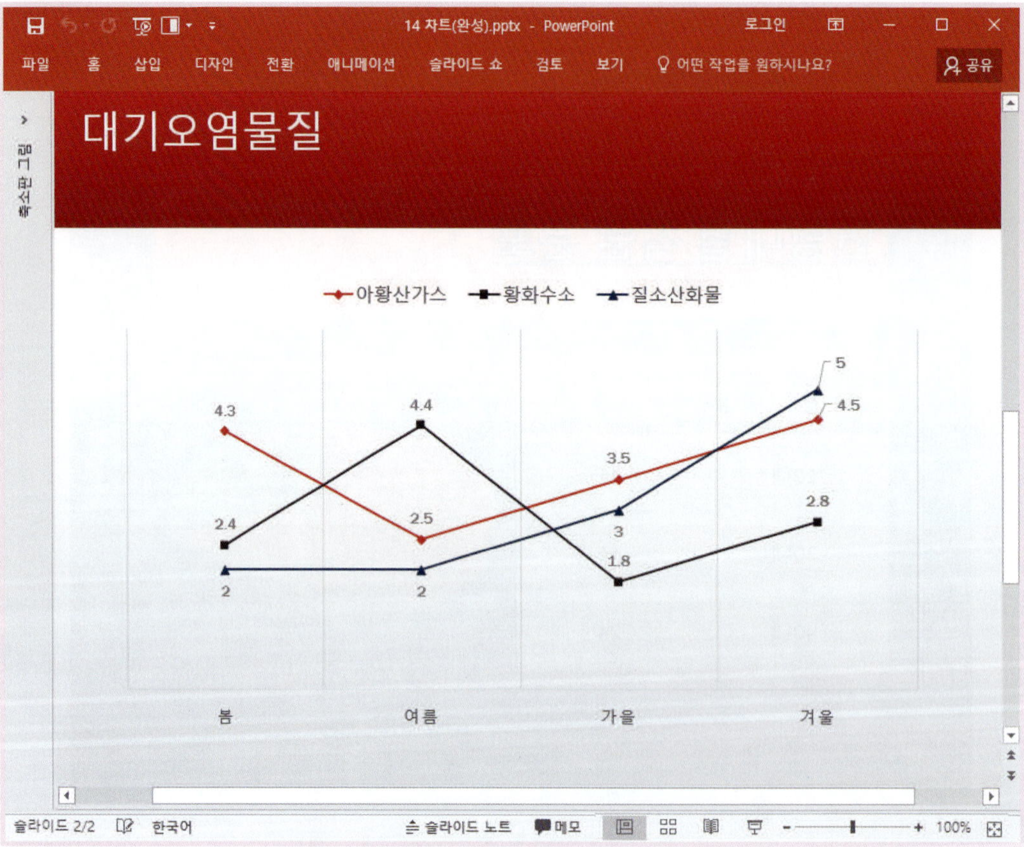

문제 풀이에 필요한 기능

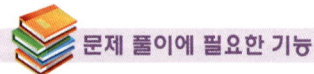

차트 - 표식이 있는 꺾은선형, 데이터 레이블 - 값, 지시선 표시, 눈금선 표시

section 6 미디어 삽입 및 서식 지정

1. 오디오 및 비디오 클립 포함

오디오 및 비디오 등 시각과 청각 매체를 프레젠테이션에 포함시켜 원하는 슬라이드를 강조할 수 있다.

❶ [삽입] 탭-[미디어] 그룹-[오디오] 명령을 클릭하고, PC에 저장되어 있는 오디오 파일을 가져오고 싶다면 [내 PC의 오디오]를 선택하고, 직접 녹음하여 넣고 싶다면 [오디오 녹음]을 선택한다.

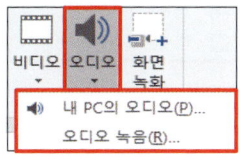

❷ [오디오 삽입] 대화 상자가 나타나면, 지정된 위치에서 원하는 오디오 파일을 찾아 클릭하고 [삽입] 단추를 클릭한다.

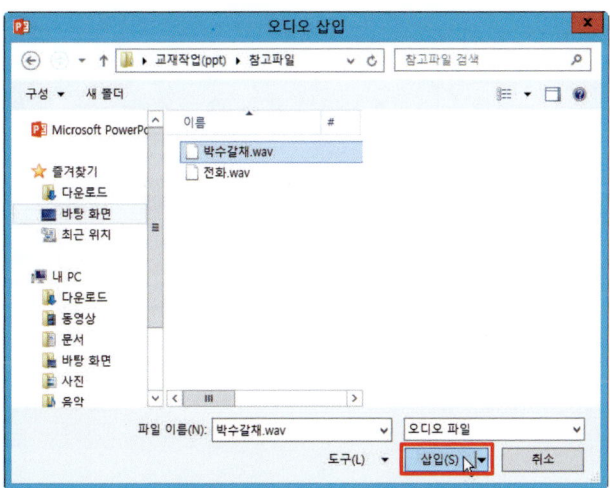

3 슬라이드에 다음과 같은 오디오 클립과 오디오 컨트롤이 생성된다. 드래그하여 위치를 저정할 수 있다.

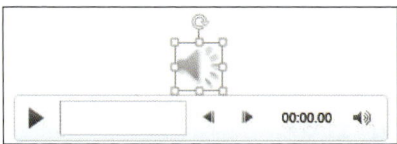

4 [삽입] 탭-[미디어] 그룹-[비디오] 명령을 클릭하고, 온라인의 동영상을 삽입하고 싶으면 [온라인 비디오] 명령을 선택하고, PC에 저장되어 있는 동영상을 삽입하고 싶으면 [내 PC의 비디오] 명령을 선택한다.

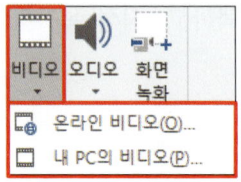

5 [비디오 삽입] 대화 상자가 나타나면 삽입할 동영상의 위치를 찾아서 선택한 뒤 [삽입] 버튼을 클릭한다.

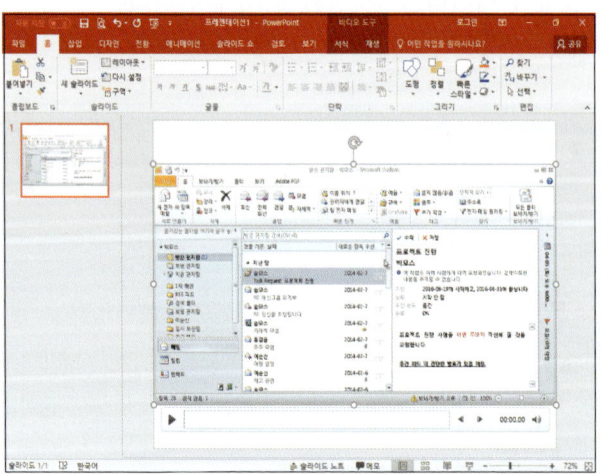

연습문제

"연습 3.6.1" 파일을 열어 슬라이드에 OutLook 동영상 강의 파일 "연습3.6.1.mp4" 비디오를 삽입하시오.

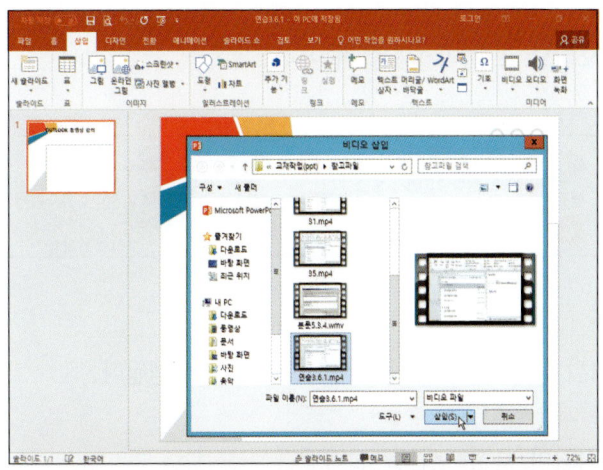

1. 슬라이드를 선택하고 [삽입] 탭-[미디어] 그룹에서 비디오의 내 PC의 비디오를 클릭한다.

2. 참조파일의 "연습3.6.1.mp4"를 선택하고 삽입 단추를 클릭한다.

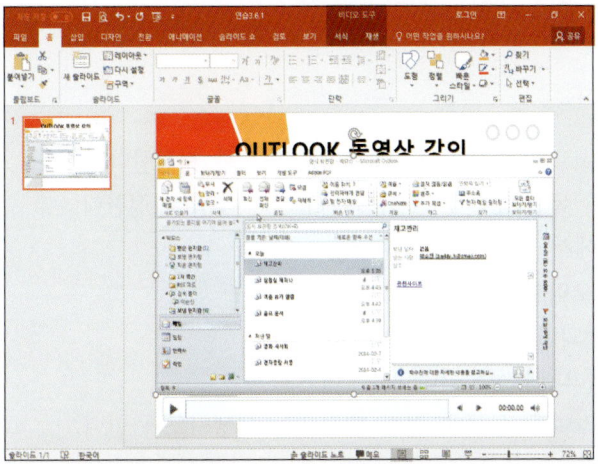

3. 비디오 개체가 슬라이드에 삽입되었다.

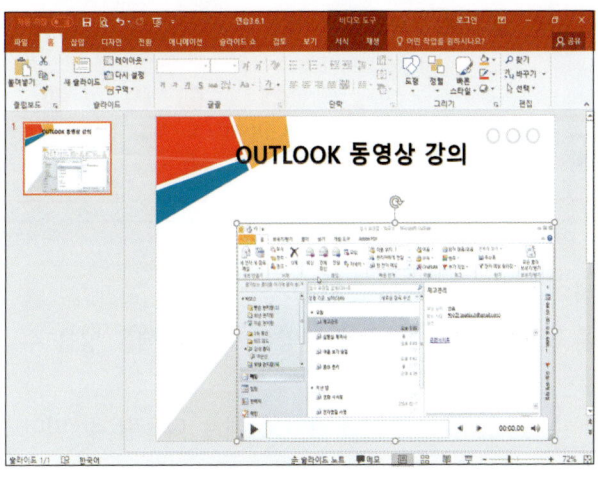

4. 크기를 조절하여 슬라이드 공간에 배치시킨다.

2. 오디오 및 비디오 클립 수정

슬라이드에 비디오나 오디오 클립을 삽입한 뒤 볼륨, 재생 시간, 자르기 등 비디오 및 오디오 클립을 수정할 수 있다.

1 다음은 오디오 옵션을 변경하기 위한 [오디오 도구]의 [재생] 탭이다.

① **재생** : 오디오를 재생한다.
② **책갈피 추가** : 현재 시간에 책갈피를 추가한다. 책갈피 구간에서만 오디오가 재생된다.
③ **책갈피 제거** : 현재 시간에 있는 책갈피를 제거한다.
④ **오디오 트리밍** : 시작 및 종료 시간을 지정하여 특정 구간을 잘라낸다.
⑤ **페이드 인/아웃** : 시작되는 시간(페이드 인)과 끝나는 시간(페이드 아웃)에 소리가 자연스럽도록 설정한다.
⑥ **볼륨** : 오디오의 볼륨을 변경한다.
⑦ **시작** : 오디오를 시작하는 방법을 설정하고, 모든 슬라이드에서 실행되도록 지정한다.
⑧ **쇼 동안 숨기기** : 슬라이드 쇼가 진행되는 동안 오디오 클립 화면표시 여부를 지정한다.
⑨ **모든 슬라이드에서 실행** : 모든 슬라이드에서 소리를 재생한다.
⑩ **반복 재생** : 슬라이드 쇼가 끝날 때까지 오디오를 연속해서 재생한다.
⑪ **자동 되감기** : 오디오 파일이 끝까지 재생되면 다시 처음부터 재생한다.
⑫ **스타일 없음** : 오디오 클립의 재생 옵션을 다시 설정한다.
⑬ **백그라운드에서 재생** : 오디오 클립이 슬라이드 전체에 걸쳐 배경에서 재생되도록 한다.

2 다음은 오디오 서식을 변경하기 위한 [오디오 도구]의 [서식] 탭이다.

① **배경제거** : 오디오 아이콘의 배경을 제거한다.
② **조정1** : 오디오 아이콘의 선명도, 밝기 등을 조절하거나 아이콘에 다양한 효과나 색을 넣을 수 있다.
③ **조정2** : 아이콘의 그림을 압축하거나 바꿀 수 있고, 아이콘을 초기의 상태로 되돌릴 수 있다.
④ **그림 스타일** : 아이콘에 미리 만들어져 있는 스타일을 적용할 수 있다.
⑤ **그림 테두리** : 아이콘에 테두리를 넣을 수 있고, 테두리에 다양한 색이나 효과를 적용할 수 있다.

❻ **그림 효과** : 아이콘에 반사, 그림자, 네온 등 다양한 효과를 넣을 수 있다.
❼ **그림 레이아웃** : 그림의 배열을 쉽게 하고 캡션을 만들 수 있다. 또한 크기를 조정하고 Smart 그래픽으로 변환할 수 있다.
❽ **정렬1** : 아이콘을 앞으로 가져오거나 뒤로 보낼 수 있다.
❾ **선택 창** : 아이콘을 선택하여 슬라이드에 표시하거나 숨길 수 있다.
❿ **정렬2** : 아이콘을 왼쪽, 가운데, 오른쪽 등으로 맞추거나, 회전시킬 수 있다.
⓫ **자르기** : 아이콘을 원하는 만큼 자를 수 있다.
⓬ **크기** : 아이콘의 높이나 너비를 조절할 수 있다.

3 다음은 비디오 옵션을 변경하기 위한 [비디오 도구]의 [재생] 탭이다.

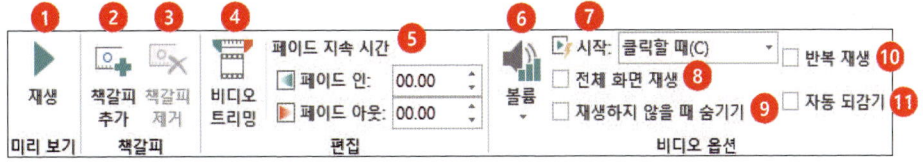

❶ **재생** : 비디오를 재생한다.
❷ **책갈피 추가** : 현재 시간에 책갈피를 추가한다. 책갈피 구간에서만 비디오가 재생된다.
❸ **책갈피 제거** : 현재 시간에 있는 책갈피를 제거한다.
❹ **비디오 트리밍** : 시작 및 종료 시간을 지정하여 특정 구간을 잘라낸다.
❺ **페이드 인/아웃** : 시작되는 시간(페이드 인)과 끝나는 시간(페이드 아웃)에 영상이 자연스럽도록 설정한다.
❻ **볼륨** : 비디오의 볼륨을 변경한다.
❼ **시작** : 비디오를 시작하는 방법을 설정한다.
❽ **전체 화면 재생** : 비디오를 전체 화면으로 재생한다.
❾ **재생하지 않을 때 숨기기** : 재생 중이지 않으면 비디오 클립을 숨긴다.
❿ **반복 재생** : 슬라이드 쇼가 끝날 때까지 비디오를 연속해서 재생한다.
⓫ **자동 되감기** : 비디오 파일이 끝까지 재생되면 다시 처음부터 재생한다.

4 다음은 비디오 서식을 변경하기 위한 [비디오 도구]의 [서식] 탭이다.

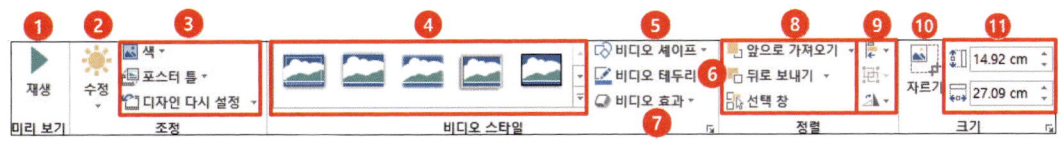

❶ **재생** : 비디오를 재생한다.
❷ **수정** : 비디오의 밝기를 조절한다.
❸ **조정** : 비디오의 색을 변경하거나 스타일을 추가하고, 미리 보기 이미지를 설정한다.
❹ **비디오 스타일** : 미리 만들어져 있는 비디오 스타일을 적용한다.

⑤ 비디오 셰이프 : 비디오 모양을 다양한 도형으로 적용할 수 있다.

⑥ 비디오 테두리 : 비디오의 테두리를 변경할 수 있다.

⑦ 비디오 효과 : 비디오에 반사, 네온, 그림자 등 효과를 적용할 수 있다.

⑧ 정렬1 : 비디오를 앞으로 가져오거나 뒤로 보낼 수 있고, 비디오를 선택하여 슬라이드에서 숨기거나 표시할 수 있다.

⑨ 정렬2 : 비디오를 왼쪽, 가운데, 오른쪽 등으로 맞출 수 있고, 회전시킬 수 있다.

⑩ 자르기 : 비디오를 원하는 만큼 자를 수 있다.

⑪ 크기 : 비디오의 높이 및 너비를 조절할 수 있다.

"연습 3.6.2" 파일을 열어 비디오의 볼륨, 재생 기간, 시작 시간, 종료 시간을 설정하시오(볼륨 설정 : 중간, 비디오 재생 기간 : 30초, 시작 시간 : 5분, 종료 시간 : 5분 30초).

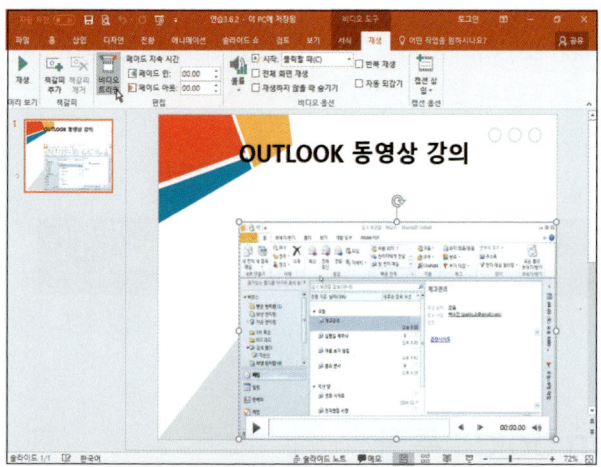

1. 비디오 개체를 선택한 후, [재생] 탭–[편집] 그룹에서 비디오 트리밍을 선택한다.

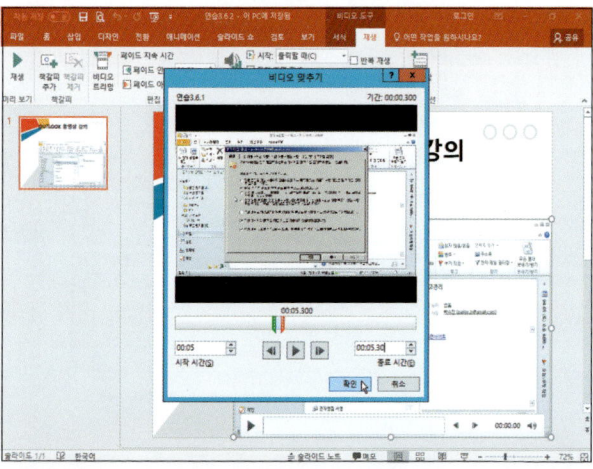

2. 비디오 맞추기 상자가 나오면 시작 시간에 00:05분, 종료시간에 00:05분30초로 설정하고, 재생시간을 확인하고 확인 단추를 누른다.

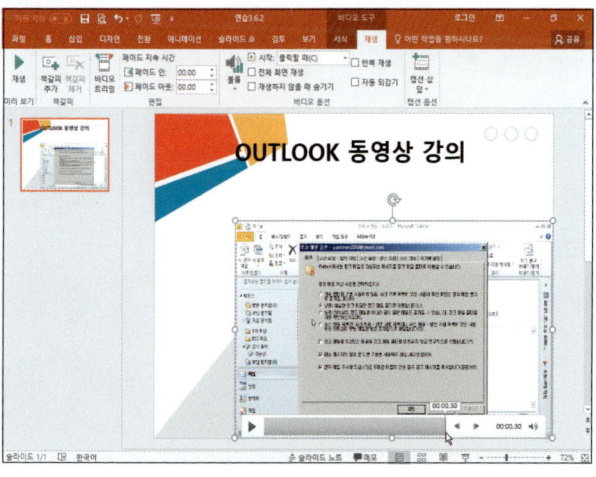

3. 동영상의 설정이 완료되어 총 재생 기간이 30초로 적용된 것을 확인할 수 있다.

실전 활용 예제_15

15. 영상 파일을 열고, 다음 문제를 풀이하시오.

(1) 동영상을 왼쪽 텍스트 상자를 기준으로 위쪽 맞춤하시오.

(2) 비디오 볼륨은 '낮음', 비디오 기간은 '00:09.400 초', 비디오 시작 시간은 '00:05 초', 비디오 종료 시간은 '00:14.400 초'로 적용하시오.

결과 파일

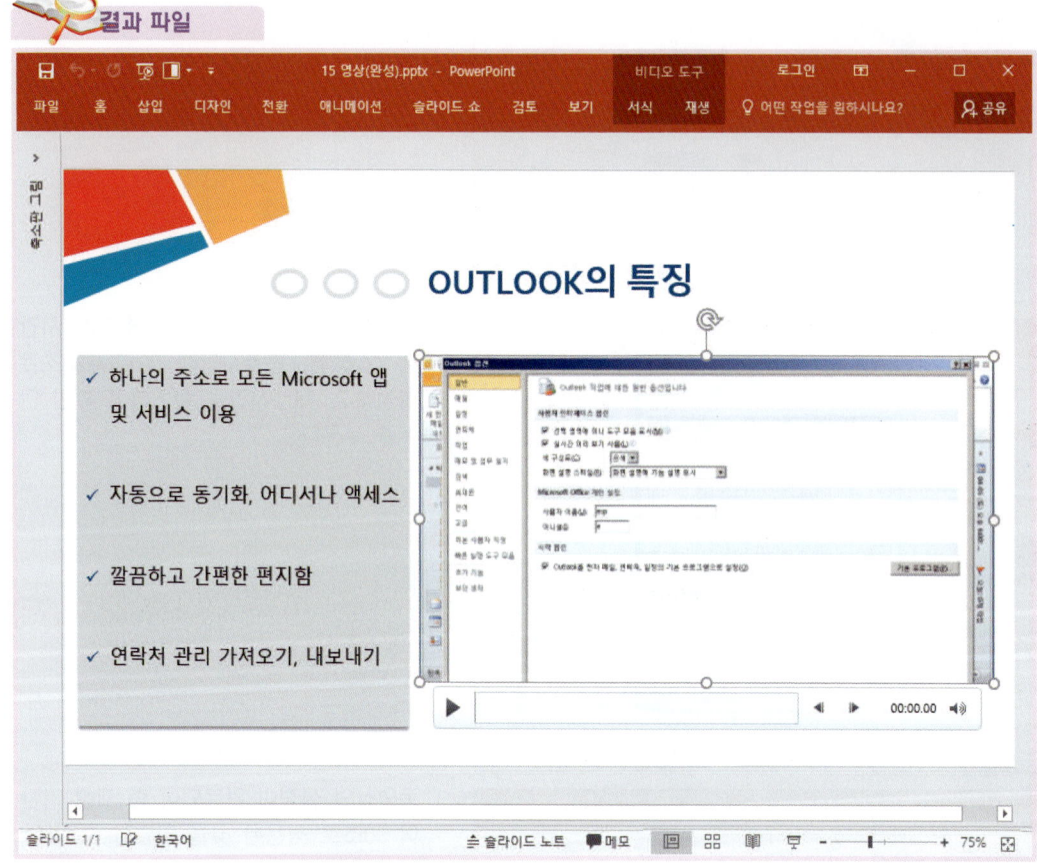

 문제 풀이에 필요한 기능

정렬 - 맞춤, 비디오 도구 - 재생 - 비디오 트리밍

MOS PowerPoint 2016

애니메이션 및 화면 전환 사용

chapter 04

section 1 화면 전환
section 2 슬라이드 내용에 애니메이션 효과 주기
section 3 전환 및 애니메이션 설정하기
section 4 슬라이드 쇼 구성 및 설정

section 1 화면 전환

1. 슬라이드 간 전환 적용

<슬라이드 전환>은 슬라이드 쇼 진행시 한 슬라이드에서 다음 슬라이드로 넘어갈 때의 소리 및 모양을 말한다. 즉 새로운 슬라이드가 나타날 때의 변화 효과이다. [슬라이드 화면 전환] 그룹을 통해 다양한 화면 전환 효과를 적용하고, 화면 전환 속도 및 재생 소리 등을 추가로 설정할 수 있다. 모든 슬라이드에 동일한 화면 전환 효과를 적용할 수 있으며 슬라이드별로 선택 적용하는 것도 가능하다. 화면전환은 슬라이드 단위로 이루어지므로 화면전환 효과 및 자동전환 시간을 지정하려면 여러 슬라이드 보기 상태에서 작업하는 것이 편리하다.

❶ 화면 전환을 적용할 슬라이드를 선택한 후, [전환] 탭-[슬라이드 화면 전환] 그룹에서 [자세히] 버튼( )을 클릭하여 적절한 화면 전환 효과를 선택한다. [효과 옵션] 명령을 통해 효과 옵션도 지정해준다.

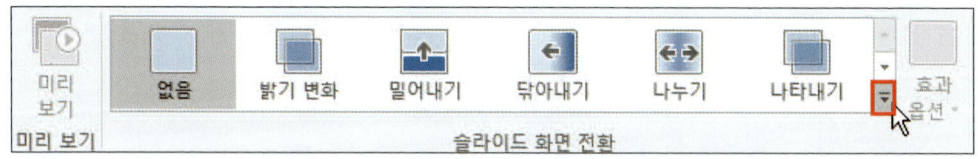

❷ 설정한 화면 전환 효과를 슬라이드 창에서 미리 재생해 보려면 [전환] 탭-[미리 보기] 그룹-[미리 보기] 명령을 클릭한다.

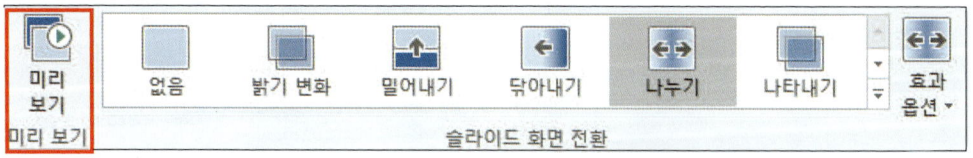

❸ 효과옵션을 클릭하면 원하는 효과로 수정할 수 있다.

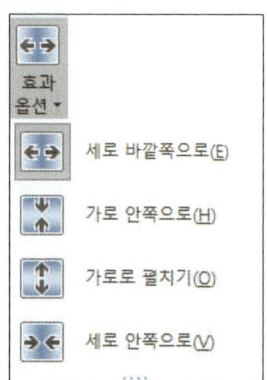

"연습 4.1.1" 파일을 열어 모든 슬라이드의 전환에 큐브 효과를 넣고, 마지막 슬라이드에는 비행기 효과를 적용하시오(효과옵션은 왼쪽으로).

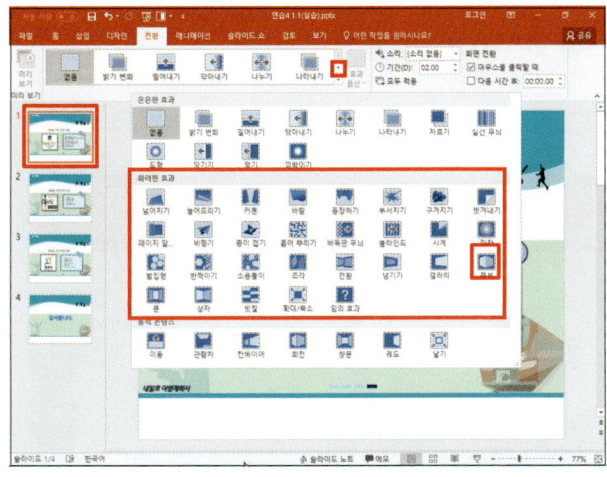

1. 슬라이드1을 선택하고 [전환] 탭에서 자세히 버튼(▼)을 누른다.

2. 화려한 효과 목록에 큐브 효과를 선택한다.

3. 모두 적용 버튼을 클릭하면 슬라이드1 ~ 4까지 큐브 전환효과가 적용된다.

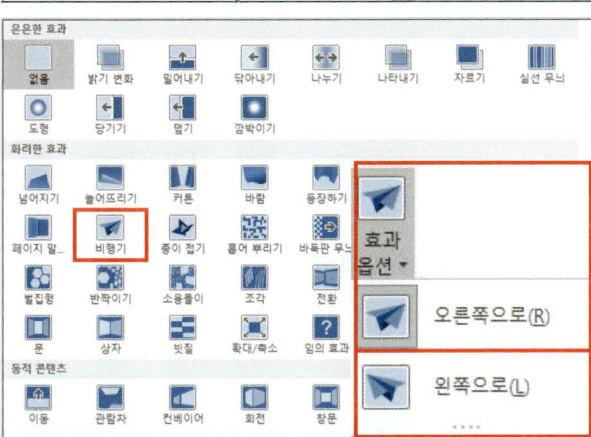

4. 슬라이드4를 선택하고 [전환] 탭에서 화려한 효과 목록에 비행기 효과를 선택한다.

5. 효과옵션을 클릭하고, 왼쪽으로 옵션을 선택한다.

6. 슬라이드에 전환 효과가 적용되고, 키보드의 [F5] 키 또는 미리보기 재생을 통해 효과가 적용된 것을 확인할 수 있다.

실전 활용 예제_16

16. 자기소개서 파일을 열고, 다음 문제를 풀이하시오.

(1) 모든 슬라이드에 '밝기 변화' 화면 효과를 적용하시오.

(2) 슬라이드1번에만 '회전'을 적용하고 '왼쪽으로' 회전 효과 옵션을 적용하시오.

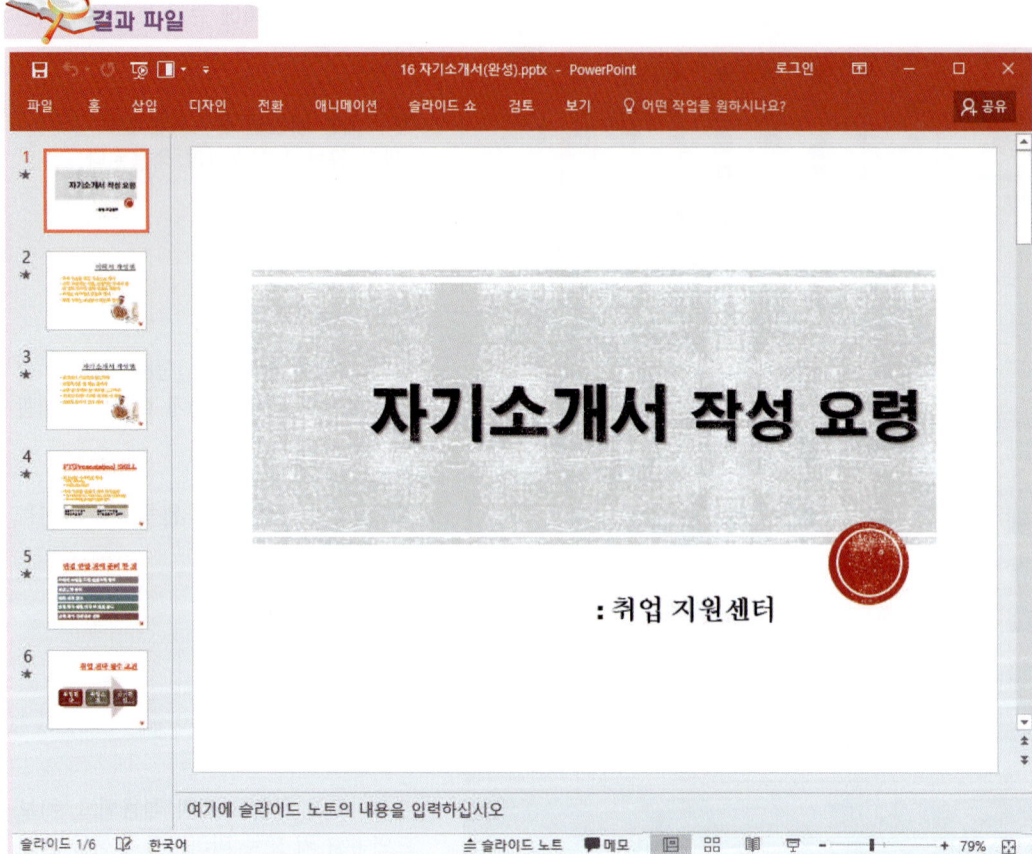

전환 – 밝기변화, 회전(왼쪽으로)

section 2 슬라이드 내용에 애니메이션 효과 주기

1. 애니메이션 적용(예제 위치 : 본문/개념4.2.1)

슬라이드 쇼를 진행할 때 슬라이드 내의 텍스트, 그래픽, 다이어그램, 차트 등의 개체에 애니메이션을 적용하면 프레젠테이션을 흥미롭게 만들고, 중요한 요점을 강조하여 청중의 이해를 높일 수 있다.

1 개체를 선택한 후, [애니메이션] 탭-[애니메이션] 그룹의 [자세히] 버튼(▼)을 클릭하면 다양한 애니메이션 목록이 나타난다.

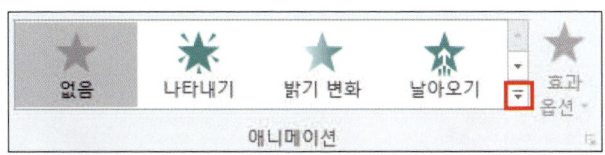

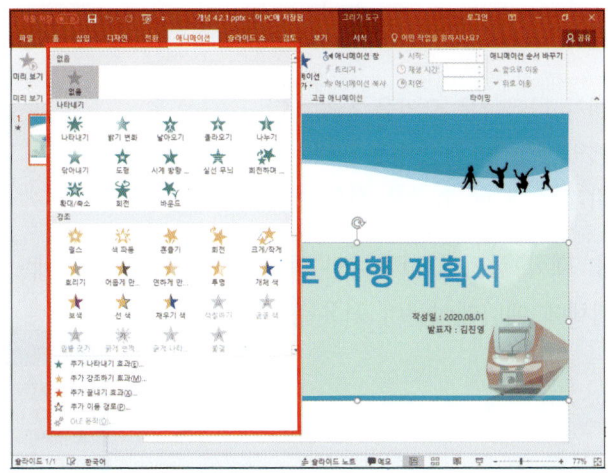

2 목록에서 적절한 애니메이션을 선택하면 개체에 애니메이션이 적용되고, 애니메이션 재생 번호가 표시된다.

<사용자 지정 애니메이션>을 통해 기본으로 제공된 애니메이션 외에 더욱 다양한 애니메이션을 개체에 적용할 수 있다.

1️⃣ 애니메이션을 적용하고자 하는 개체를 선택한 후 [애니메이션] 탭-[애니메이션] 그룹의 [자세히] 버튼(▼)을 클릭하면 다음과 같은 목록이 나타난다.

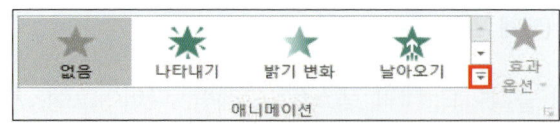

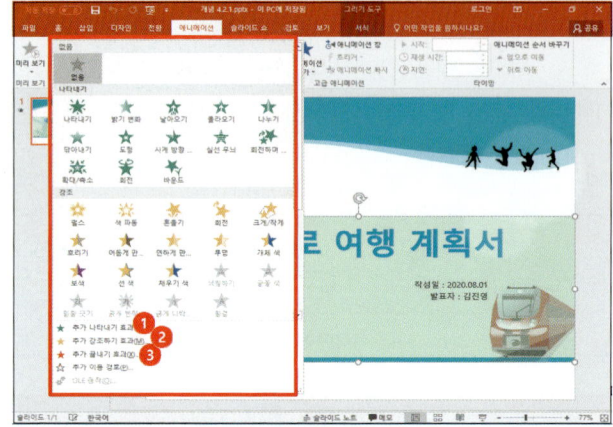

① **나타내기 효과** : 개체가 나타나는 모양을 지정한다.
② **강조하기 효과** : 개체의 글꼴을 지정하거나 텍스트에 효과를 강조하기를 지정한다.
③ **끝내기 효과** : 개체가 사라질 때 효과를 지정한다.

2️⃣ [나타내기 효과 변경] 대화 상자가 나타나면 목록에서 적절한 애니메이션을 선택하고, [확인] 단추를 클릭하면 개체에 애니메이션이 적용된다.

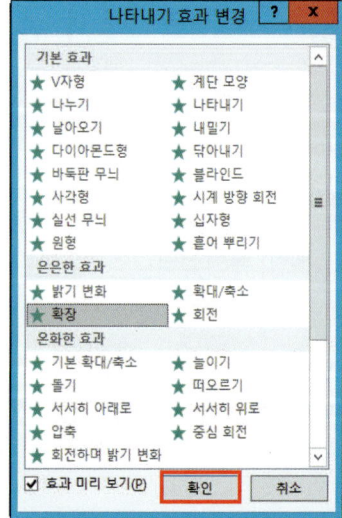

연습문제

"연습 4.2.1" 파일을 열어 슬라이드7의 제목 개체를 SmartArt 그래픽으로 변환하고 ('세로 글머리기호 목록형'으로), 차트에는 '확대/축소' 애니메이션을 적용하시오.

1. 제목 개체를 선택하고 [홈] 탭에서 SmartArt 그래픽으로 변환 버튼( )을 누른다.

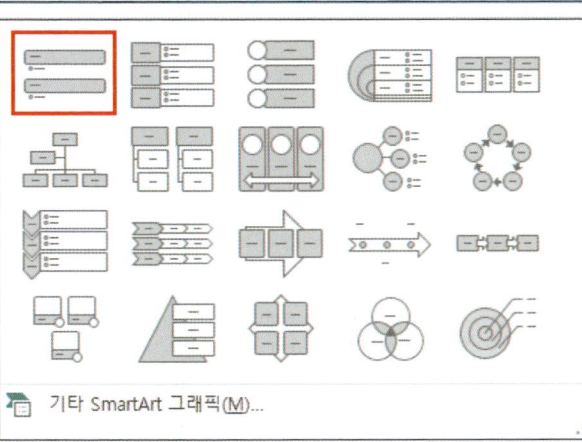

2. '세로 글머리기호 목록형'을 선택한다.

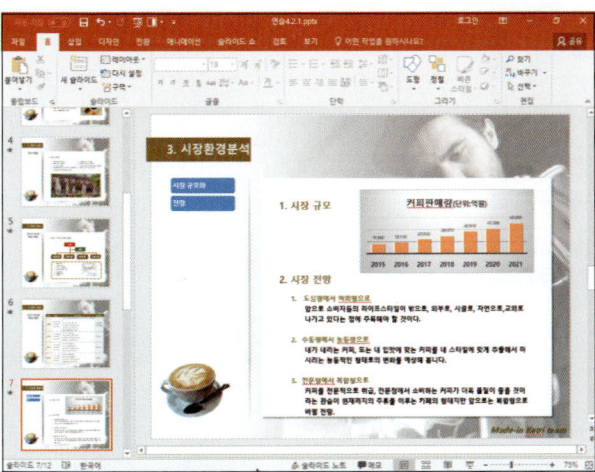

3. 개체에 SmartArt 그래픽이 적용된 것을 확인할 수 있다.

chapter 04 애니메이션 및 화면 전환 사용 177

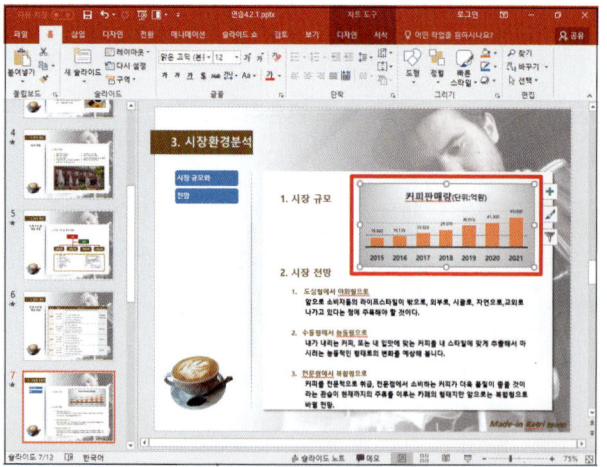

4. 차트에 애니메이션을 적용하려면 슬라이드7에서 차트를 선택한다.

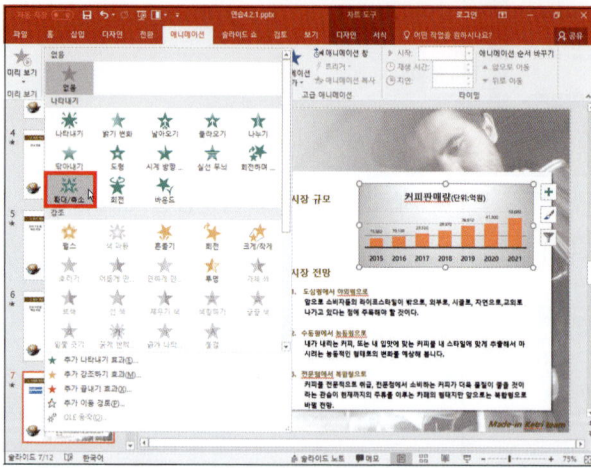

5. [애니메이션] 탭-[애니메이션] 그룹의 [자세히] 버튼(▼)을 클릭하여 '확대/축소' 애니메이션을 선택한다.

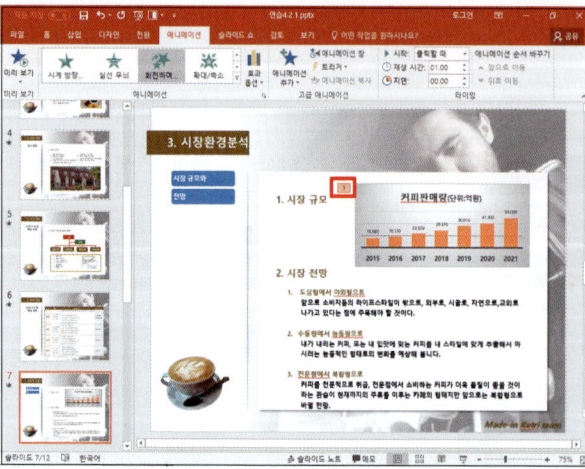

6. 차트에 애니메이션이 적용되고, 재생번호가 표시된다.

2. 애니메이션 효과 수정(예제 위치 : 본문/개념4.2.2)

설정한 애니메이션 효과가 나타나는 방향이나 시퀀스 등을 변경할 수 있다. 개체와 효과마다 설정할 수 있는 애니메이션의 효과 옵션은 다르다. 또한 슬라이드 쇼에서 이전 효과와 동시에 나타나거나 순차적으로 나타나도록 시작 옵션을 변경하거나, 지연 시간과 재생 시간을 조정할 수 있다.

1️⃣ 효과를 주고자 하는 애니메이션이 적용된 개체를 선택한다. [애니메이션] 탭-[애니메이션] 그룹-[효과 옵션] 명령을 클릭하면 효과 옵션 목록이 나타난다. 적용된 애니메이션마다 목록에 나타나는 효과 옵션이 다르다.

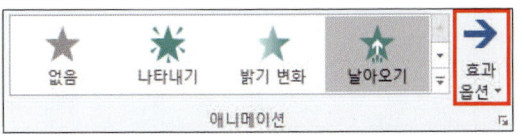
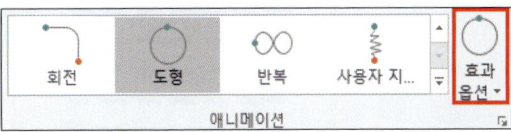

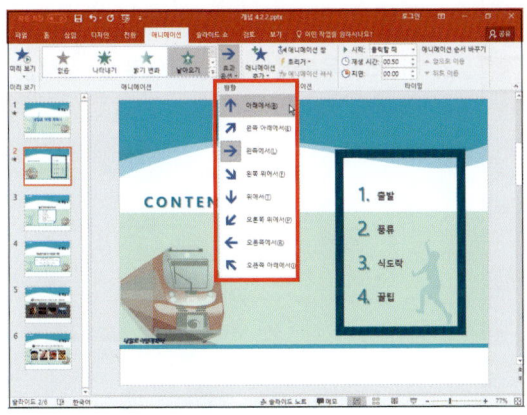
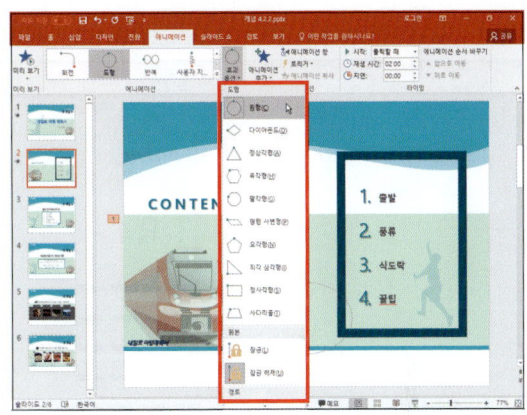

2️⃣ 추가 효과 옵션을 변경하려면 애니메이션이 적용된 상태에서 [애니메이션] 탭-[애니메이션] 그룹-[추가 효과 옵션 표시] 명령(🔲)을 클릭한다.

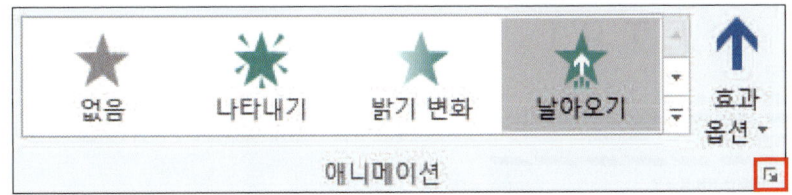

"연습 4.2.2" 파일을 열어 SmartArt 그래픽 개체에 애니메이션 효과옵션을 '개별적으로' 옵션으로 수정하시오.

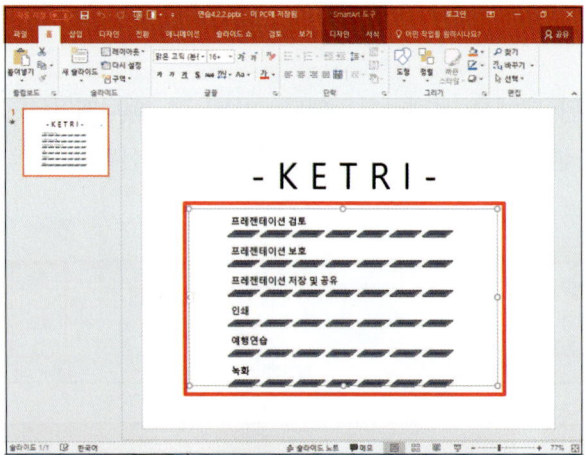

1. SmartArt 그래픽 개체를 선택한다.

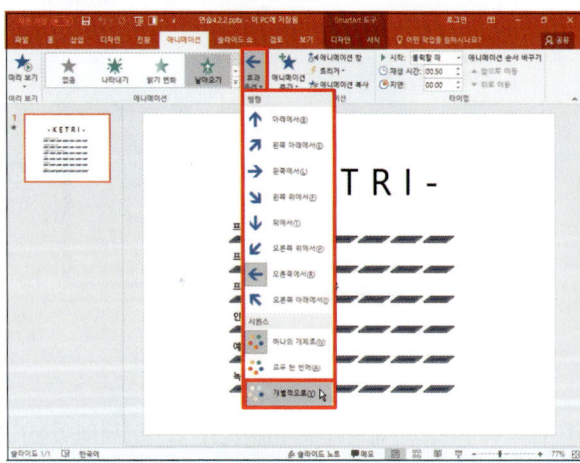

2. 시퀀스 목록에서 '개별적으로'를 선택한다.

3. 개체가 개별적으로 나타나는 것을 볼 수 있다.

실전 활용 예제_17

17. 팀구성 파일을 열고, 다음 문제를 풀이하시오.

(1) 기획팀 : 기획팀장과 기획팀원을 동시에 '회전하며 밝기 변화' 적용하기

(2) 디자인팀 : 디자인 팀장부터 차례대로 '닦아내기(왼쪽에서)' 적용하기

(3) 마케팅팀 : 마케팅 책임과 마케팅 연구원 동시에 '바운드' '4'초 동안 적용하기

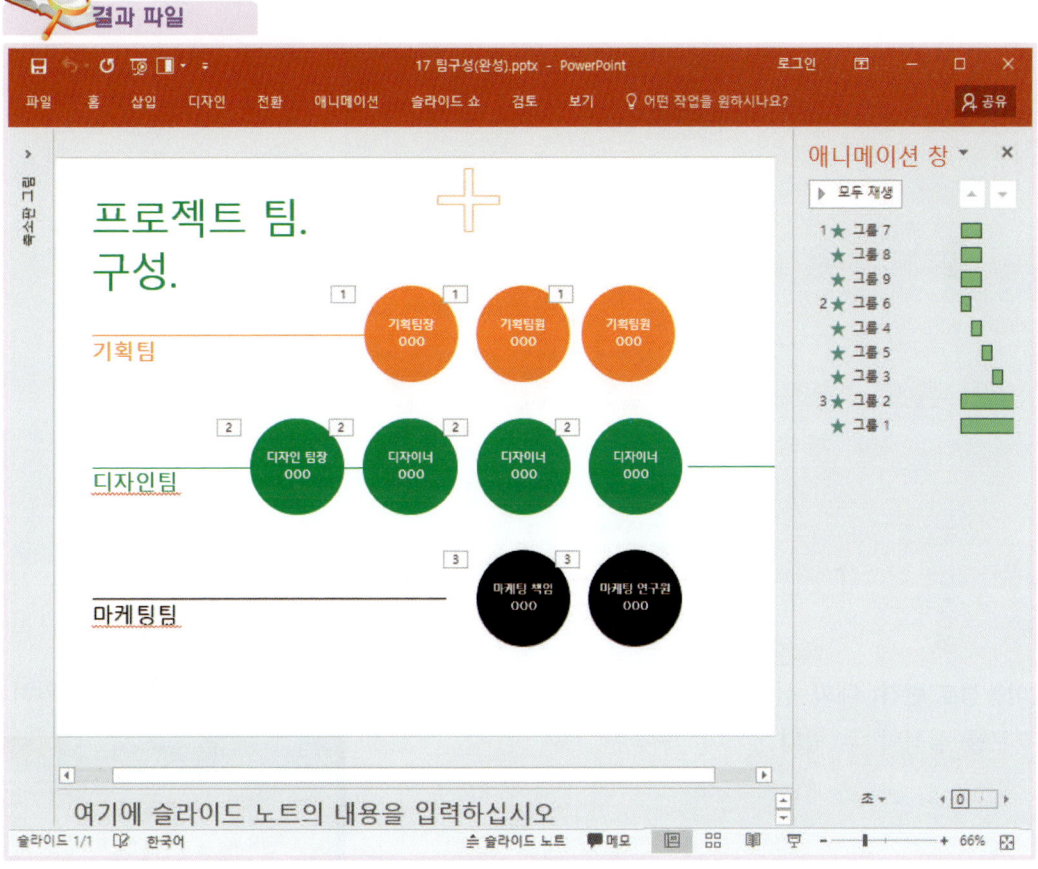

애니메이션

3. 이동 경로 구성(예제 위치 : 본문/개념4.2.3)

이동 경로 애니메이션을 적용한 후에는 경로를 수정할 수 있다. 시작점과 종료점은 각각 녹색 삼각형과 적색 삼각형으로 나타난다. 사용자들은 <이동 경로 구성>을 통해 애니메이션 경로를 조정할 수 있다.

1 애니메이션을 적용하고자 하는 개체를 선택한 후 [애니메이션] 탭-[애니메이션] 그룹의 [자세히] 버튼(▼)을 클릭하면 다음과 같은 목록이 나타난다.

2 '추가 이동경로'를 선택한다.

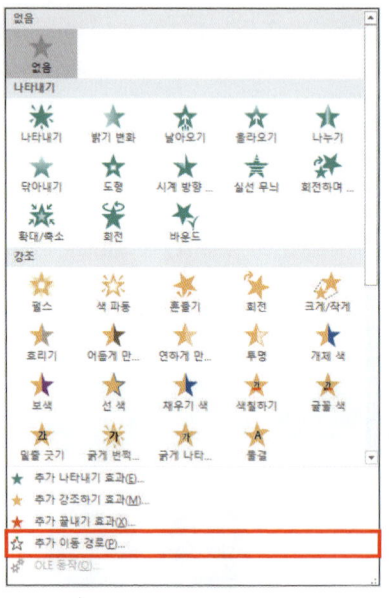

3 [이동경로 변경] 대화 상자가 나타나면, 기본 경로, 직선 및 곡선 경로, 기타 경로 등 원하는 경로를 설정할 수 있다.

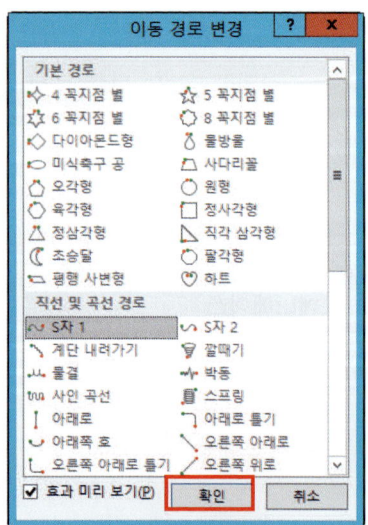

<사용자 지정>으로 이동 경로를 만들고 궤적 변경이나 경로 회전, 시작 위치 등을 조정할 수 있다. 또한 효과 옵션을 통해 궤적을 수정하거나 경로 방향을 바꿀 수 있다.

1 [애니메이션] 탭-[애니메이션] 그룹의 [자세히] 버튼(▼)을 클릭하면 [이동경로]의 [사용 지정]이 있다.

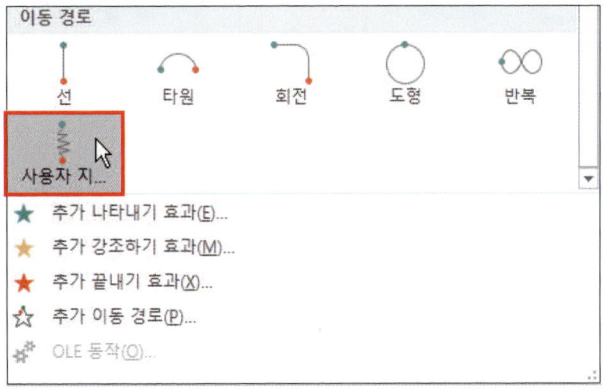

2 왼쪽 버튼 클릭을 통해 원하는 궤적을 생성하고, 크기조정, 경로 회전, 시작위치 등을 조정할 수 있다.

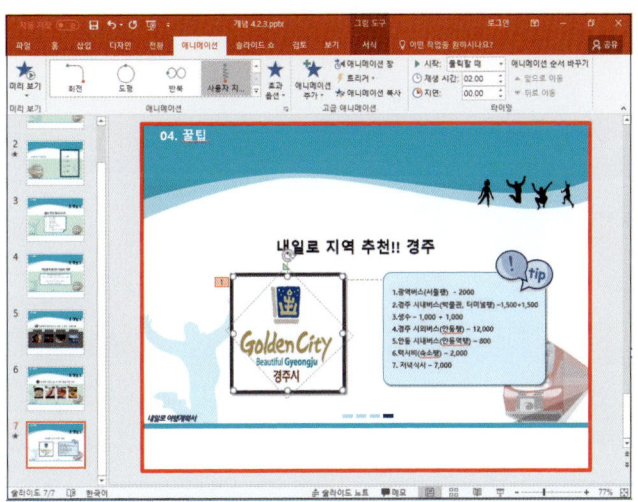

3 [애니메이션] 탭-[애니메이션] 그룹-[효과 옵션] 명령을 클릭하면 효과 옵션 목록이 나타난다.

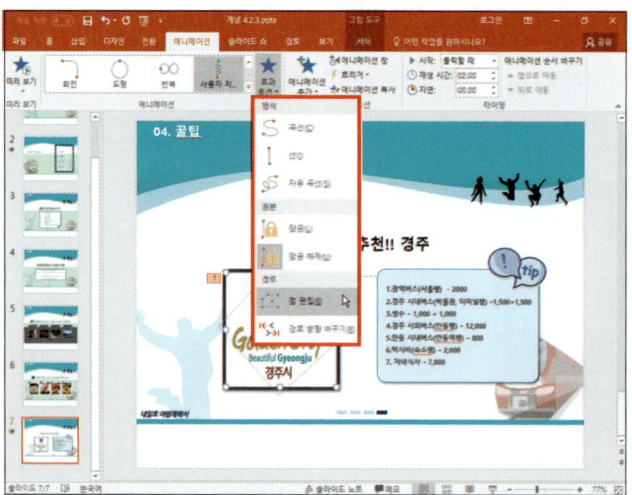

① **점 편집** : 궤적이 꺾이는 point 지점을 미세 조정할 수 있다.
② **경로 방향 바꾸기** : 경로의 시작점과 종료점이 뒤바뀐다.

"연습 4.2.3" 파일을 열어 7번 공에 '선' 애니메이션을 적용하여 1번 공으로 날아가고, 1번 공에 '사용자 지정 이동경로'를 설정하여 벽에 맞고 튕겨나도록 궤적을 조정하시오.

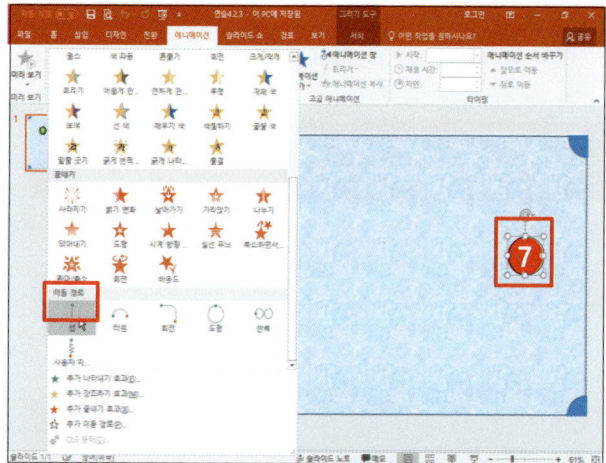

1. 7번 공 개체를 선택한다.

2. [애니메이션] 탭의 [애니메이션] 그룹에서 자세히 버튼(▼)을 클릭한다.

3. 이동 경로 목록에서 선 효과를 클릭한다.

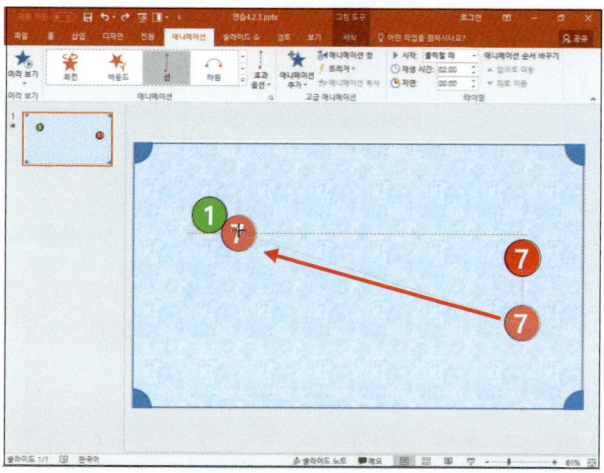

4. 7번 공 개체를 선택하면 보이는 노란색 point를 마우스로 드래그하여 1번 공으로 궤적을 조정한다.

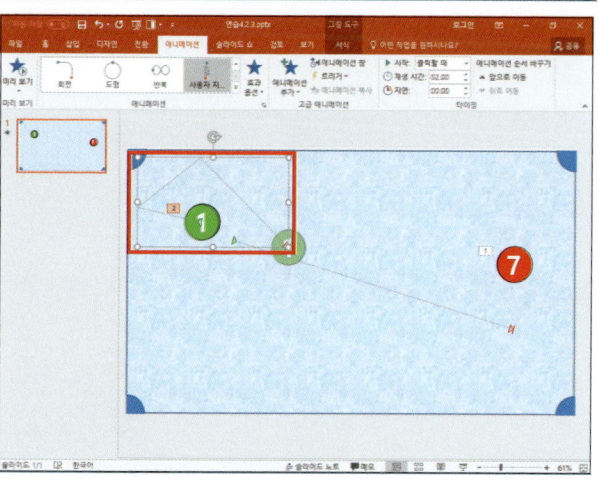

5. 1번 공 개체를 선택한 후 [애니메이션] 그룹의 이동경로에서 사용자 지정을 선택한 후, 벽에 튕기는 것처럼 보이도록 point를 찍어 궤적을 생성한다.

chapter 04 **애니메이션 및 화면 전환 사용**

실전 활용 예제_18

18. 당구 파일을 열고, 다음 문제를 풀이하시오.

(1) <결과 파일>과 같이 도형이 이동하도록 구성하시오.

결과 파일

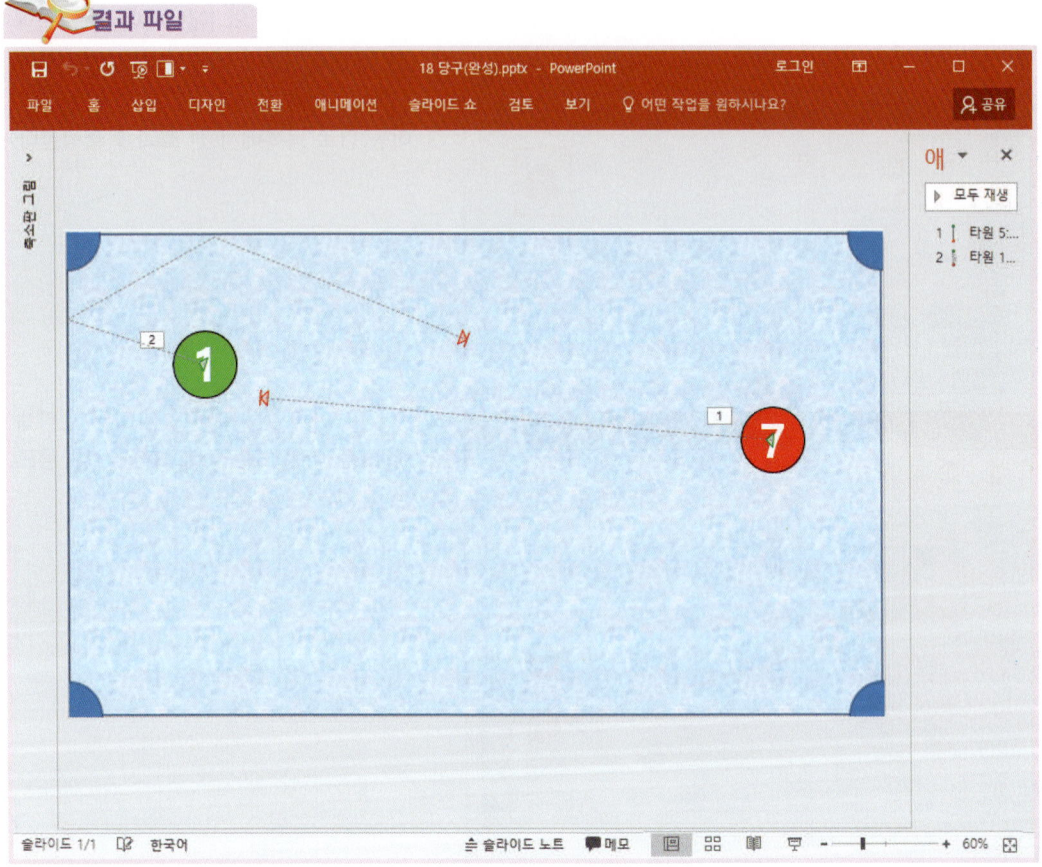

문제 풀이에 필요한 기능

애니메이션 – 이동 경로

실전 활용 예제_19

19. 인지 파일을 열고, 다음 문제를 풀이하시오.

(1) 슬라이드1 '인지도 조사' 차트에 '도형-다이아몬드' 이동 경로 효과를 적용하시오.

(2) 슬라이드2의 SmartArt 그래픽에 '확장' 나타내기 효과를 적용하시오.

결과 파일

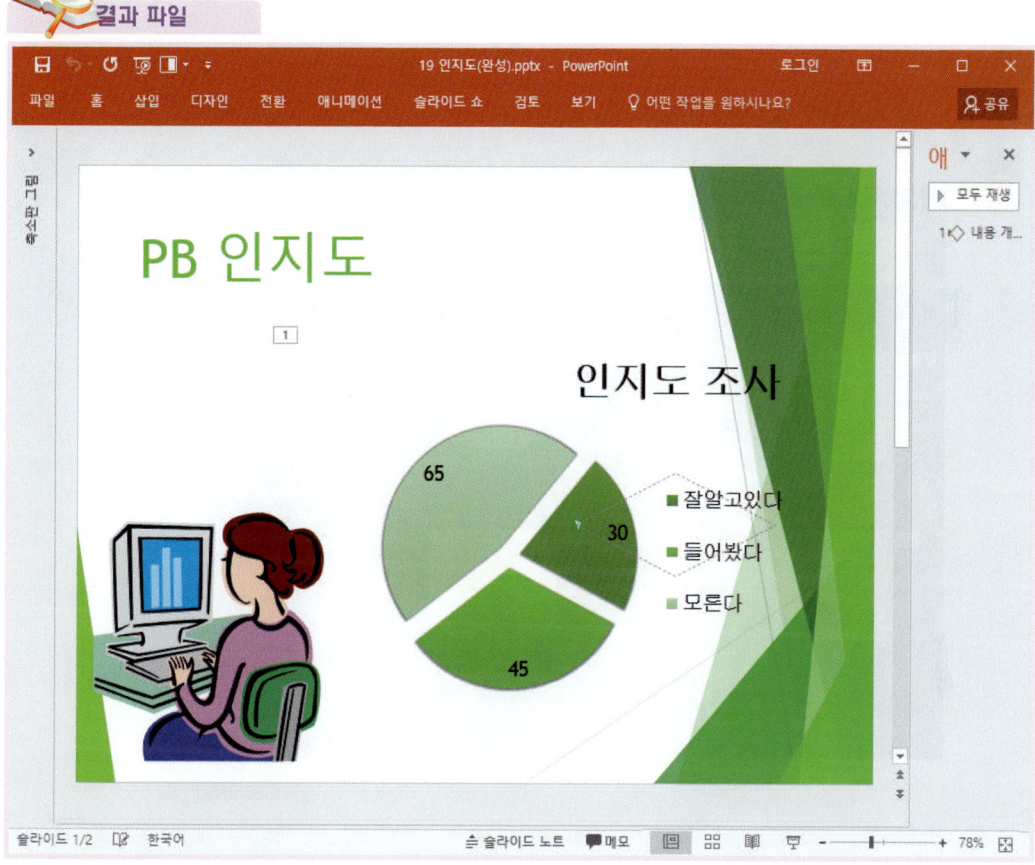

문제 풀이에 필요한 기능

애니메이션 – 이동 경로, 추가 나타내기 효과

실전 활용 예제_20

20. 스토리보드 파일을 열고, 다음 문제를 풀이하시오.

(1) <결과 파일>을 참고하여 슬라이드를 만드시오.

(2) 장면1부터 장면4까지 서로 다른 애니메이션 효과를 적용하여 순서대로 나타나게 하시오.

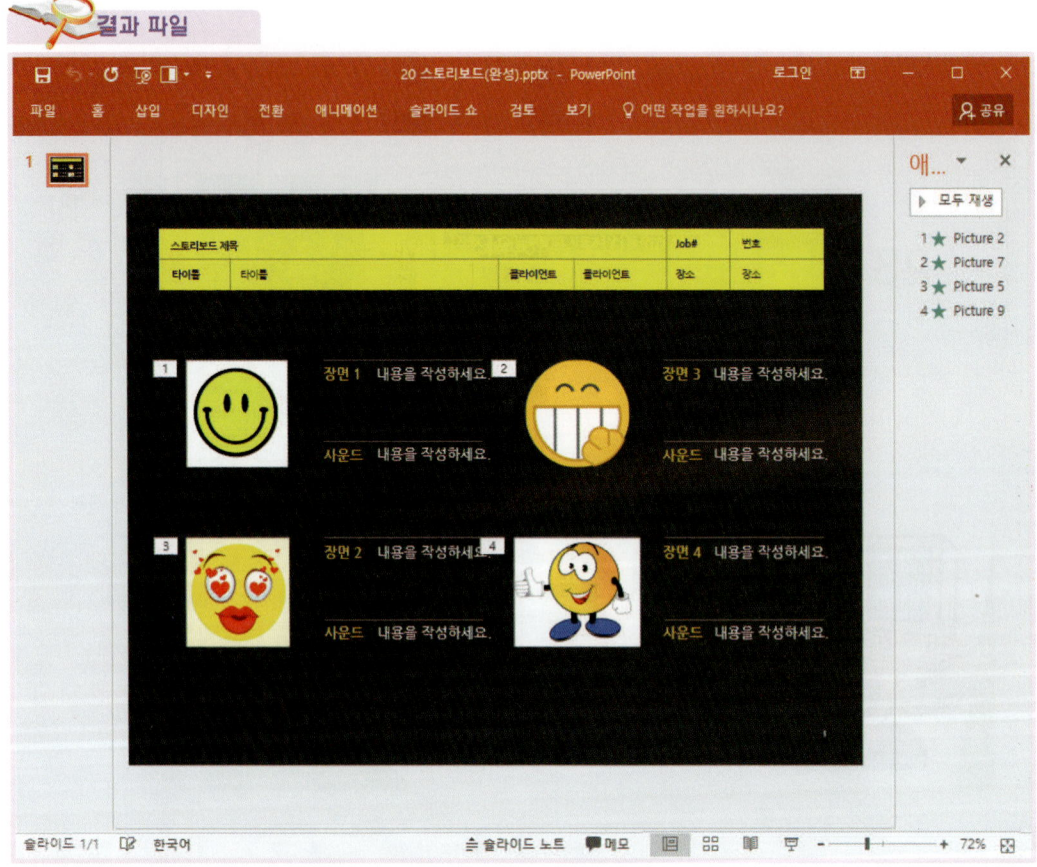

애니메이션

section 3 전환 및 애니메이션 설정하기

1. 전환 타이밍 설정

<전환 타이밍 설정>을 통하여 화면 전환 시 소리 효과를 주거나, 애니메이션 효과를 주었을 때, 화면 전환 속도를 조절할 수 있다. 또한 마우스 클릭으로 슬라이드를 넘기도록 트리거를 설정할 수 있고, '다음 시간 후' 기능을 적용하면 자동으로 다음 슬라이드로 전환되도록 설정할 수 있다. 모두 적용을 하면 슬라이드마다 적용되는 전환효과를 간단하게 통합시킬 수 있다. 전환 타이밍 설정 기능을 사용하면 더욱 손쉽게 슬라이드 전환 효과를 설정하는 것이 가능해진다.

❶ [전환] 탭-[타이밍] 그룹을 통해 속도와 소리의 효과를 선택하고 화면 전환의 시점을 설정하면 즉시 슬라이드에 그 결과가 지정되어 나타난다.

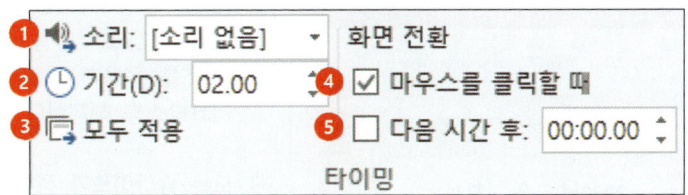

❶ 소리 : 화면 전환 시 소리 효과를 추가한다.
❷ 기간 : 화면 전환 속도를 조절한다.
❸ 모두 적용 : 설정한 화면 전환 효과를 모든 슬라이드에 적용한다.
❹ 마우스를 클릭할 때 : 슬라이드 쇼를 진행할 때 마우스를 클릭하면 다음 슬라이드로 전환된다.
❺ 다음 시간 후 : 설정한 시간이 지나면 자동으로 다음 슬라이드로 전환된다.

연습문제

"연습 4.3.1" 파일을 열어 슬라이드의 화면이 0.5초마다 2.5초에 걸쳐 자동으로 전환이 이루어지도록 타이밍을 적용하시오.

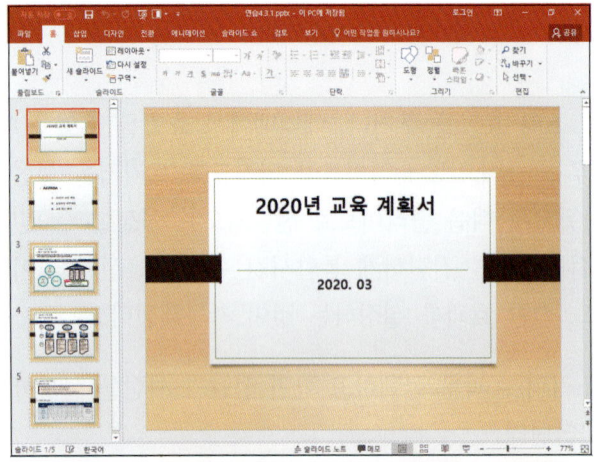

1. 하나의 슬라이드를 선택한다.

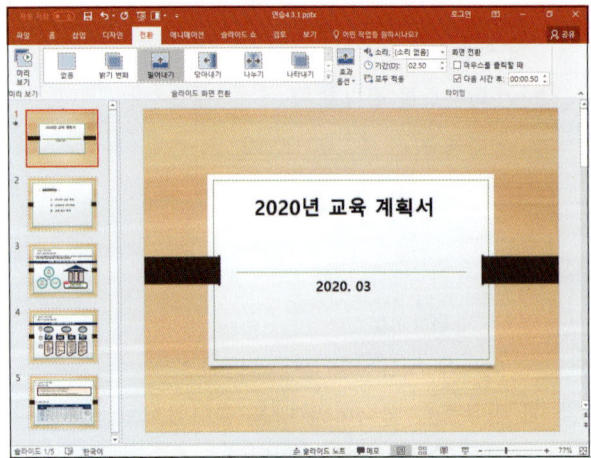

2. [전환] 탭의 [타이밍] 그룹에서 '기간' 속성에는 2.5초, '다음 시간 후' 속성에는 0.5초를 적용하고 '마우스를 클릭할 때' 체크박스를 해제한다.

3. 모든 슬라이드가 정해진 시간에 걸쳐 자동으로 전환이 되도록 '모두 적용'을 체크한다.

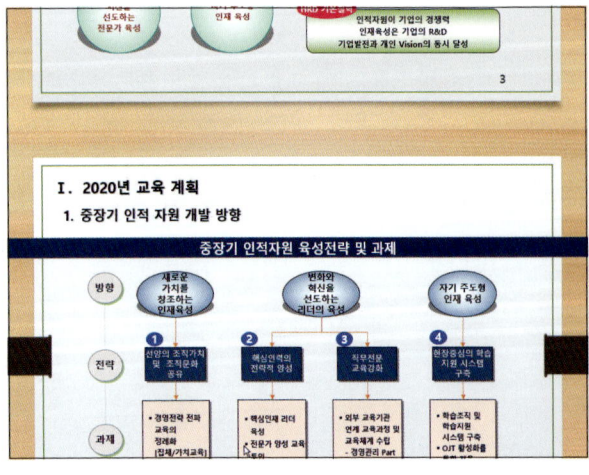

4. 키보드의 F5 키 또는 미리보기 버튼을 눌러 슬라이드가 0.5초마다 2.5초에 걸쳐 자동으로 전환이 이루어지는 것을 확인할 수 있다.

2. 애니메이션 타이밍 설정

<애니메이션 타이밍 설정>을 하면 지연 시간과 재생시간, 시작 방법을 설정할 수 있으므로 애니메이션을 더욱 자연스럽게 표현할 수 있다.

애니메이션이 적용된 개체를 선택한 후, [애니메이션] 탭-[타이밍] 그룹을 통해 시작 옵션을 변경하거나 지연 시간과 재생 시간을 조정한다.

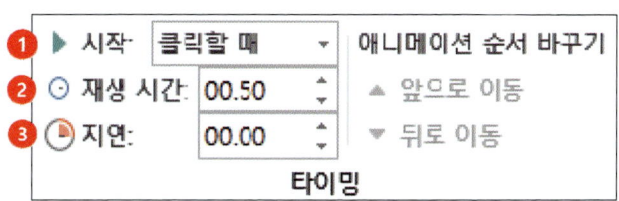

❶ **시작** : '클릭할 때' 옵션은 마우스를 클릭할 때 애니메이션이 시작된다. '이전 효과와 함께' 옵션은 이전 효과와 동시에 시작된다. '이전 효과 다음에' 옵션은 이전 효과가 나타난 후 재생된다.

❷ **재생 시간** : 선택된 애니메이션이 재생되는 속도이다.

❸ **지연** : 이전 애니메이션과 현재 애니메이션 사이의 지연 시간을 지정한다. 이전 애니메이션 효과가 재생된 후 설정된 지연 시간이 지나면 현재 선택된 애니메이션이 재생된다.

"연습 4.3.2" 파일을 열어 마우스를 클릭하면, 자동으로 애니메이션 항목들이 실행되도록 타이밍을 설정하시오.

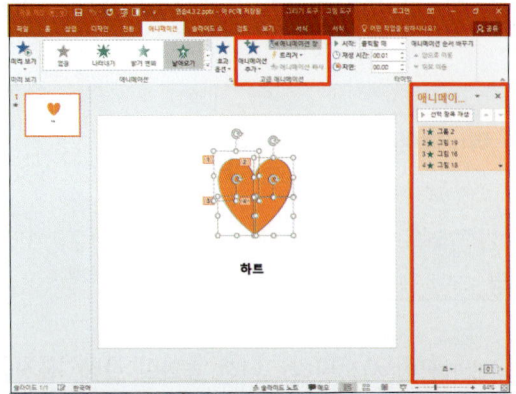

1. 4등분 되어 있는 하트모양 개체를 선택한 후, [애니메이션] 탭에서 [고급 애니메이션] 그룹의 애니메이션 창을 클릭한다.

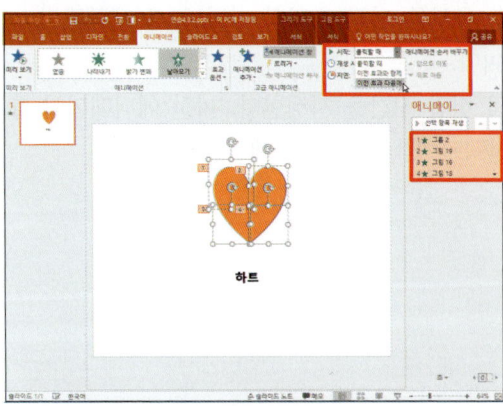

2. 애니메이션 항목 1번~4번까지 모두 선택 후(SHIFT 키 활용), [타이밍] 그룹에서 시작 속성에 '이전효과 다음에'를, 재생 시간은 1초로 적용한다.

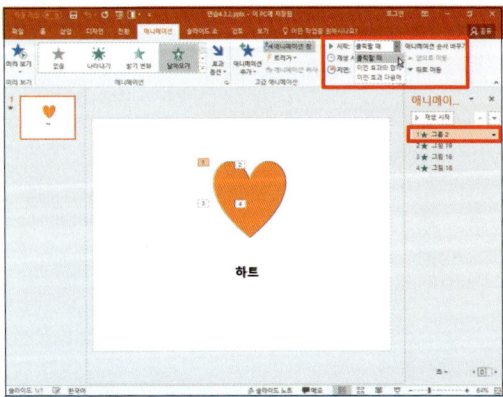

3. 애니메이션 항목 1번을 선택 후, [타이밍] 그룹에서 시작 속성을 '클릭할 때'로 적용한다.

4. F5 키를 눌러 마우스 클릭 시 자동으로 애니메이션이 동작하는 것을 확인할 수 있다.

3. 애니메이션 창에서 애니메이션 관리(예제 위치 : 본문/개념4.3.3)

<애니메이션 창>은 애니메이션의 옵션과 순서를 보여준다. 애니메이션이 지정된 순서대로 목록을 작성하여 보여주며 순서는 변경이 가능하다. 재생을 눌러 애니메이션의 실행 장면을 미리보기 할 수 있으며 세부적인 옵션조정을 할 수 있다.

1 [애니메이션] 탭-[고급 애니메이션] 그룹의 [애니메이션 창] 명령을 선택하면 [애니메이션 창] 작업창이 표시된다.

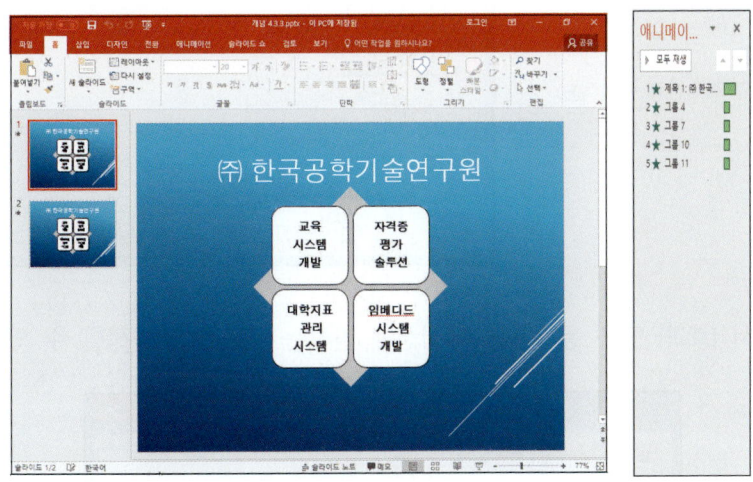

2 [애니메이션 창]에서 원하는 애니메이션을 선택한 후 마우스로 드래그하면 애니메이션의 순서를 쉽게 바꿀 수 있다.

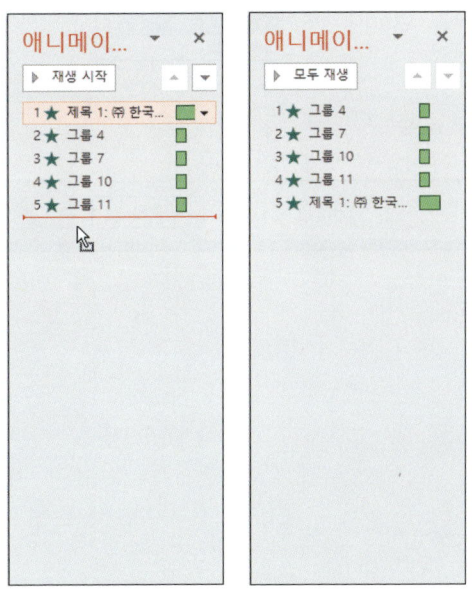

3 [애니메이션 창]-애니메이션 선택 후, [오른쪽마우스]-[효과옵션]을 클릭하면 다음과 같이 대화 상자가 표시된다. 대화 상자에서 효과, 타이밍, 텍스트 애니메이션 설정을 할 수 있다.

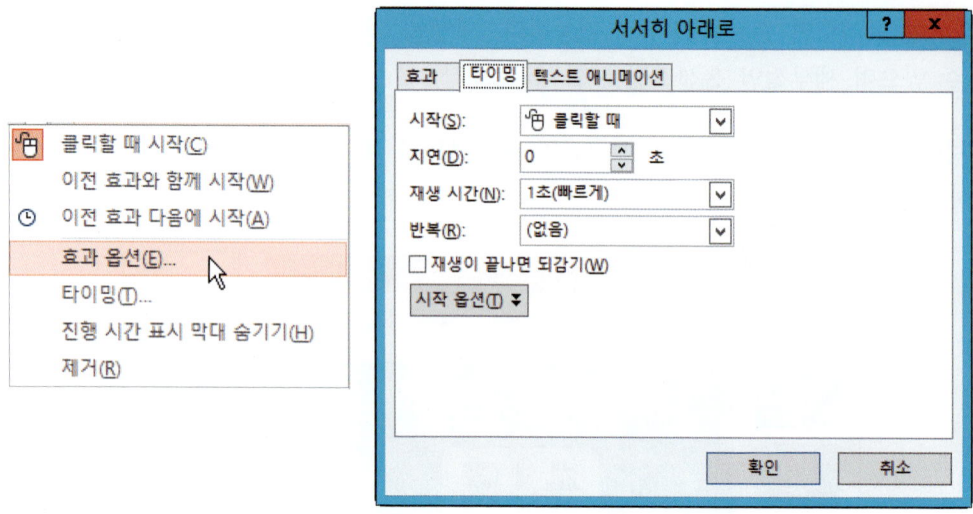

4 [효과옵션]에서 [효과] 탭을 통해 애니메이션에 원하는 사운드를 설정할 수 있다.

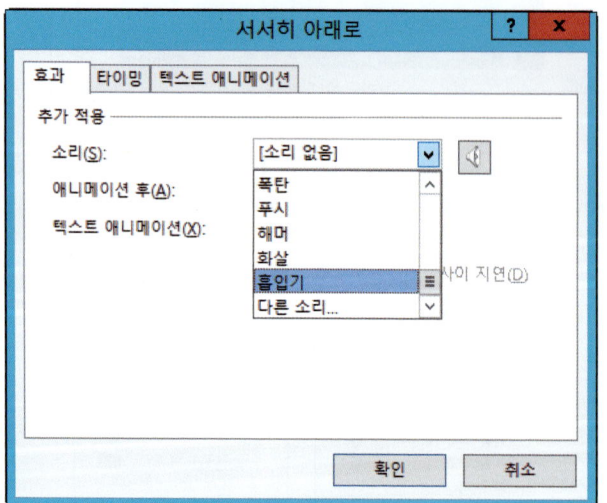

"연습 4.3.3" 파일을 열어 엉망으로 되어있는 애니메이션 순서를 왼쪽 위에서부터 차례대로 효과가 나타나도록 적용하시오.

1. 엉망으로 되어있는 애니메이션 순서를 확인한다.

2. 슬라이드를 선택한 후, [애니메이션] 탭에서 [고급 애니메이션] 그룹의 애니메이션 창을 클릭한다.

3. 애니메이션 창을 통해 애니메이션 순서가 엉망으로 되어있는 것을 확인할 수 있다.

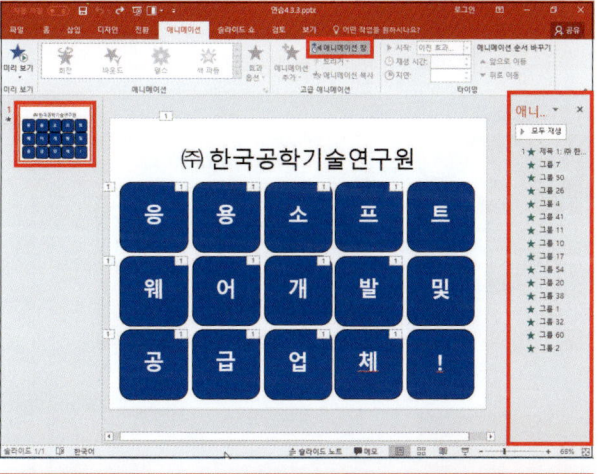

4. 개체를 클릭하면 해당 개체의 애니메이션 항목이 애니메이션 창에 선택된다.

5. 개체를 하나씩 클릭하면서 애니메이션 창에서 애니메이션 항목을 맞는 자리에 드래그하여 위치시킨다.

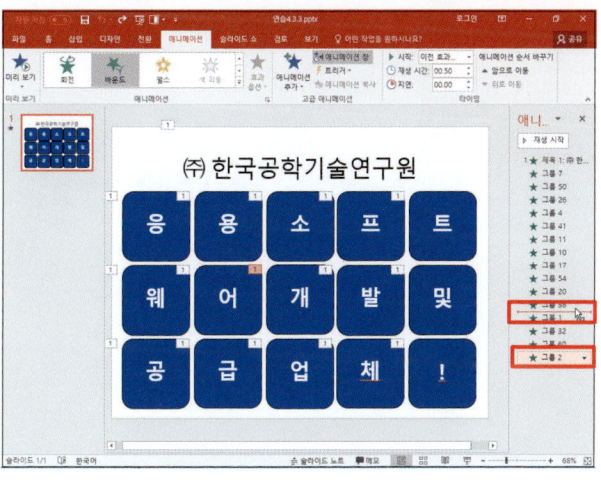

실전 활용 예제_21

21. 레시피 파일을 열고, 다음 문제를 풀이하시오.

(1) 모든 슬라이드에 '밝기 변화' 화면 효과를 적용하시오.

(2) 화면 전환 효과 기간을 '2'초 동안, '5'초에 걸쳐 자동으로 전환이 이루어지도록 타이밍을 적용하시오.

(3) 제목 슬라이드에만 '닦아내기' 화면 효과를 적용하고 화면 전환 효과 기간을 '03.00 초'로 적용하시오.

결과 파일

문제 풀이에 필요한 기능

전환

실전 활용 예제_22

22. 자기소개서 파일을 열고, 다음 문제를 풀이하시오.

(1) 슬라이드1의 애니메이션을 첫 번째를 제외한 모든 항목이 이전 효과 다음에 시작되도록 타이밍을 설정하시오.

(2) 슬라이드2의 텍스트 상자의 애니메이션이 첫 번째가 되도록 순서를 변경한 후 재생 시간을 5초, 지연을 2초로 설정하시오.

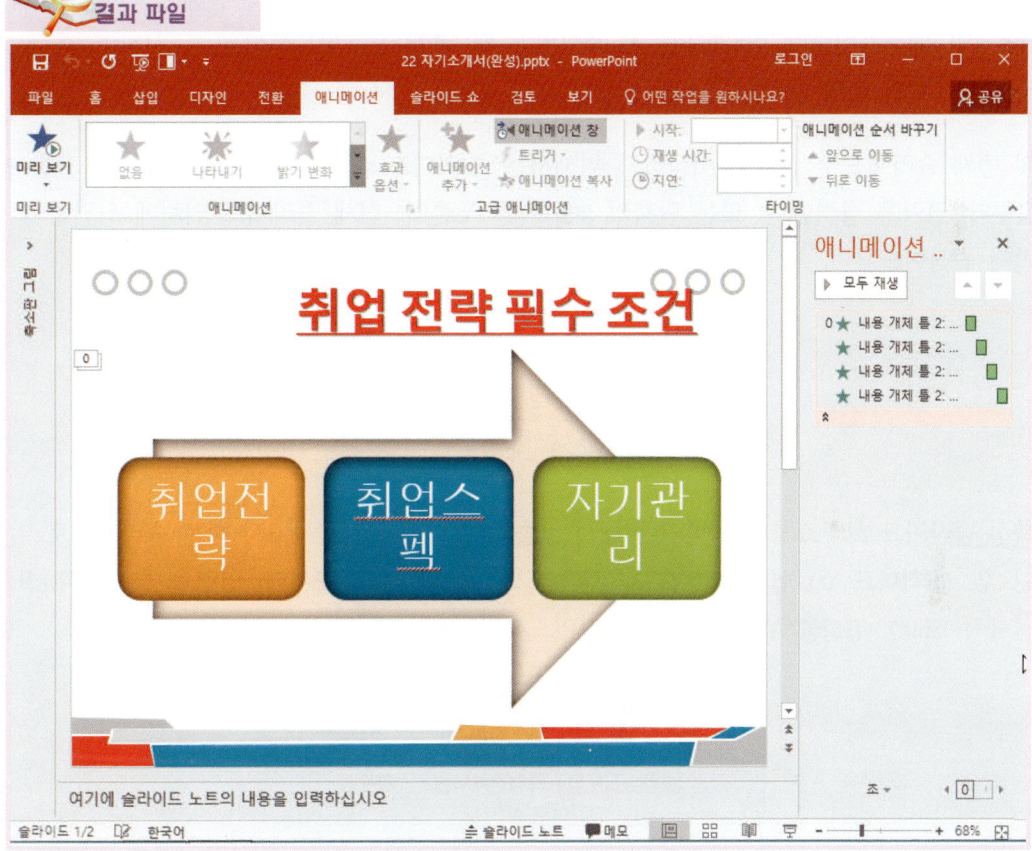

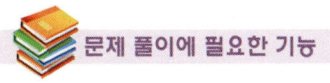

애니메이션

section 4 슬라이드 쇼 구성 및 설정

1. 슬라이드 쇼 구성(예제 위치 : 본문/개념4.4.1)

- 쇼 시작

<슬라이드 쇼>는 실제 발표할 때 사용하는 화면 보기이다. 슬라이드 쇼를 통해 슬라이드에 적용된 각종 애니메이션과 미디어 개체를 볼 수 있다. 첫 번째 슬라이드부터 쇼를 시작할 수 있고, 상황에 따라 특정 슬라이드부터 쇼를 진행할 수도 있다.

1 첫 번째 슬라이드부터 쇼를 시작하기 위해서는 [슬라이드 쇼] 탭-[슬라이드 쇼 시작] 그룹-[처음부터] 명령을 클릭한다. 또는 단축키 [F5] 키를 누른다. 현재 슬라이드 위치에 상관없이 첫 번째 슬라이드부터 쇼가 시작된다.

2 특정 슬라이드부터 쇼를 진행하기 위해서는 슬라이드 쇼를 시작하고자 하는 슬라이드로 이동한 후, [슬라이드 쇼] 탭-[슬라이드 쇼 시작] 그룹-[현재 슬라이드부터] 명령을 클릭한다. 또는 단축키 [Shift] +[F5]를 누른다. 특정 슬라이드부터 쇼가 시작된다.

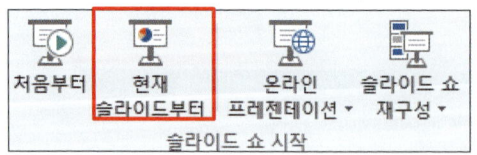

3 쇼가 시작되면 다음과 같은 방법을 통해 슬라이드 쇼를 진행한다.
- 마우스를 클릭하면 다음 슬라이드로 이동한다.
- 키보드의 [Page Up], [Page Down] 키를 눌러 이동한다.
- 화면 좌측 하단의 이동 단추(　) 또는 (　)를 클릭한다.
- 특정 슬라이드로 이동하려면 슬라이드 번호를 입력하고 [Enter] 키를 누른다.

4 쇼를 중단하기 위해서는 마우스 오른쪽 단추를 눌러 [쇼 마침] 메뉴를 클릭하거나 [ESC] 키를 누른다.

– 쇼 재구성

같은 내용의 프레젠테이션을 여러 번 진행할 경우 주어진 시간에 맞게, 청중에 맞게 수정해야 할 상황이 있다. <쇼 재구성>을 통해 매번 슬라이드를 편집하거나 슬라이드를 숨기는 것 보다는 필요한 슬라이드만 쇼를 진행할 수 있도록 재구성하는 것이 편리하다. 상황에 맞게 슬라이드 순서를 자유롭게 배치하고, 재구성한 슬라이드만 인쇄할 수 있다.

1 [슬라이드 쇼] 탭-[슬라이드 쇼 시작] 그룹-[슬라이드 쇼 재구성] 명령을 클릭하여 [쇼 재구성] 메뉴를 클릭한다.

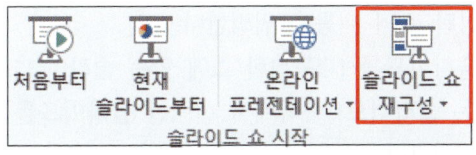

2 [쇼 재구성] 대화 상자가 나타나면 [새로 만들기] 단추를 클릭한다.

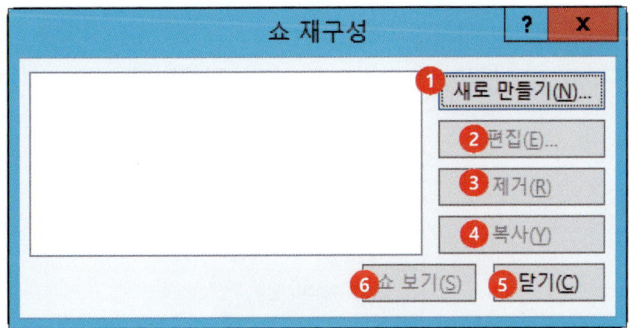

❶ **새로 만들기** : 쇼 재구성을 추가한다.
❷ **편집** : 선택된 재구성 쇼를 편집한다.
❸ **제거** : 선택된 재구성 쇼를 삭제한다.
❹ **복사** : 선택된 재구성 쇼의 복사본을 만든다.
❺ **닫기** : [쇼 재구성] 대화 상자를 종료한다.
❻ **쇼 보기** : 선택한 재구성 쇼가 슬라이드 쇼 보기로 진행된다.

3 [쇼 재구성하기] 대화 상자에서 [슬라이드 쇼 이름]에 쇼의 이름을 입력한다. [프레젠테이션에 있는 슬라이드] 목록에서 슬라이드를 선택하여 [추가] 단추를 클릭하면 [재구성한 쇼에 있는 슬라이드]로 이동한다. 재구성을 마치면 [확인] 단추를 클릭한다.

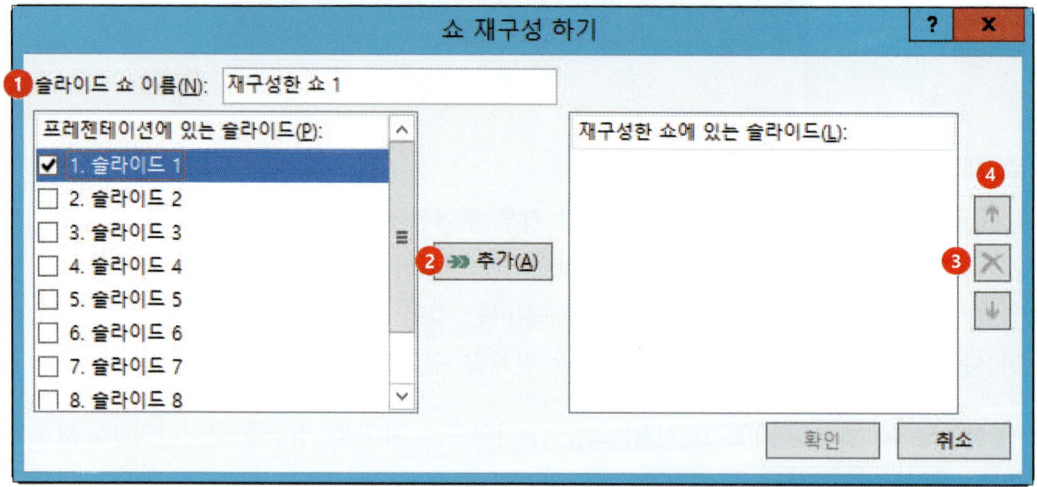

❶ **슬라이드 쇼 이름** : 재구성된 쇼의 이름을 입력한다.
❷ **추가** : 목록에서 선택한 슬라이드를 [재구성한 쇼에 있는 슬라이드]로 추가한다.
❸ **제거** : [재구성한 쇼에 있는 슬라이드] 목록에서 선택한 슬라이드를 제거한다.
❹ **이동** : 슬라이드 순서를 변경한다.

4 [쇼 재구성] 대화 상자가 다시 나타나면 [닫기] 단추를 클릭한다.

5 [슬라이드 쇼] 탭-[슬라이드 쇼 시작] 그룹-[슬라이드 쇼 재구성] 명령을 클릭하면 재구성한 쇼의 목록이 나타난다. 이를 선택하면 슬라이드 쇼가 진행된다.

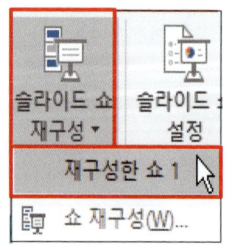

"연습 4.4.1" 파일을 열어 쇼이름 'CRS', 3, 4, 5, 6만 사용하여 슬라이드 쇼를 재구성하시오.

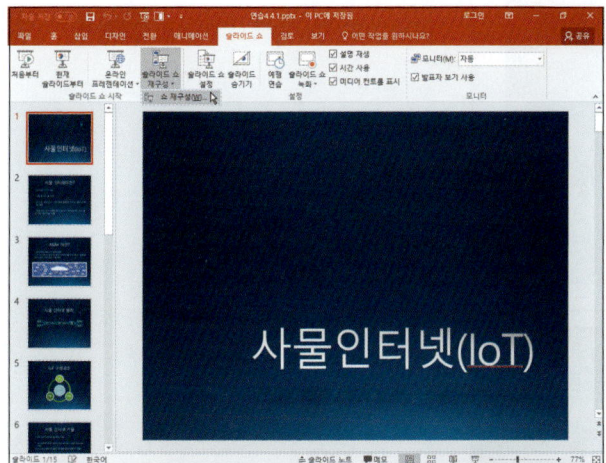

1. [슬라이드 쇼] 탭-[슬라이드 쇼 시작] 그룹-[슬라이드 쇼 재구성] 명령을 클릭하여 [쇼 재구성] 메뉴를 클릭한다.

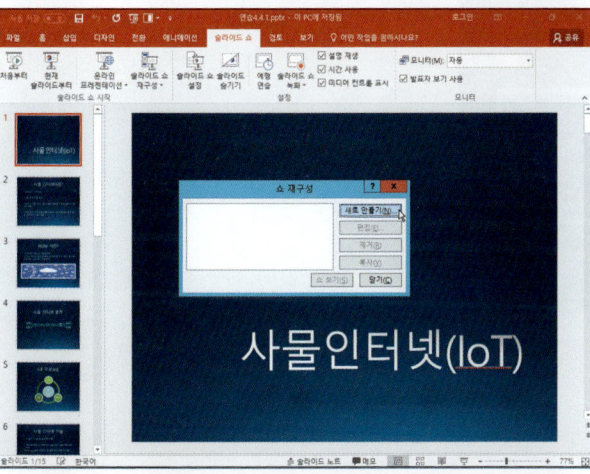

2. 새로 만들기를 클릭한다.

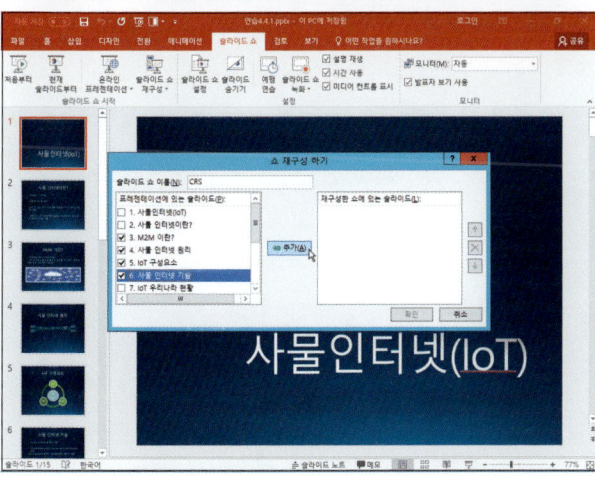

3. 쇼 이름을 'CRS'로 입력하고 슬라이드3, 4, 5, 6만을 선택 후 추가를 하고 확인을 누른다.

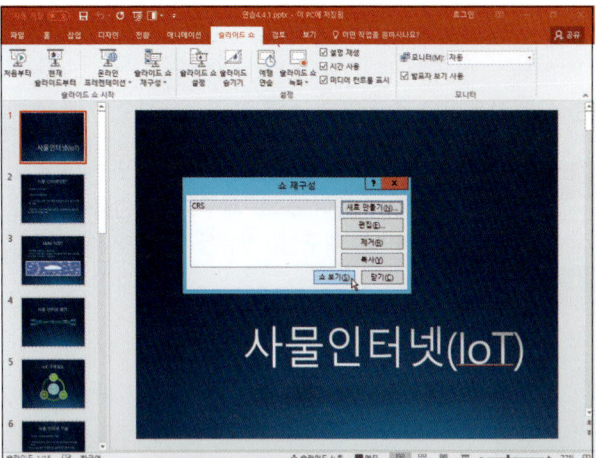

4. 쇼보기를 한다.

5. 실행 결과를 확인한다.

2. 슬라이드 쇼 프레젠테이션

- 쇼 설정

<쇼 설정>을 통해 슬라이드 쇼를 진행하는데 필요한 쇼 형식이나 슬라이드 표시, 표시 옵션, 화면 전환 등의 옵션을 변경할 수 있다.

❶ 슬라이드 쇼 설정 옵션을 변경하기 위해 [슬라이드 쇼] 탭-[설정] 그룹-[슬라이드 쇼 설정] 명령을 클릭한다.

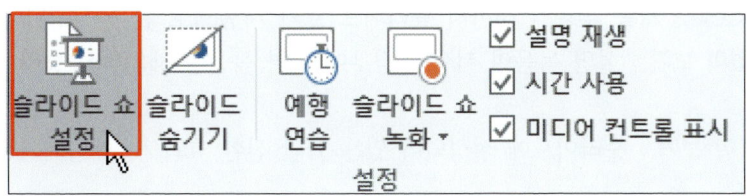

❷ [쇼 설정] 대화 상자가 나타난다.

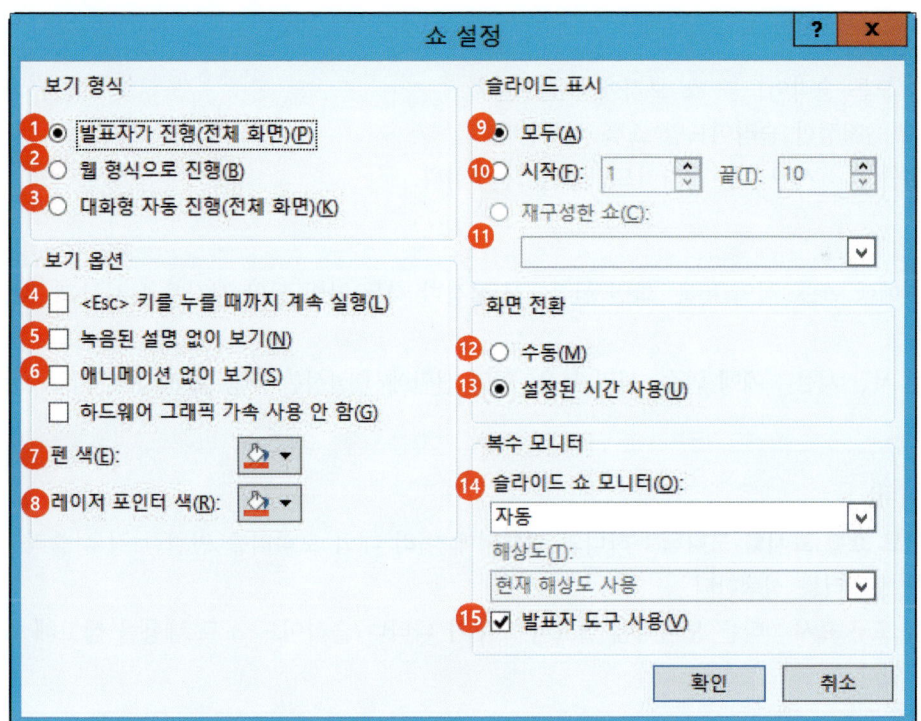

[쇼 형식]
① **발표자가 진행(전체 화면)** : 일반적인 슬라이드 쇼 형식으로 발표자가 직접 모니터 전체 화면으로 진행한다.
② **웹 형식으로 진행** : 웹 형식의 창으로 슬라이드 쇼를 진행한다.
③ **대화형 자동 진행(전체 화면)** : 예행 연습, 설명 녹음, 화면 전환에서 자동 화면 전환 시간이 설정된 경우 자동으로 반복해 슬라이드 쇼가 진행된다.

[표시 옵션]
④ **<ESC> 키를 누를 때까지 계속 실행** : 예행 연습, 설명 녹음, 화면 전환에서 자동 화면 전환 시간이 설정된 경우 <ESC> 키를 누르기 전까지 슬라이드 쇼가 자동으로 반복 진행된다.
⑤ **녹음된 설명 없이 보기** : 설명 녹음이 저장된 경우에 설명 녹음을 제외하고 슬라이드 쇼를 진행한다.
⑥ **애니메이션 없이 보기** : 슬라이드에 설정되어 있는 화면 전환 효과 및 애니메이션 없이 슬라이드 쇼를 진행한다.
⑦ **펜색** : 슬라이드 쇼에서 펜 도구를 사용할 경우 기본 잉크 색을 설정한다.
⑧ **레이저 포인터 색** : 레이저 포인터 도구를 사용할 경우 기본 색을 설정한다.

[슬라이드 표시]
⑨ **모두** : 모든 슬라이드를 쇼 보기에서 진행한다.
⑩ **시작/끝** : 지정한 슬라이드만 쇼를 진행한다.
⑪ **재구성한 쇼** : 재구성한 슬라이드만 쇼를 진행한다.

[화면 전환]
⑫ **수동** : 예행 연습, 설명 녹음, 화면 전환에서 설정한 자동 화면 전환 시간을 무시하고 수동으로 진행한다.
⑬ **설정된 시간 사용** : 예행 연습, 설명 녹음, 화면 전환에서 설정한 자동 화면 전환 시간으로 진행한다.

[복수 모니터]
⑭ **슬라이드 쇼를 표시할 모니터** : 하나의 컴퓨터에 여러 대의 모니터를 연결한 경우 슬라이드 쇼를 진행할 모니터를 선택한다.
⑮ **발표자 도구 표시** : 다른 모니터에 발표자 도구가 나타나 슬라이드 노트 내용을 참고해 쇼를 진행할 수 있다.

– 예행연습

<예행연습>을 통해 전체 프레젠테이션에 소요되는 발표 시간을 예측한다. 예행 연습을 하는 동안 왼쪽 상단의 화면 전환 시간을 사용하여 각 슬라이드를 발표하는 데 필요한 시간을 기록하고, 쇼를 마치면 소요된 시간을 저장할 수 있다.

1 [슬라이드 쇼] 탭-[설정] 그룹-[예행 연습] 명령을 클릭한다.

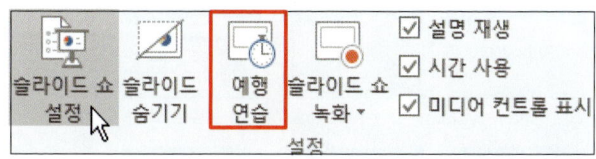

2 슬라이드 쇼가 시작되면 화면 왼쪽 상단에 다음과 같은 녹화 도구 모음이 표시된다. 예행 연습을 진행하면서 [다음] 명령( )을 클릭하거나 [Enter] 키를 눌러 다음 슬라이드로 이동한다.

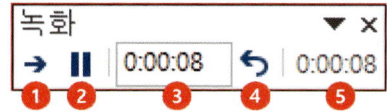

❶ **다음** : 다음 슬라이드로 이동한다.
❷ **일시 중지** : 예행 연습을 일시 중지한다.
❸ **슬라이드 소요 시간** : 현재 슬라이드의 소요 시간이 기록된다.
❹ **반복** : 현재 슬라이드에 소요된 시간을 초기화시켜 시간을 다시 기록한다.
❺ **총 소요 시간** : 전체 프레젠테이션에 소요된 시간을 기록한다.

3 마지막 슬라이드까지 예행연습을 진행하면, '슬라이드 쇼에 걸린 시간은 *:**:**입니다. 슬라이드 쇼를 볼 때 새 슬라이드 시간을 사용하시겠습니까?'라는 메시지 창이 나타난다. [예] 단추를 클릭한다.

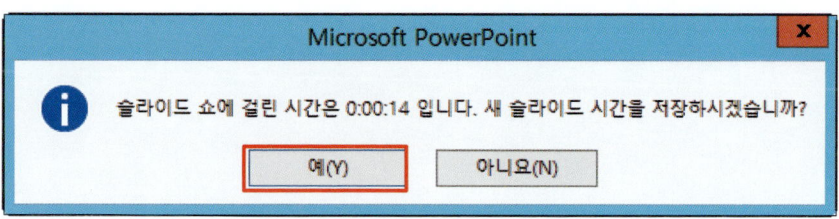

4 예행연습이 끝나면 화면이 여러 슬라이드 보기로 나타나며 각 슬라이드의 하단에 소요된 시간이 표시된다. 기록한 시간이 저장되었으므로 앞으로 슬라이드 쇼를 진행하면 설정된 시간에 맞춰 화면이 자동 전환된다.

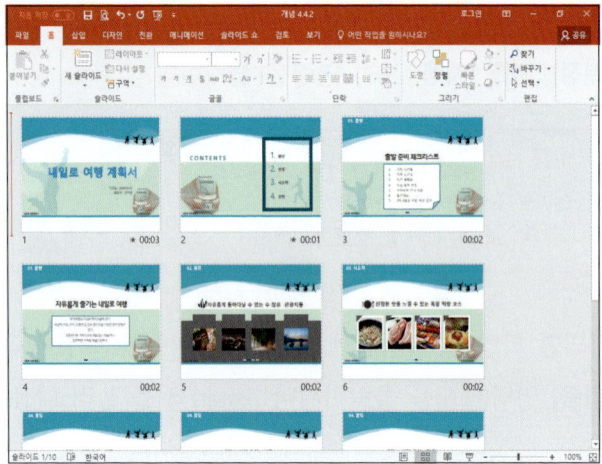

 **연습문제**

"연습 4.4.2" 파일을 열어 녹음된 설명 없이 보기 옵션을 사용하고, 펜 색을 '라임, 강조 3'로 설정하시오.

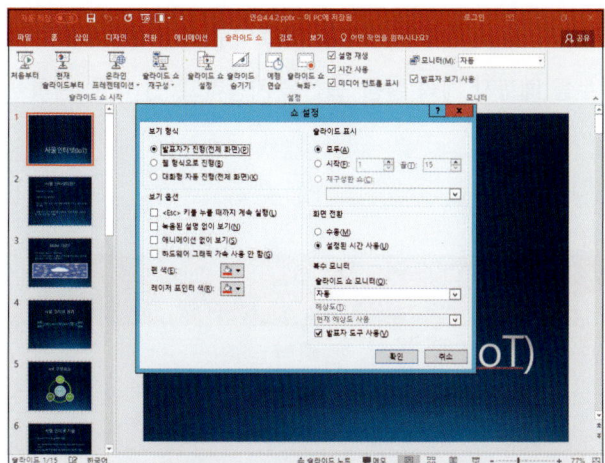

1. 슬라이드 쇼 설정 옵션을 변경하기 위해 [슬라이드 쇼] 탭-[설정] 그룹-[슬라이드 쇼 설정] 명령을 클릭한다.

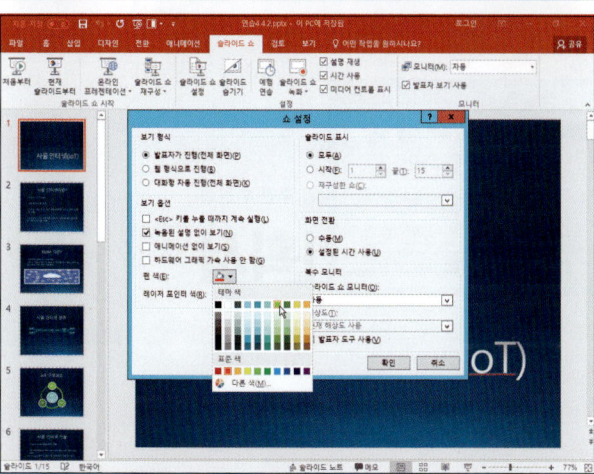

2. 녹음된 설명없이 보기 옵션을 선택하고, 펜 색을 설정해준다.

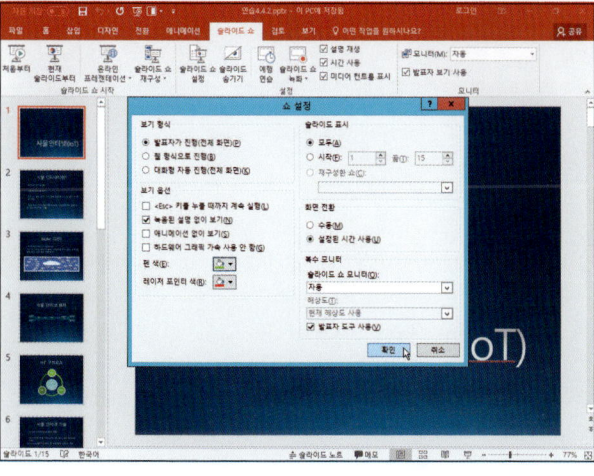

3. 확인을 클릭한다.

실전 활용 예제_23

23. 기획서 파일을 열고, 다음 문제를 풀이하시오.

(1) 슬라이드1, 2, 3만 포함된 사용자 지정 슬라이드 쇼를 만들어 이름을 '프로야구'로 지정하시오.

(2) 슬라이드 쇼 재구성 설정에서 '<Esc> 키를 누를 때까지 계속 실행' 옵션을 사용하고, 펜 색을 '황록색, 강조 3'으로 설정하시오.

결과 파일

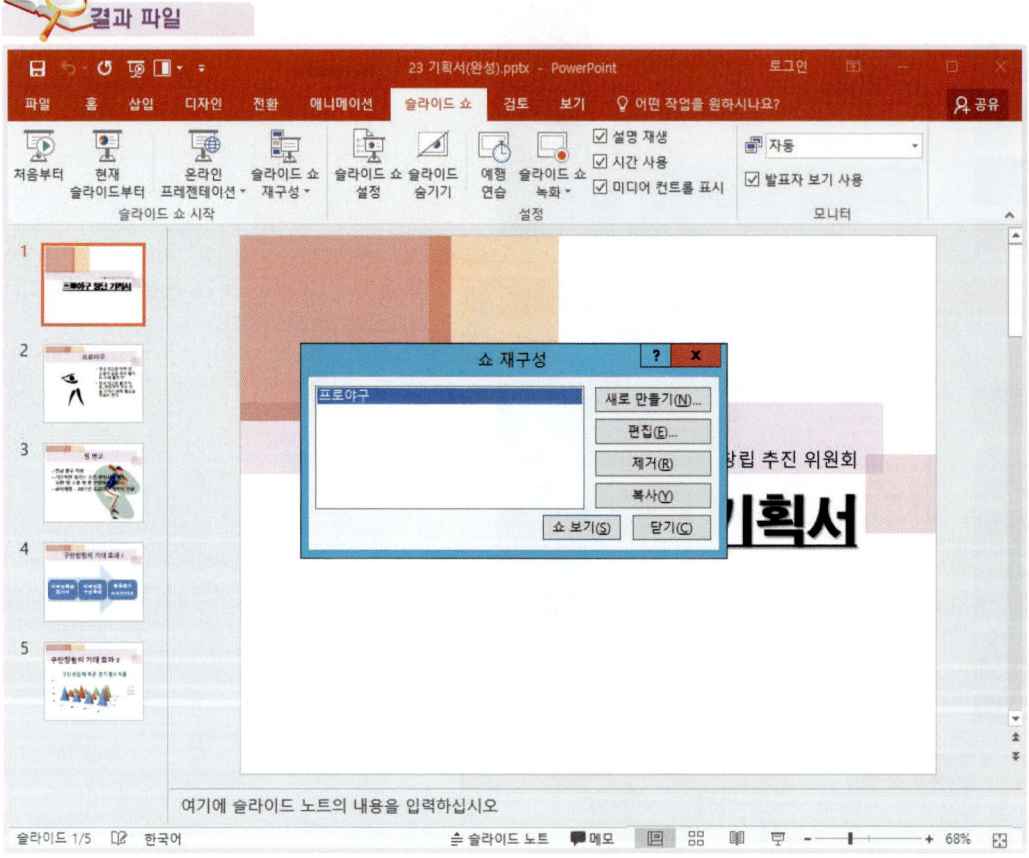

슬라이드 쇼 재구성

MOS PowerPoint 2016

프레젠테이션 배포 준비 및 배포

chapter 05

section 1 여러 프레젠테이션 내용 사용
section 2 변경 내용 추적 및 비교
section 3 프레젠테이션 보호 및 공유
section 4 프레젠테이션 인쇄 및 배포 준비

section 1 여러 프레젠테이션 내용 사용

1. 여러 프레젠테이션 표시(예제 위치 : 본문/개념5.1.1)

[보기] 탭의 [창] 그룹은 슬라이드들의 보기 상태를 나타낸다. <새 창>은 한 파일에 대하여 새로운 창을 열면 같은 파일을 여러 창으로 볼 수 있다. <계단식 정렬>은 화면에 열려 있는 문서들을 겹치도록 계단식으로 배열하는 것이다. <모두 정렬>은 두 개 이상의 파일을 열어 놓았을 때 여러 슬라이드 창이 동시에 보이도록 배열한다. 상호 비교하면서 새로운 슬라이드를 작성할 때 편리하게 사용할 수 있다.

1 [보기] 탭-[창] 그룹-[새 창] 명령을 클릭한다. 현재 프레젠테이션이 새 창으로 열리면 제목 표시줄에 '개념5.1.1:2'라고 표시된다. 두 창을 나란히 정렬하기 위해 [보기] 탭-[창] 그룹-[모두 정렬] 명령을 클릭한다.

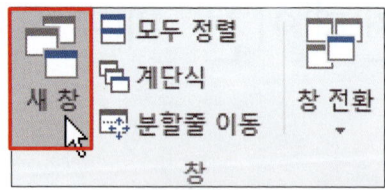 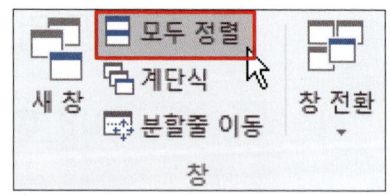

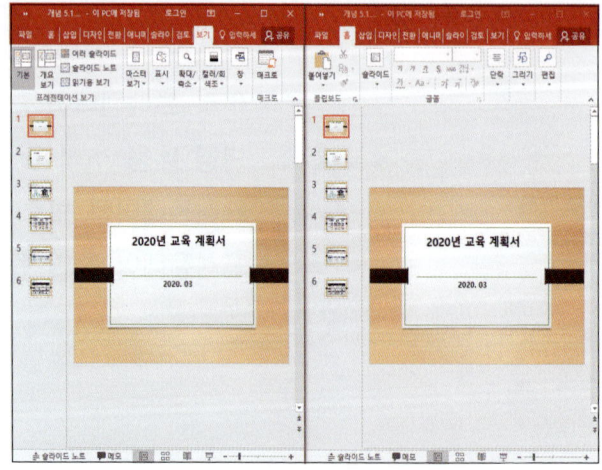

2 두 창을 계단식으로 정렬하기 위해 [보기] 탭-[창] 그룹-[계단식] 명령을 클릭한다.

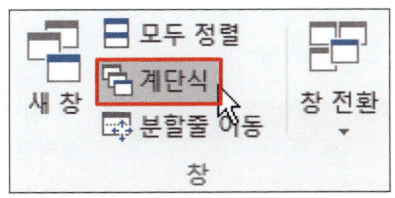

3 특정 창으로 이동하려면 [보기] 탭-[창] 그룹-[창 전환] 명령을 클릭하여 이동할 문서 이름을 선택한다. [창 전환]은 여러 개의 슬라이드를 나타낸 경우 선택한 슬라이드를 보여준다.

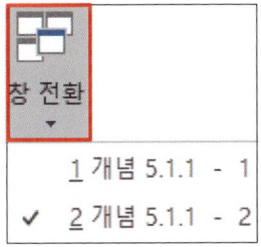

"연습 5.1.1" 창3개 열어서 계단식으로 정렬하시오.

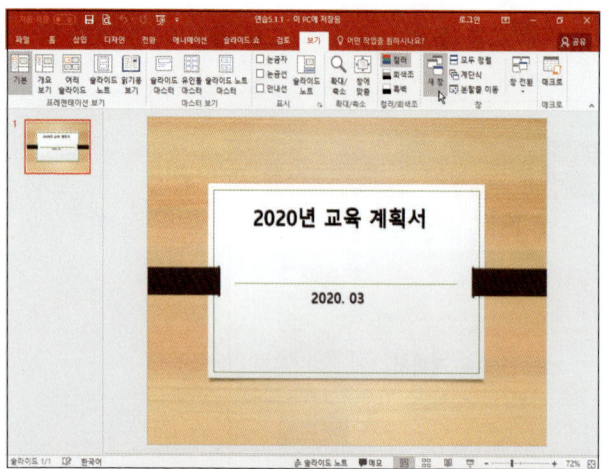

1. [보기] 탭-[창] 그룹-[새 창] 명령을 2번 클릭한다.

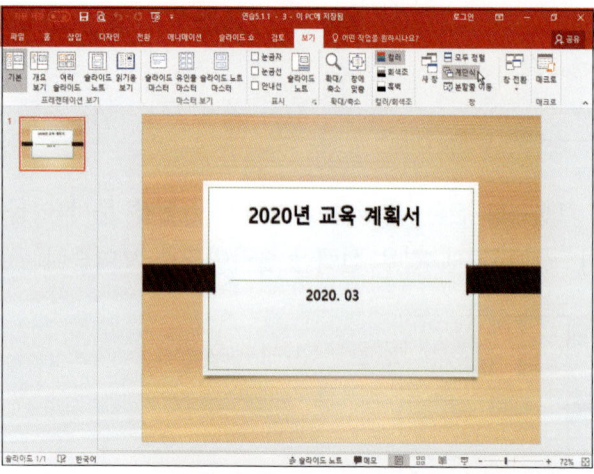

2. [보기] 탭-[창] 그룹-[계단식] 명령을 클릭한다.

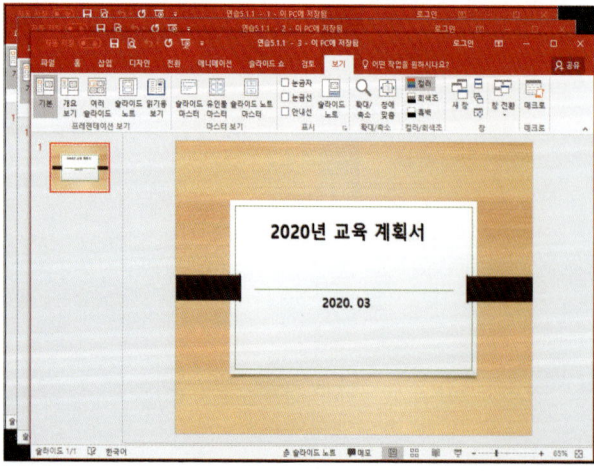

3. 정렬 결과를 확인한다.

2. 다른 프레젠테이션의 슬라이드 다시 사용(예제 위치 : 본문/개념5.1.2, 교육계획서)

다른 프레젠테이션의 슬라이드를 전체 또는 일부 가져와서 사용할 때 유용하다. <슬라이드 다시 사용>을 통해 예전에 작성해두었던 프레젠테이션 문서를 현재 프레젠테이션으로 가져와 재사용할 수 있다.

❶ 슬라이드1 다음에 다른 프레젠테이션에서 가져온 슬라이드를 삽입하고 싶을 경우 슬라이드1을 선택하고 [홈] 탭-[슬라이드] 그룹-[새 슬라이드] 명령의 목록 단추를 눌러 '슬라이드 다시 사용'을 클릭한다. [슬라이드 다시 사용] 작업창이 화면의 오른편에 실행되면 [찾아보기]-[파일 찾아보기] 명령을 클릭한다.

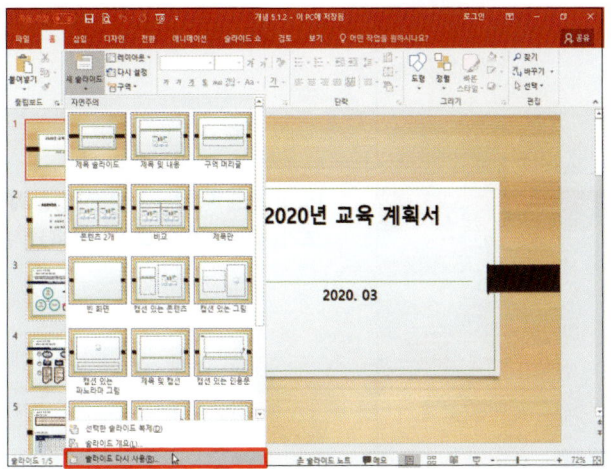
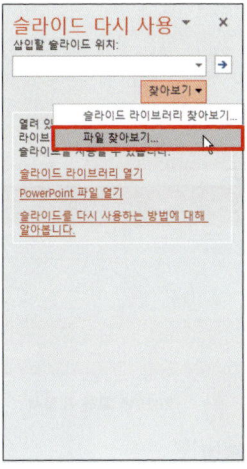

❷ [찾아보기] 대화 상자에서 슬라이드를 가져올 파일을 선택하고 [열기] 단추를 클릭한다. [슬라이드 다시 사용] 작업창에 선택한 프레젠테이션의 슬라이드 목록이 나타나고 이 목록에서 원하는 슬라이드를 클릭하면 슬라이드가 삽입된다.

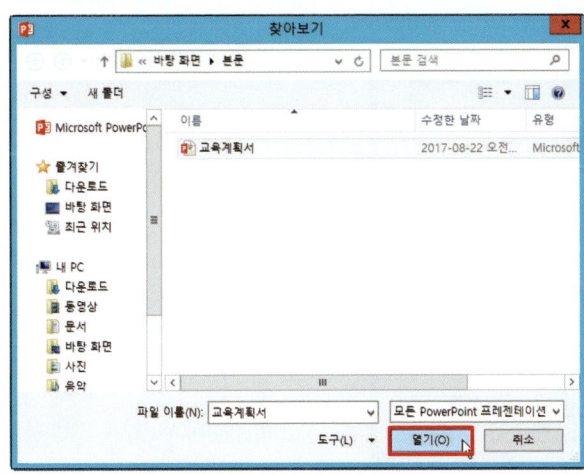
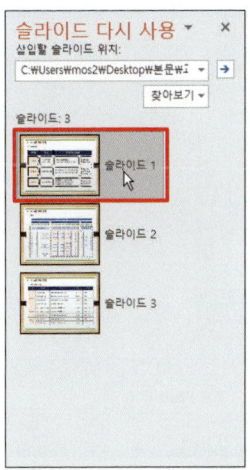

"연습 5.1.2" 파일을 열어 슬라이드1 다음에 "교육" 프레젠테이션의 슬라이드1과 2를 가져오시오.

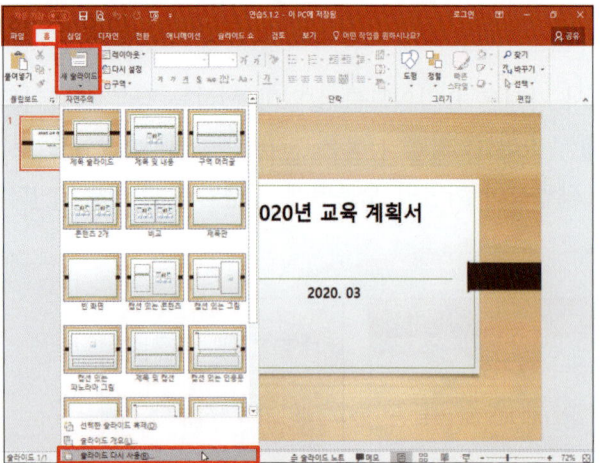

1. 슬라이드1을 선택하고, [홈] 탭–[슬라이드] 그룹–[새 슬라이드] 명령의 목록 단추를 눌러 [슬라이드 다시 사용]을 클릭한다.

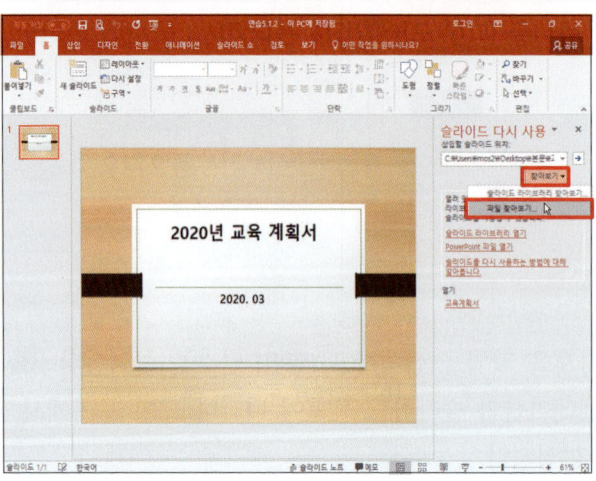

2. [슬라이드 다시 사용] 작업창에서 [찾아보기]–[파일 찾아보기] 명령을 클릭한다.

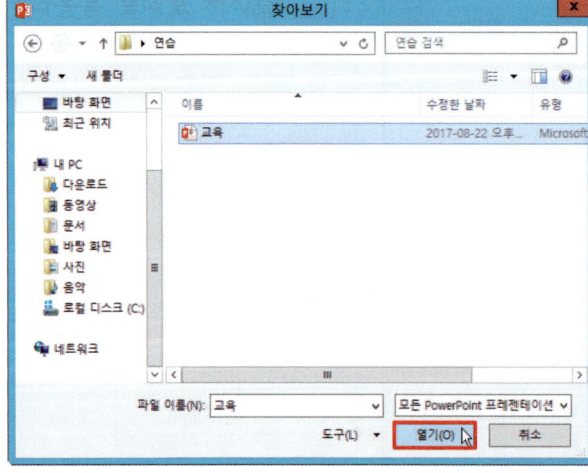

3. [찾아보기] 대화 상자에서 "교육"을 선택하고 [열기] 단추를 클릭한다.

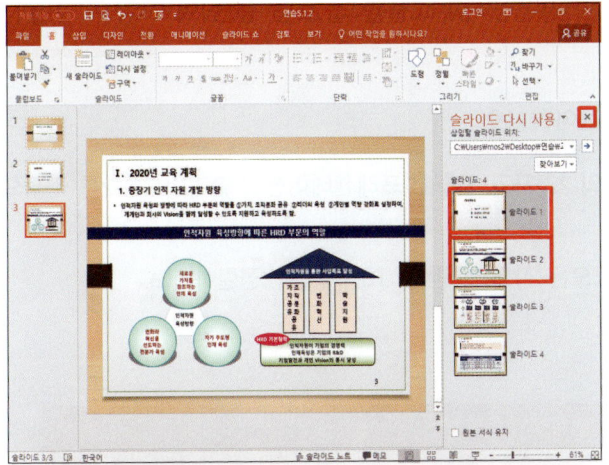

4. **[슬라이드 다시 사용]** 작업창에 선택한 프레젠테이션의 슬라이드 목록이 나타나고 이 목록에서 슬라이드1과 2를 클릭한 후 작업창의 **[닫기]** 명령을 클릭한다.

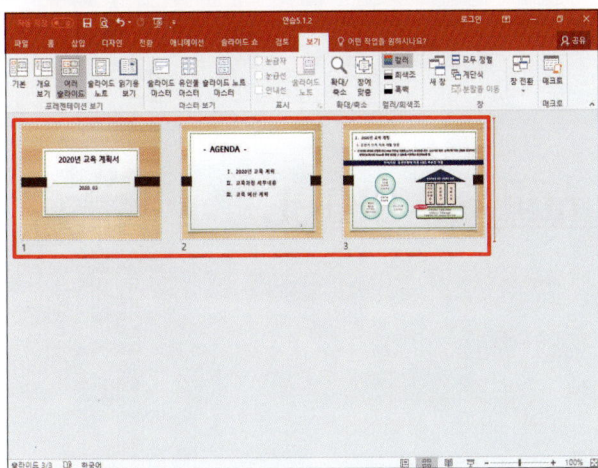

5. 슬라이드1 뒤에 2개의 슬라이드가 삽입되었다.

실전 활용 예제_24

24. 자기소개서 파일을 열고, 다음 문제를 풀이하시오.

(1) 제목 슬라이드 다음에 "실전활용예제 폴더의 22 자기소개서" 프레젠테이션의 슬라이드1~2를 가져오시오.

(2) 현재 프레젠테이션을 '새 창'에 표시한 후 모든 창이 '나란히' 표시되도록 정렬하시오.

결과 파일

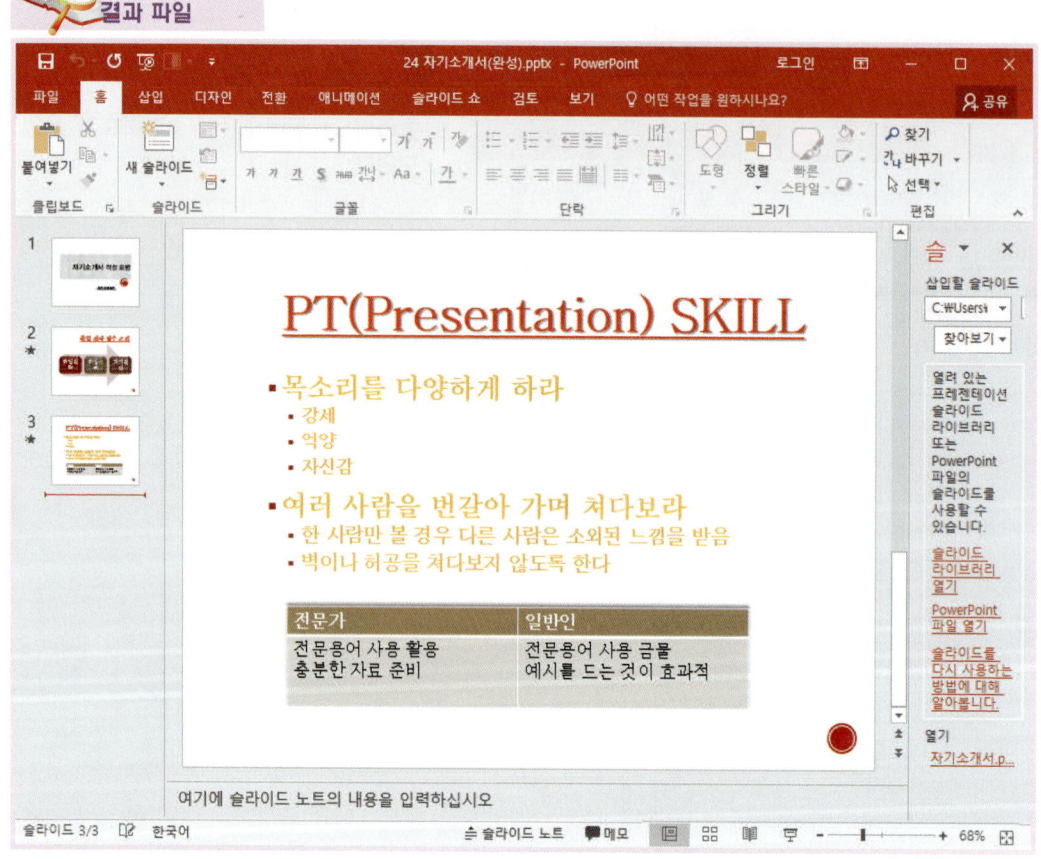

문제 풀이에 필요한 기능

새 슬라이드 – 슬라이드 다시 사용

section 2 변경 내용 추적 및 비교

1. 차이 비교, 조합 및 검토 (예제 위치 : "개념5.2.1", "개념5.2.1"(1차 수정))

공유한 프레젠테이션을 다른 작성자가 수정한 내용을 검토하려면 [검토] 탭의 [비교] 그룹을 통해 수정된 내용을 파악할 수 있다. 또 변경된 내용을 조합하여 새로운 프레젠테이션으로 저장할 수 있다.

1 [검토] 탭-[비교] 그룹의 리본메뉴를 통해 다른 프레젠테이션과 비교 및 검토할 수 있다.

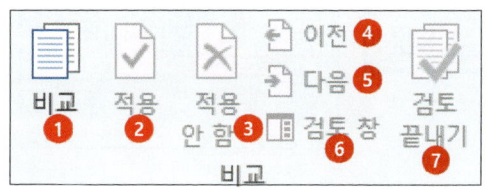

① **비교** : 다른 프레젠테이션과 현재 프레젠테이션을 비교하고 병합한다.
② **적용** : 변경 내용을 표시한다.
③ **적용 안 함** : 변경 내용을 표시하지 않는다.
④ **이전** : 슬라이드 순서로 이전 변경 항목으로 이동한다.
⑤ **다음** : 슬라이드 순서로 다음 변경 항목으로 이동한다.
⑥ **검토 창** : [수정] 작업창을 열고 닫는다.
⑦ **검토 끝내기** : 검토를 끝내고 변경 내용을 적용한다.

2 [검토] 탭-[비교] 그룹-[비교] 명령을 클릭한다.

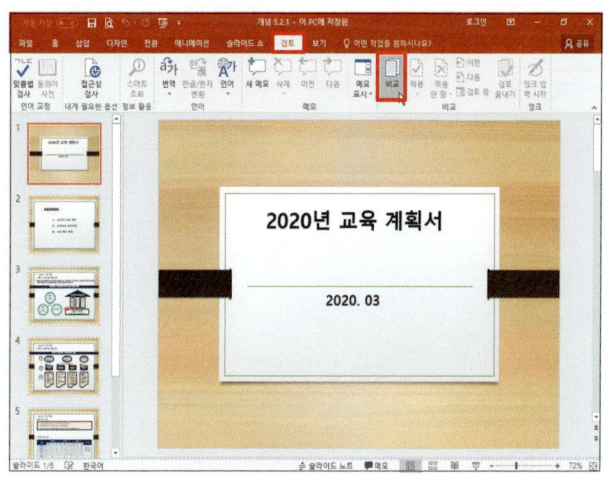

3 [현재 프레젠테이션에 병합할 파일 선택] 대화 상자에서 변경 내용을 확인하고자 하는 파일을 선택하고 [병합] 버튼을 클릭하면 [수정] 작업창에 '슬라이드 변경 내용'과 '프레젠테이션 변경 내용'이 표시된다. [슬라이드 목록]이나 [수정] 작업창에서 변경된 항목의 선택영역을 체크하면 변경 내용이 표시된다. 체크를 해제하면 변경 내용이 표시되지 않는다.

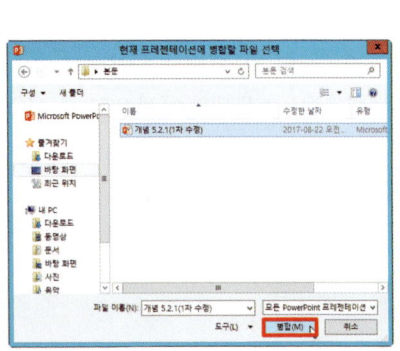
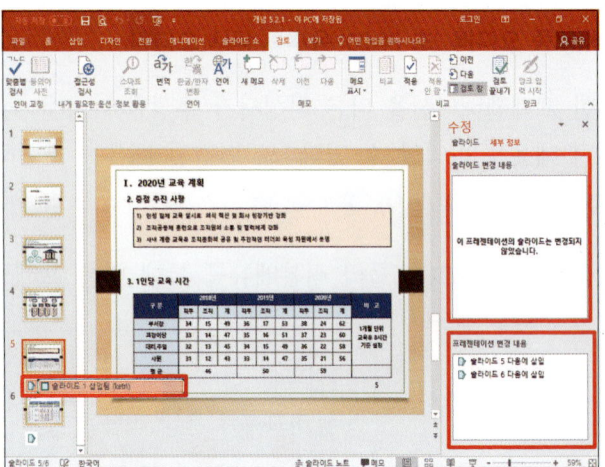

4 변경 내용 선택이 완료되면 [검토] 탭-[비교] 그룹-[검토 끝내기] 명령을 클릭하고 [예] 버튼을 클릭하면 검토가 끝나고 선택된 변경 내용이 적용된다.

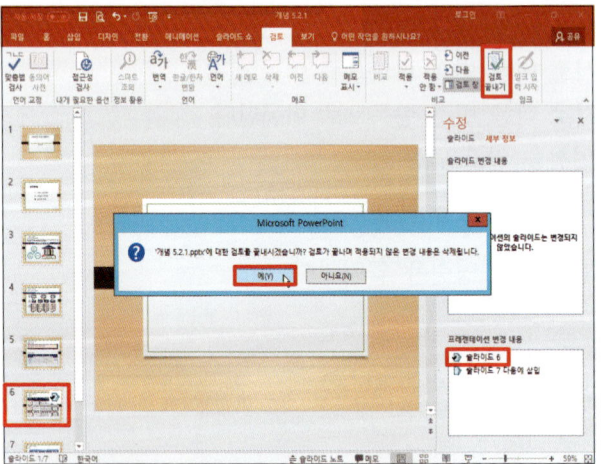

"연습 5.2.1" 파일을 열어 "연습 5.2.1(1차 수정)" 프레젠테이션과 비교하여 '1번' 슬라이드와 '3번' 슬라이드 뒤에 변경된 항목을 적용하시오.

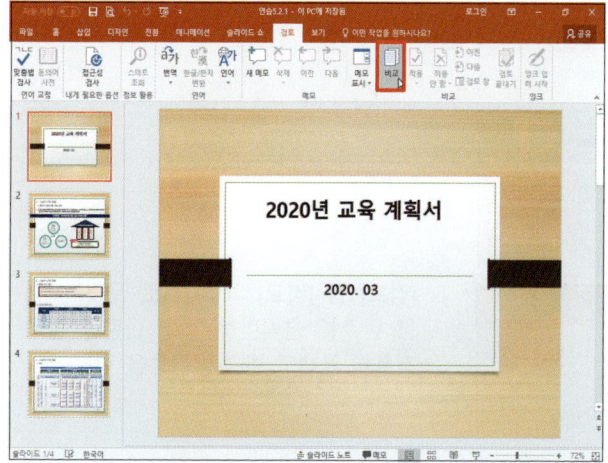

1. [검토] 탭–[비교] 그룹–[비교] 명령을 클릭한다.

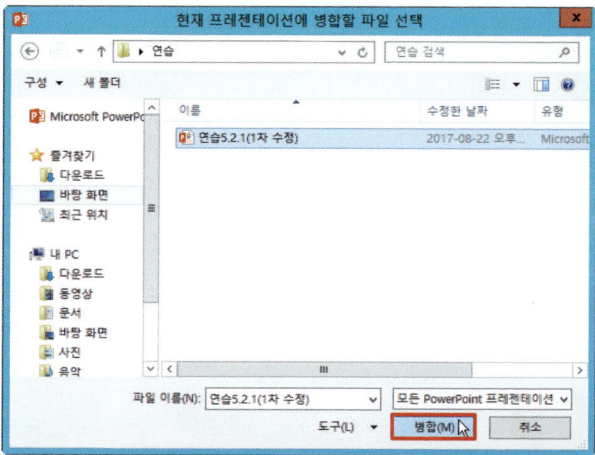

2. [현재 프레젠테이션에 병합할 파일 선택] 대화 상자에서 "개념5.2.1(1차 수정)" 파일을 선택하고 [병합] 단추를 클릭한다.

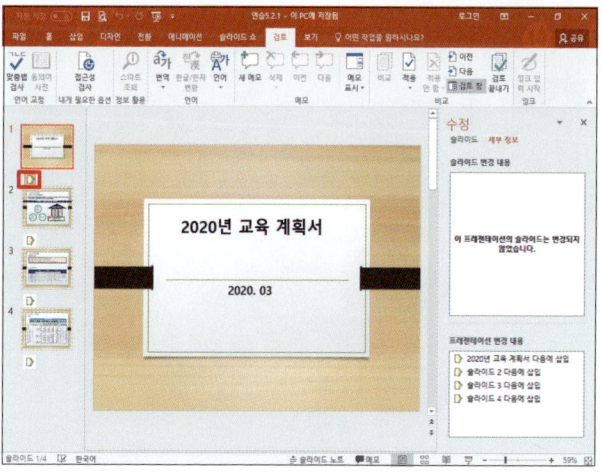

3. 슬라이드 목록에서 '1번' 슬라이드 아래에 변경된 항목을 클릭한다.

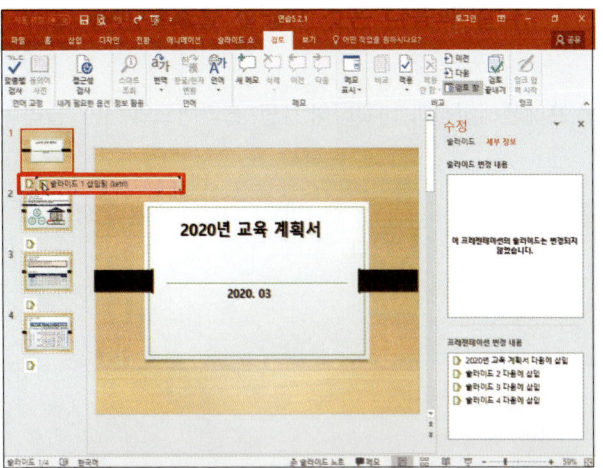

4. 변경된 내용이 나타나면 선택영역에 체크를 하여 변경 내용을 적용한다.

5. 같은 방법으로 '3번' 슬라이드 뒤의 변경된 항목도 적용한다.

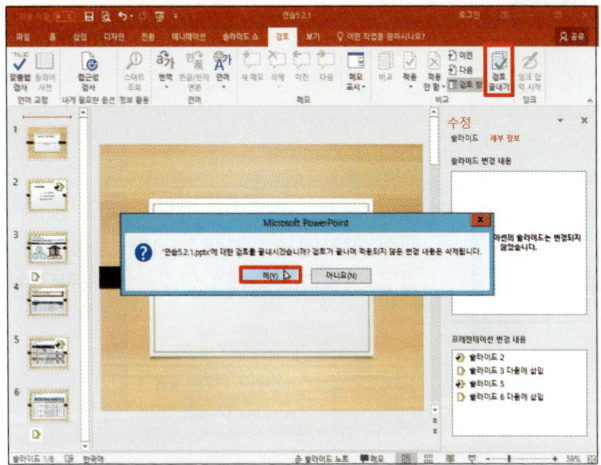

6. [검토] 탭-[비교] 그룹-[검토 끝내기] 명령 단추를 클릭한 후 [예] 단추를 눌러 검토를 끝내고 변경된 내용을 적용한다.

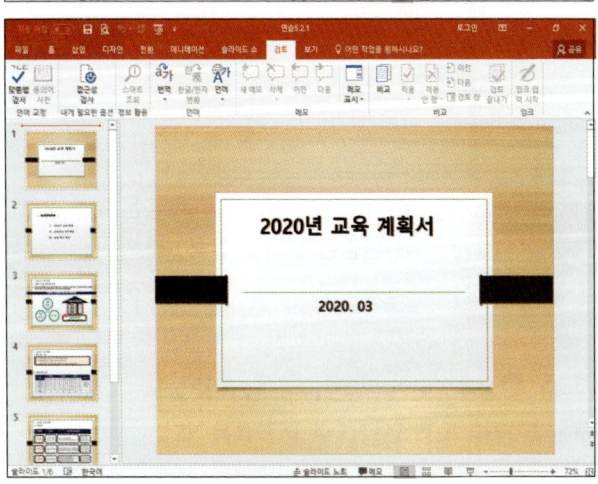

7. 변경된 내용이 적용되었다.

2. 메모 관리

<메모>는 슬라이드나 개체에 첨부할 수 있는 간단한 설명이다. 메모를 삽입하면 사용자 이름과 메모를 작성한 시간이 자동으로 표시되며 슬라이드나 개체를 수정할 필요 없이 피드백을 줄 수 있다. 메모가 삽입된 위치에는 메모 표식(🗨)이 나타나며 이를 드래그하여 원하는 위치로 이동할 수 있다. [검토] 탭의 [메모] 그룹과 [메모 창] 대화 상자를 통해 메모 관리가 가능하다.

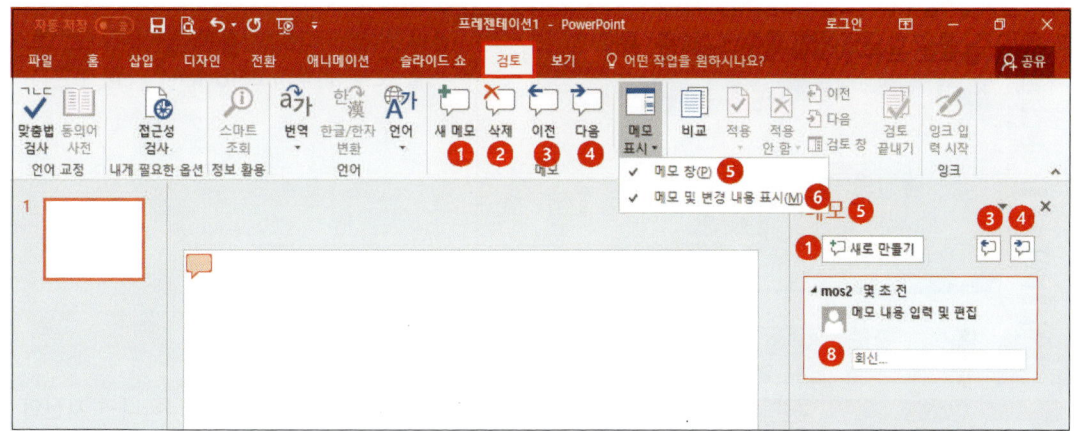

❶ **새 메모** : 슬라이드에 메모 표식과 함께 메모 창에는 사용자 이름, 날짜, 메모 내용이 표시된다. 메모를 추가로 삽입하려면 메모 표식 위에서 마우스 오른쪽 단추를 눌러 [새 메모] 메뉴를 클릭하거나 메모 창의 [새로 만들기] 메뉴를 클릭한다.

❷ **삭제** : 메모를 삭제한다. 선택한 메모만 삭제하거나, 현재 슬라이드의 모든 메모를 삭제하거나, 현재 프레젠테이션의 모든 메모를 삭제할 수 있다. 또는, 메모 표식 위에서 마우스 오른쪽 단추를 눌러 [메모 삭제] 메뉴를 클릭하거나 메모 창의 [X] 버튼을 클릭하면 선택한 메모만 삭제할 수 있다.

❸ **이전** : 이전 메모로 이동한다.

❹ **다음** : 다음 메모로 이동한다.

❺ **메모 창** : 메모를 관리할 수 있는 대화 상자로 새 메모를 삽입하거나 메모 표식을 클릭하면 나타나며 새로 만들기, 메모 간 이동, 삭제, 메모 내용 입력 및 편집, 메모에 회신을 할 수 있다.

❻ **메모 및 변경 내용 표시** : 메모를 화면에서 숨기거나, 숨겨둔 메모를 다시 표시한다.

❼ **메모 내용 입력 및 편집** : 메모 내용을 입력하거나 편집한다. 메모 창의 메모 상자를 클릭하여 안에 커서가 나타나면 내용을 입력하거나 편집할 수 있다.

❽ **메모에 회신** : 메모에 대한 의견을 남길 수 있다. 메모 창의 회신 상자를 클릭하여 안에 커서가 나타나면 내용을 입력하거나 편집할 수 있다.

"연습 5.2.2" 파일을 열어 슬라이드1에 위치한 메모의 내용을 모두 지우고 자신의 정보를 입력한 후 '수정 완료' 회신을 남기시오. 그러고 나서 메모를 슬라이드 오른쪽 위로 이동하시오.

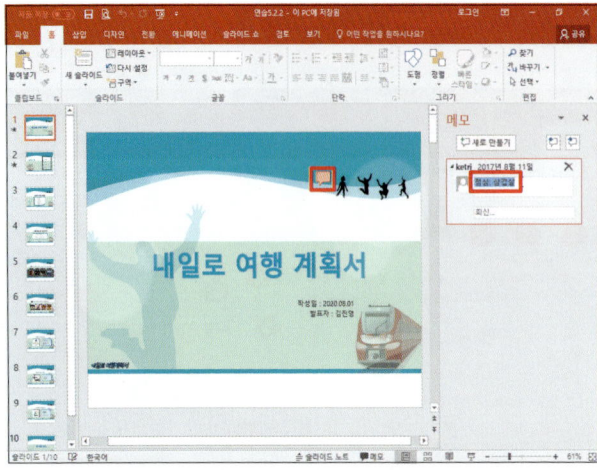

1. 슬라이드1에서 메모를 편집하기 위해 메모 표식을 클릭하여 [메모] 창을 연다.

2. 메모 창의 메모 상자를 클릭하여 텍스트를 모두 선택하고 [Delete] 키를 누른다.

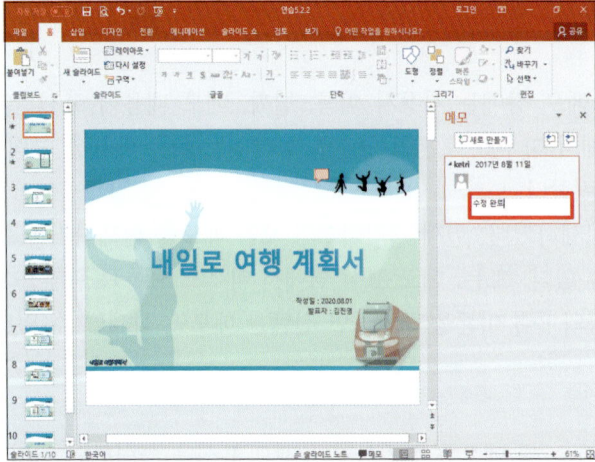

3. 메모 상자 안에 커서가 나타나면 자신의 정보를 입력하여 메모 내용을 편집하고 회신 상자에 '수정 완료' 회신을 남긴다.

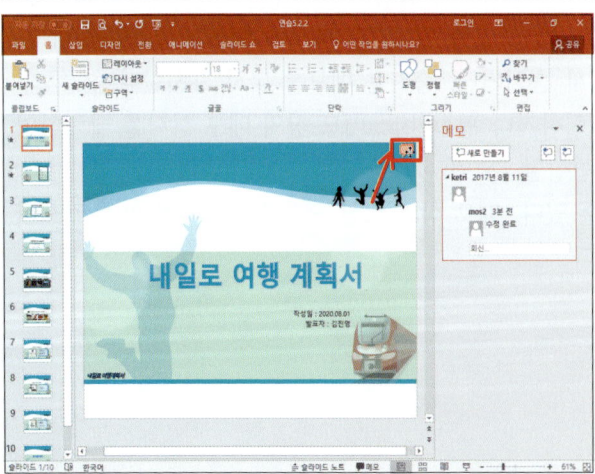

4. 메모 표식을 슬라이드 오른쪽 위쪽으로 드래그하여 이동한다.

실전 활용 예제_25

25. 건축사업부 파일을 열고, 다음 문제를 풀이하시오.

(1) 슬라이드8에 위치한 메모를 '자세한 내용은 홈페이지 참고'라는 내용으로 회신하시오.

(2) 슬라이드7의 '안전관리' 열의 메모를 삭제하시오.

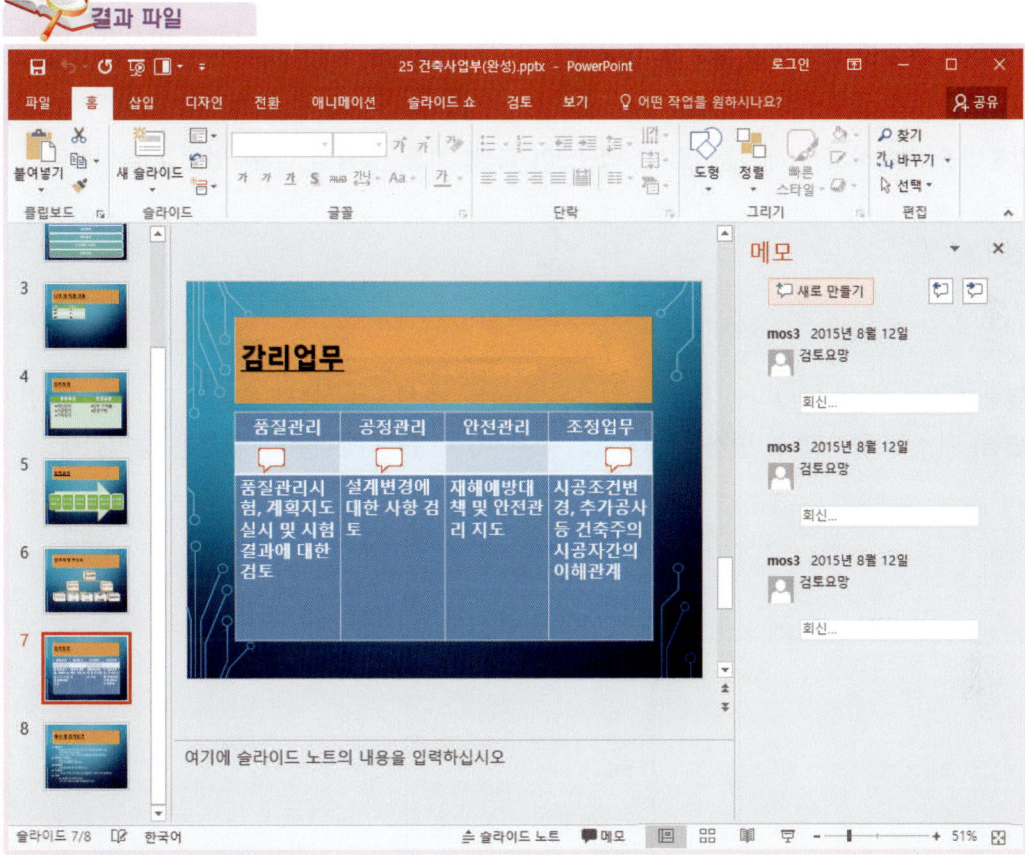

검토 – 메모

section 3 프레젠테이션 보호 및 공유

1. 프레젠테이션 교정(예제 위치 : 본문/개념5.3.1)

<맞춤법 검사>를 통해 슬라이드에 입력된 단어의 맞춤법의 오류를 찾아 올바른 단어로 교정한다. 또한 맞춤법 오류를 검사하거나 맞춤법 오류를 숨기는 옵션을 지정할 수 있다. 마지막으로, 사용자 지정으로 자동 고침을 설정하면, 많이 틀리는 단어를 추가하여 감지의 효율을 높일 수 있다.

1 맞춤법을 검사하기 위해서는 [검토] 탭-[언어 교정] 그룹-[맞춤법 검사] 명령을 클릭한다.

2 [맞춤법 검사] 창이 나타나면 변경을 원하는 단어는 '추천 단어'에서 올바른 단어를 선택한 뒤 [변경] 단추를 클릭한다. 변경을 원치 않는 단어가 나오면 [건너뛰기] 단추를 클릭한다.

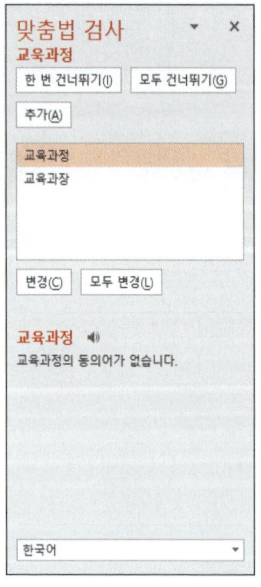

3 '맞춤법 검사가 끝났습니다.'라는 메시지 창이 나타나면 [확인] 단추를 클릭한다.

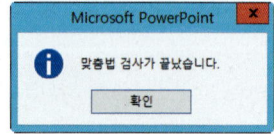

4 본 언어 교정 옵션을 변경하기 위해 [파일] 탭-[옵션] 명령을 클릭한다. [PowerPoint 옵션] 대화 상자의 [언어 교정] 탭을 선택한다.

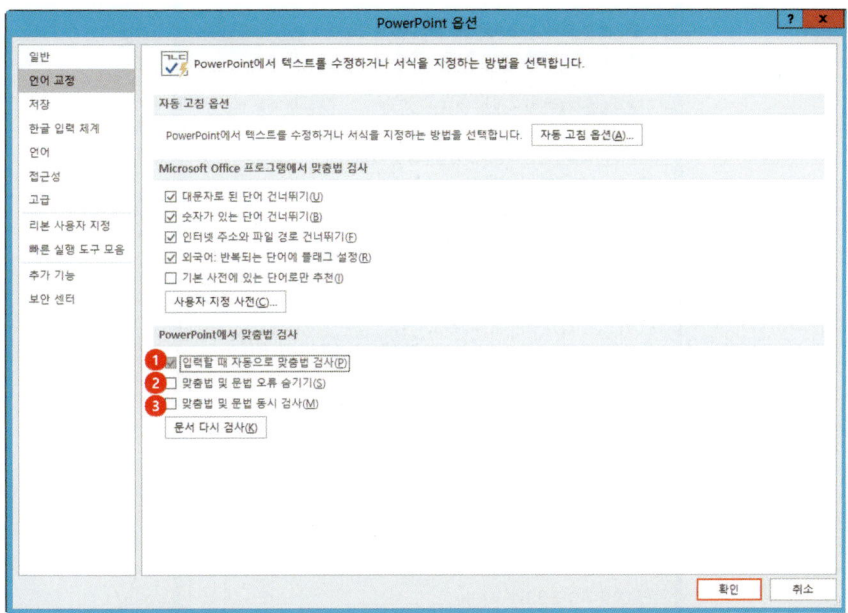

❶ **입력할 때 자동으로 맞춤법 검사** : 백 그라운드에서 맞춤법 검사기를 실행한다.
❷ **맞춤법 오류 숨기기** : 확인란에 체크를 하지 않으면 맞춤법 오류가 발생할 경우 자동으로 플래그를 표시해준다.
❸ **맞춤법 및 문법 동시 검사** : 맞춤법과 문법을 동시에 검사하는 기능이다.

5 [PowerPoint 옵션] 대화 상자의 [자동 고침] 탭에서 [다음 목록에 있는 내용대로 자동으로 바꾸기] 의 입력부분에 오타를 입력하고, 결과에 교정되길 원하는 값을 입력한 후 추가를 누르면 오타 발생 시 자동으로 교정이 이루어진다.

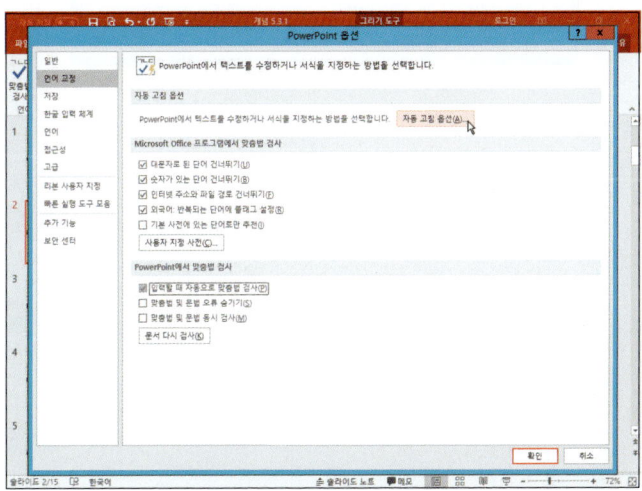

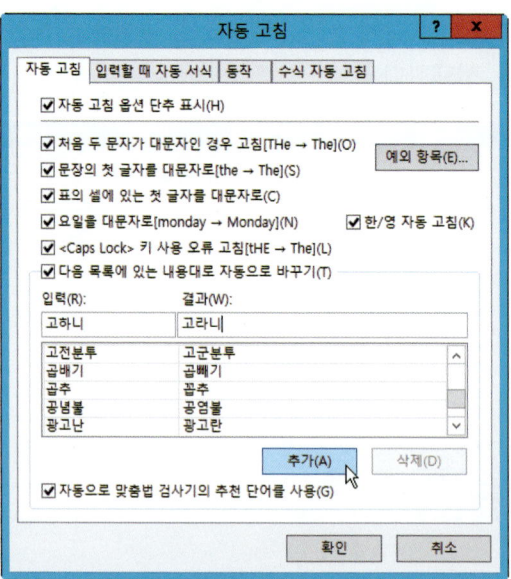
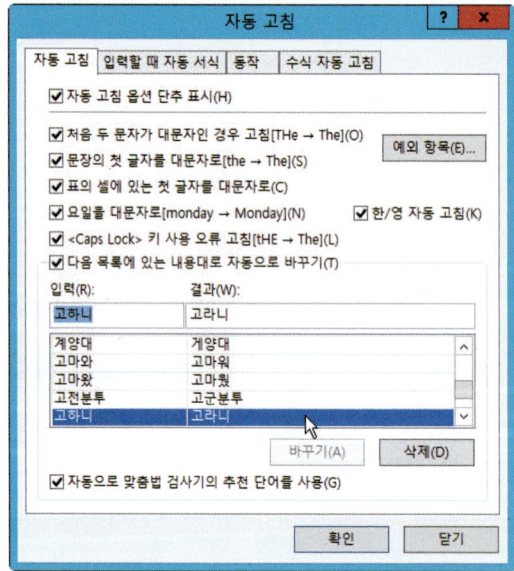

"연습 5.3.1" 파일을 열어 맞춤법 및 문법 오류를 숨겨서 보이지 않도록 하시오.

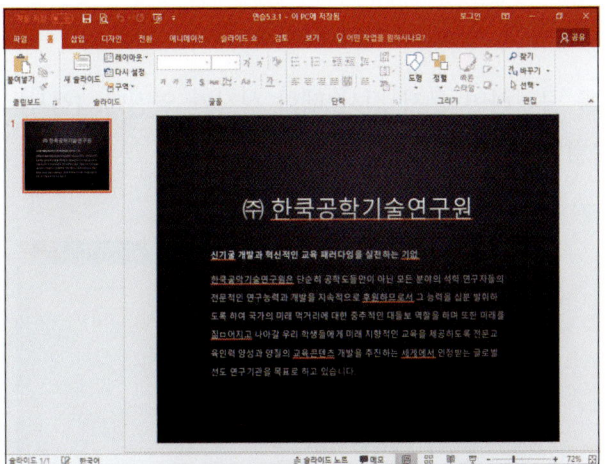

1. 문장의 맞춤법과 문법이 맞지 않아 자동으로 오류가 검출되어 빨간 밑줄이 생긴다.

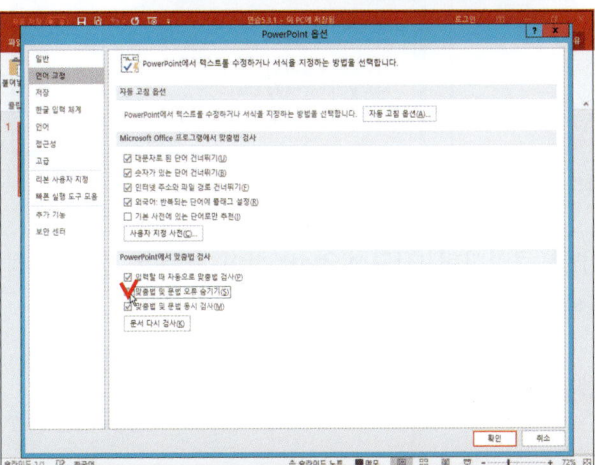

2. [파일] 탭–[옵션]–[언어교정] 목록에서 [PowerPoint에서 맞춤법검사]의 맞춤법 및 문법 오류 숨기기 체크박스에 체크를 한다.

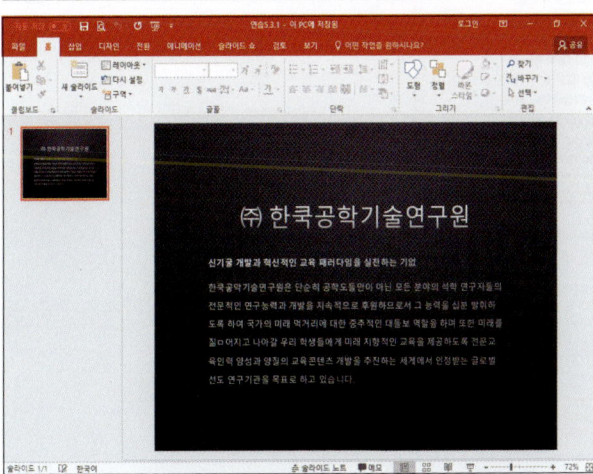

3. 슬라이드의 글 내용에 밑줄이 사라진 것을 확인할 수 있다.

2. 프레젠테이션 검사(예제 위치 : 본문/개념5.3.2)

프레젠테이션 파일은 첨부 파일, 전자 메일 메시지 등으로 전달되거나 웹 사이트에서 게시용으로 사용될 수 있다. 이렇게 웹을 통해 업로드하거나 공유할 때, 이전 버전 파워포인트 사용자를 위해 문서 검사, 호환성 검사, 접근성 검사를 통해 프레젠테이션 검사를 할 수 있다.

1 [파일] 탭-[정보]-[문제 확인]-[문서 검사]를 클릭하면 문서 검사 대화 상자가 열린다. [검사] 단추를 누르면 각 영역의 검사 결과가 출력되고, 검토할 수 있다.

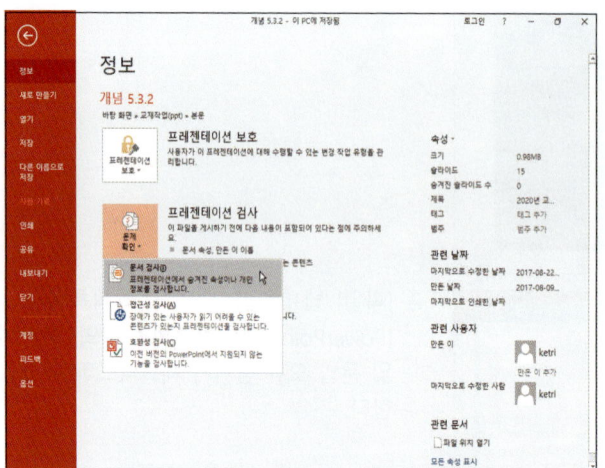 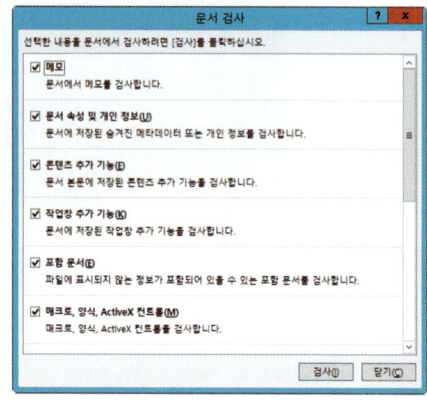

2 [파일] 탭-[정보]-[문제 확인]-[접근성 검사]를 클릭하면 [접근성 검사] 창이 열린다. 접근성 검사 창을 통해 슬라이드의 오류 또는 해결 팁에 관한 정보를 알 수 있다.

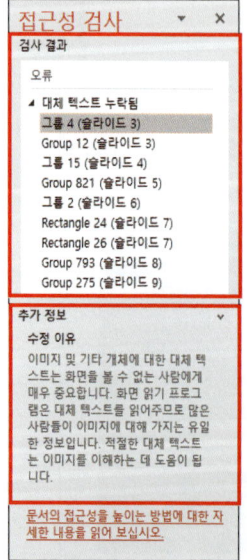

3 [파일] 탭-[정보]-[문제 확인]-[호환성 검사]를 클릭하면 [Microsoft PowerPoint 호환성 검사] 결과 창이 열린다. 결과 창에는 요약을 통해 각 슬라이드 별 호환성 문제를 자동으로 검토하여 요약정보가 출력된다.

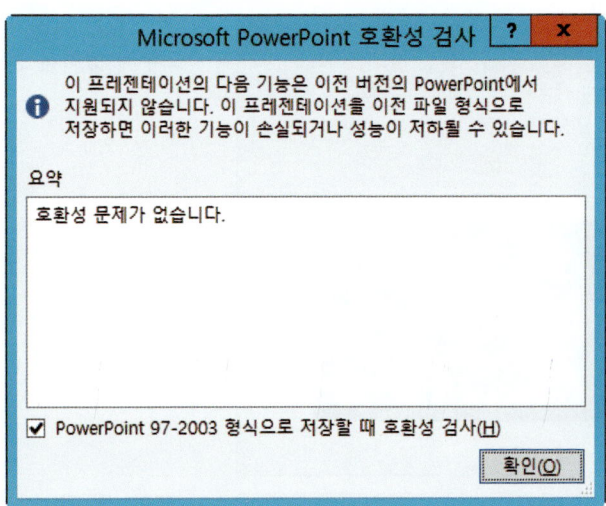

"연습 5.3.2" 파일을 열어 문서검사를 통해 슬라이드 외부에 내용이 있으면 제거하시오.

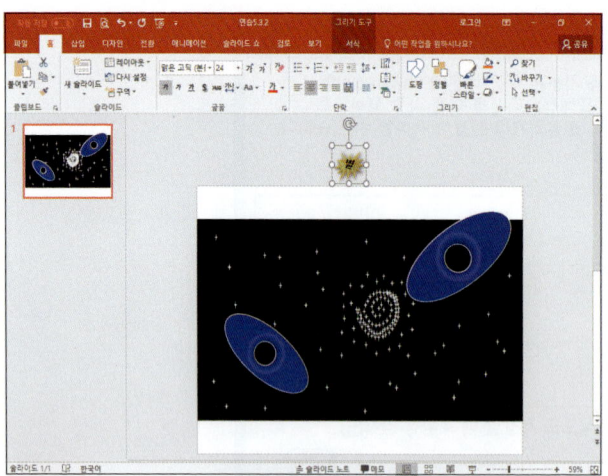

1. '별'이라는 이름의 개체 위치가 슬라이드 외부에 있어서 용량만 차지한다.

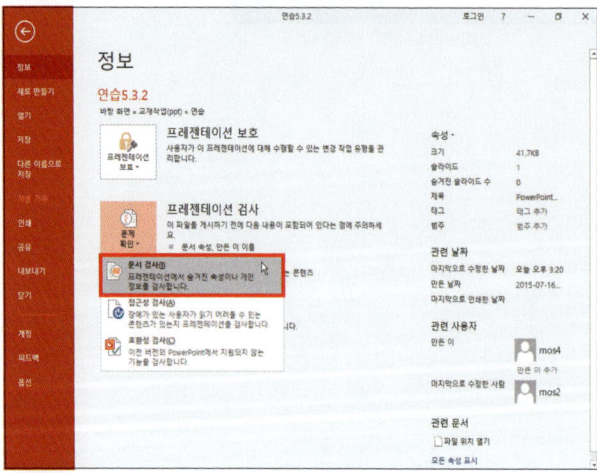

2. [파일] 탭–[정보]–[문제확인]–[문서검사]를 클릭한다.

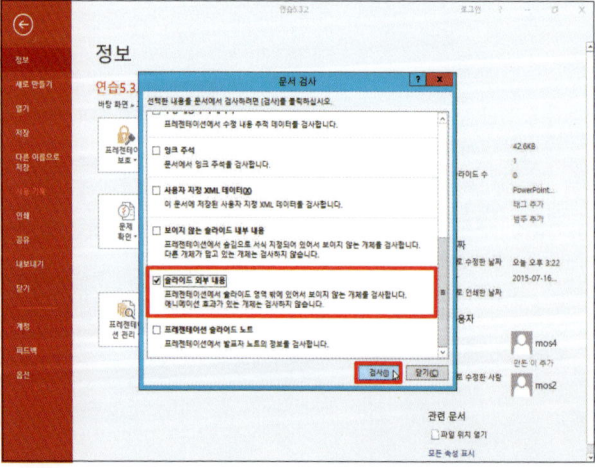

3. 문서검사 대화 상자에서 '슬라이드 외부 내용'에 체크를 한 후 검사 버튼을 누른다.

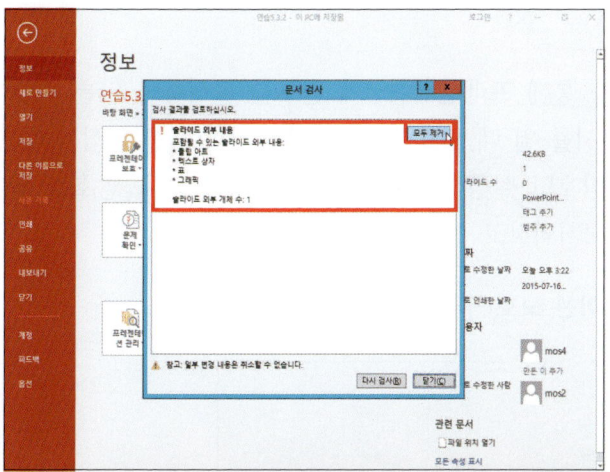

4. 슬라이드 외부 내용이 1개 검색이 되었으며, '모두 제거' 버튼을 클릭하면 삭제가 완료된다. 문서검사 이후에는 파일이 수정되므로, 데이터를 백업시켜놓는 것이 좋다.

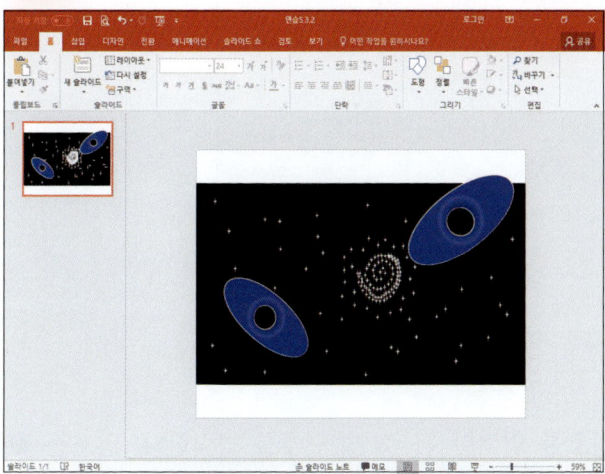

5. 슬라이드 외부에 위치해 있었던 '별' 개체가 자동으로 삭제된 것을 확인할 수 있다.

3. 프레젠테이션 보호

<프레젠테이션 보호>기능으로 암호 설정을 통해 프레젠테이션에 암호를 설정하여 다른 사람이 쉽게 열어 볼 수 없도록 한다. 암호에는 문서를 열 때 필요한 '열기 암호'와 문서를 편집할 때 필요한 '쓰기 암호'가 있으며 이 중 하나의 암호만 설정하거나 모두 설정할 수 있다. 암호는 잊어버리면 파일을 복구할 수 없으므로 반드시 기억하고 있어야 한다.

1 [파일] 탭-[정보]를 클릭한 후 [프레젠테이션 보호]-[암호 설정] 메뉴를 클릭한다.

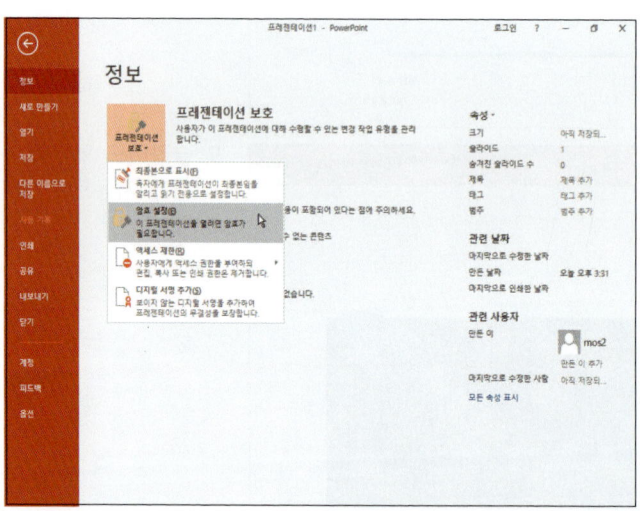

2 [문서 암호화] 대화 상자가 나타나면, 암호를 입력한 뒤 [확인] 단추를 클릭한다. 암호는 ●●●●●로 표시되므로 영문 암호 설정 시, 대/소문자를 정확히 구분해 입력해야 한다. [암호 확인] 대화 상자가 나타나면, 동일한 암호를 한 번 더 입력한 뒤 [확인] 단추를 클릭한다.

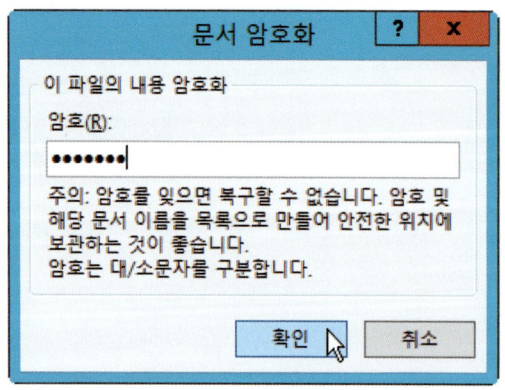 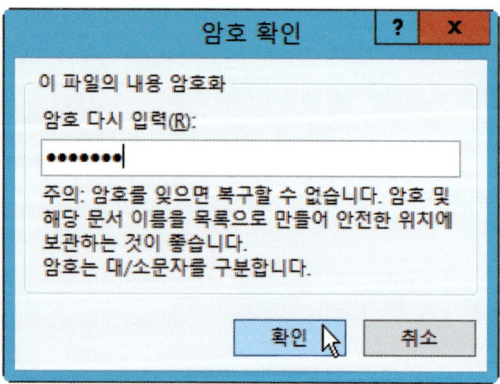

3 프레젠테이션의 암호가 설정되었다. 암호를 해제하려면 **[파일]** 탭-**[정보]**-**[프레젠테이션 보호]** 명령-**[암호 설정]**을 클릭한다. **[문서 암호화]** 대화 상자에서 설정되어 있는 암호를 **[백스페이스 키]**로 지운 후 [확인] 단추를 누르면 해제가 완료된다. 암호 변경을 원할 때에는 암호를 지운 후 새로운 암호를 등록하면 수정이 된다.

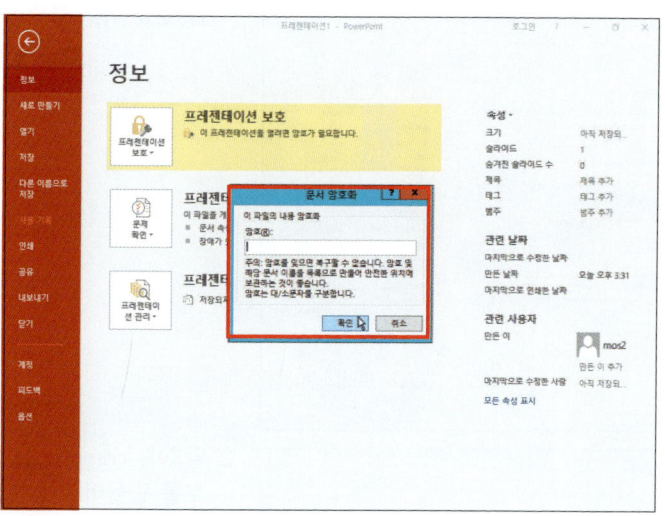

"연습 5.3.3" 파일을 열어 문서에 자신만의 암호를 설정하시오.

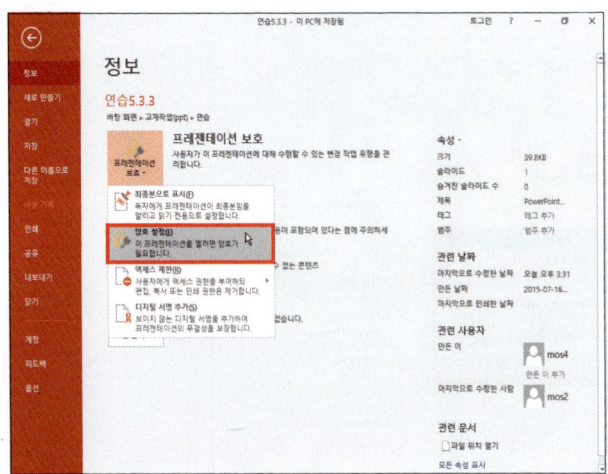

1. **[파일]** 탭-**[정보]**-**[프레젠테이션 보호]**-**[암호설정]**을 클릭한다.

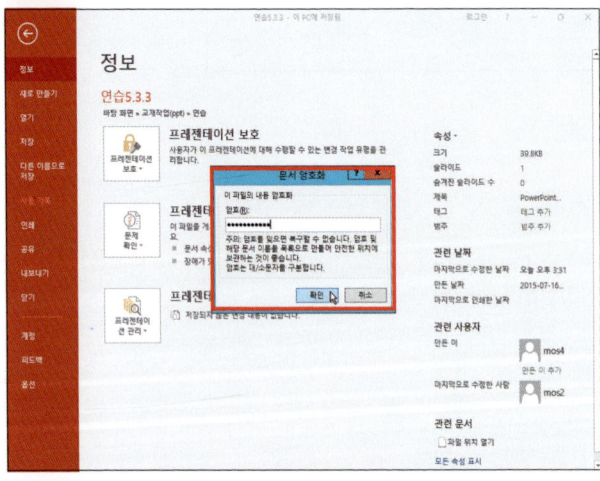

2. 암호에 'company1234' 또는 자신만의 암호를 만들어 기입한다.

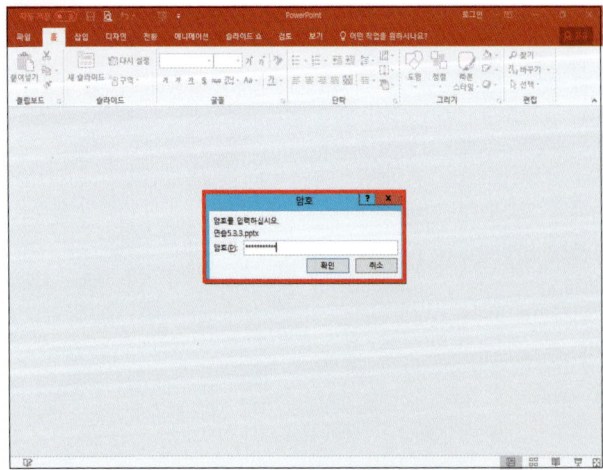

3. PowerPoint를 재실행시켜 해당 문서를 불러오면 암호가 설정되어 있는 것을 확인할 수 있다.

4. 프레젠테이션 배포 준비(예제 위치 : 본문/개념5.3.4, 참고/본문5.3.4wmv)

완성한 프레젠테이션을 다른 이에게 배포, 공유하길 원할 때 휴대성을 높이기 위해 파일을 압축을 할 수 있다. 또한, 특별한 글꼴을 사용할 때, 다른 컴퓨터에서는 사용할 수 없는 경우가 있기 때문에, 이를 해결하기 위해 글꼴을 프레젠테이션에 포함시킬 수 있다. 최종적으로 프레젠테이션의 제작이 끝난 경우, 최종본으로 표시를 통해 변경이 이뤄지지 않도록 표현할 수 있다.

1 [삽입] 탭 -[비디오]-[내 PC의 비디오]를 클릭한 후, 대화 상자에서 [본문5.3.4.wmv] 파일을 선택한 후 삽입 단추를 누르면 그림과 같이 프레젠테이션 문서에 비디오가 삽입된다.

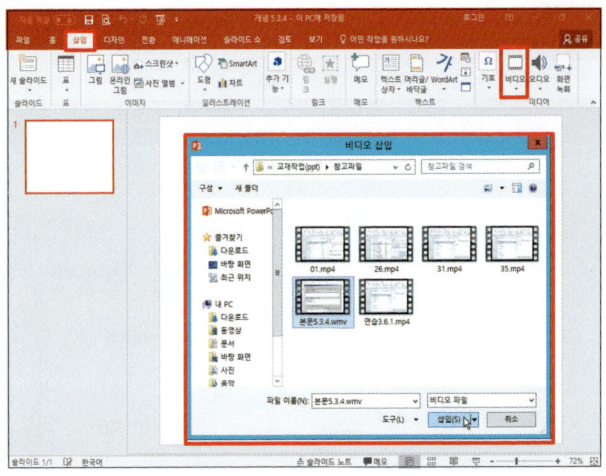

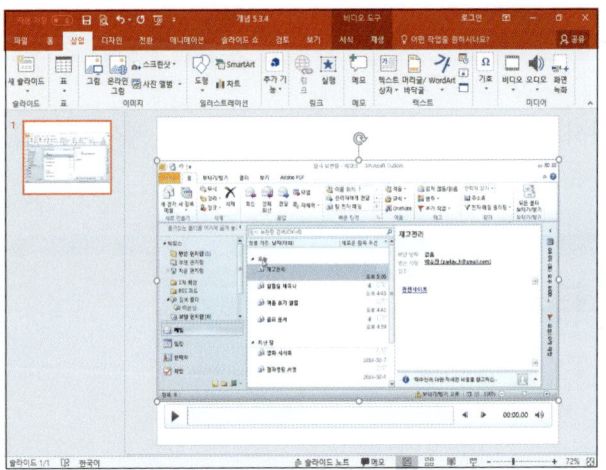

2 미디어 압축을 하기 위해 [파일] 탭 [정보]-[미디어 압축]-[프레젠테이션 품질]을 클릭하면 미디어 압축이 진행된다. 처리 완료 후 닫기 단추를 누르면 압축이 완료된다.

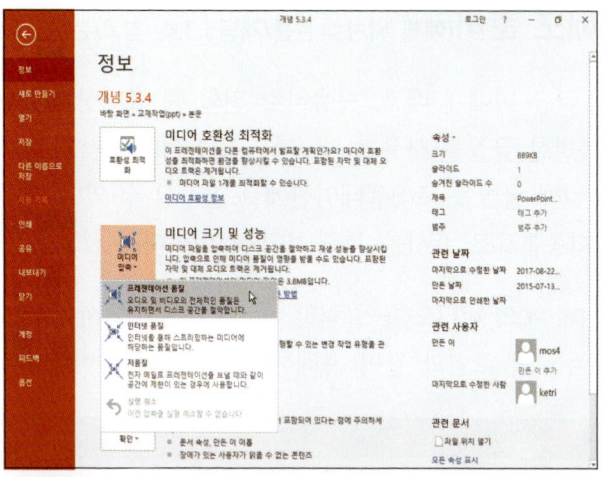

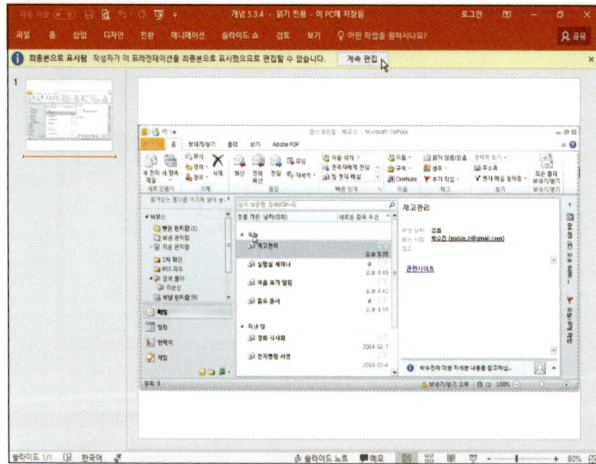

3 파일에 글꼴을 포함시키려면 [PowerPoint 옵션]-[저장] 목록에서 [파일의 글꼴 포함] 체크박스에 체크를 한다.

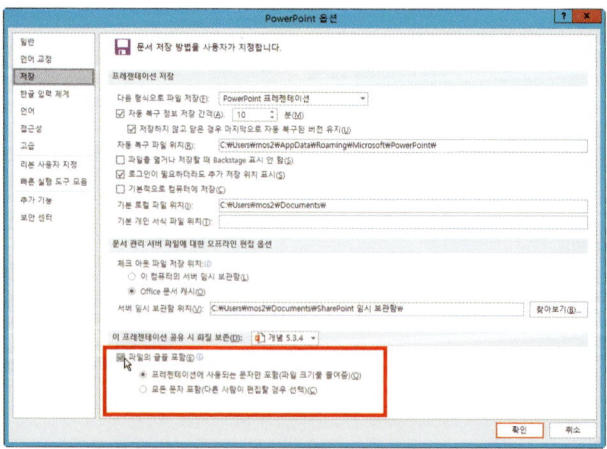

4 프레젠테이션 파일을 모두 작성하였을 때, 최종본으로 표시하려면 **[파일]** 탭-**[정보]**-**[프레젠테이션 보호]**-**[최종본으로 표시]**를 클릭하고 확인 단추를 누른다.

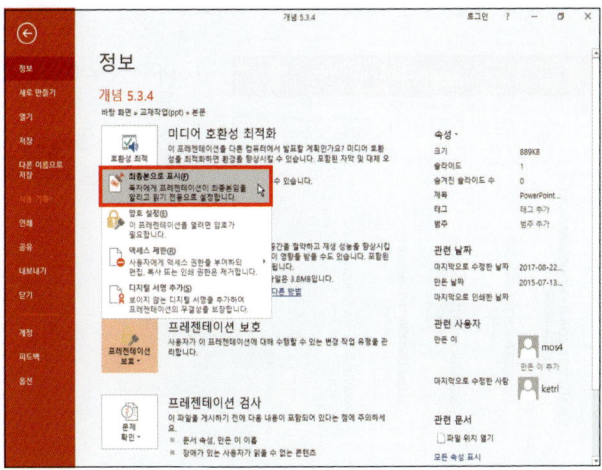

5 최종본으로 저장이 완료되었다는 메시지가 표시되며, 노란색 박스의 **[계속 편집]** 버튼을 누르면 다시 편집을 진행할 수 있다.

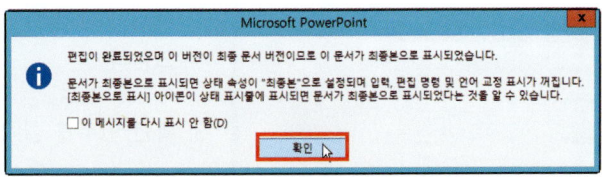

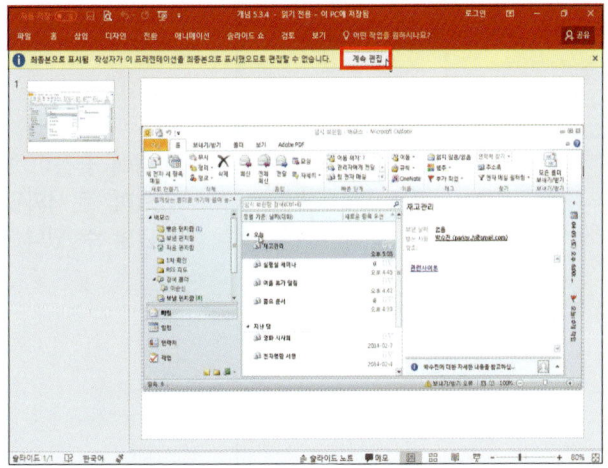

"연습 5.3.4" 파일을 열어 파일의 글꼴을 문서에 포함시키시오.

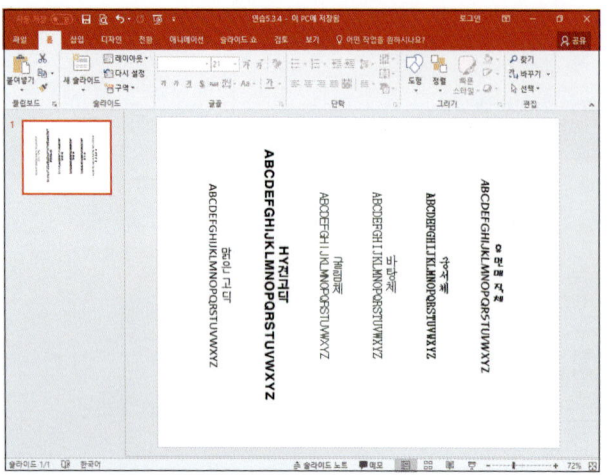

1. pptx파일에 여러 가지 글꼴이 사용되었을 경우, 배포나 공유 시 글꼴이 포함되어있지 않는 경우에 글씨가 깨지는 등 문제가 발생할 수 있다.

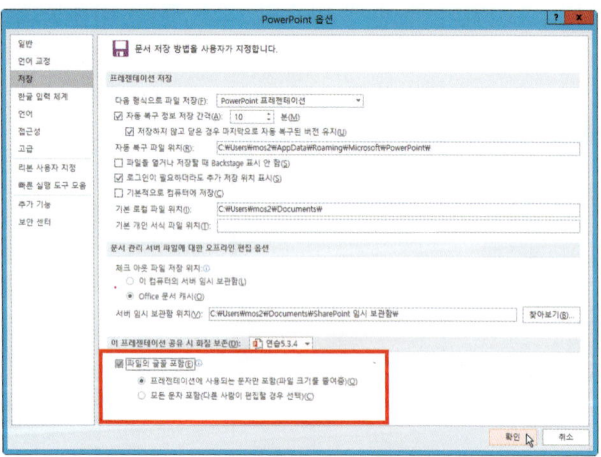

2. [파일] 탭-[옵션]-[저장] 목록에서 [파일의 글꼴 포함] 체크박스에 체크를, 라디오 박스에는 [프레젠테이션에 사용되는 문자만 포함(파일 크기를 줄여줌)]을 체크한다.

3. 확인 단추를 클릭한다.

4. 파일에 글꼴이 포함된 것을 확인할 수 있으며, 문서파일 용량이 늘어난 것을 확인할 수 있다.

MOS 시험 유형 1

"시험 5.3.1" 파일을 열어 '입력할 때 자동으로 맞춤법 검사' 옵션을 해제하고 '맞춤법 및 문법 동시 검사' 옵션은 사용하시오. 문서 검사를 통해 '메모 및 주석'과 '문서 속성 및 개인 정보'를 제거하시오. 파일의 글꼴을 문서에 포함시키시오.

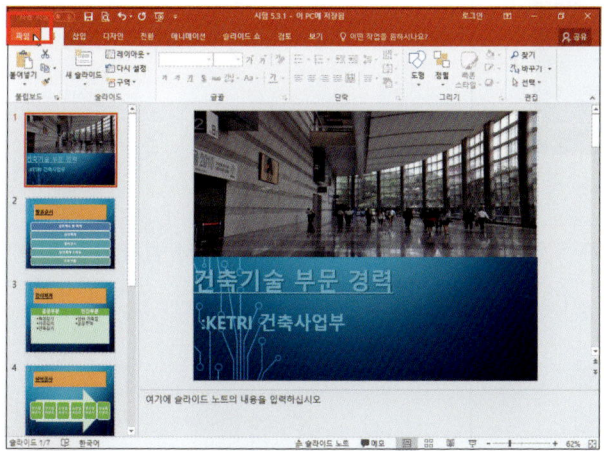

1. "시험 5.3.1" 파일을 실행하여 [파일] 탭을 클릭한다.

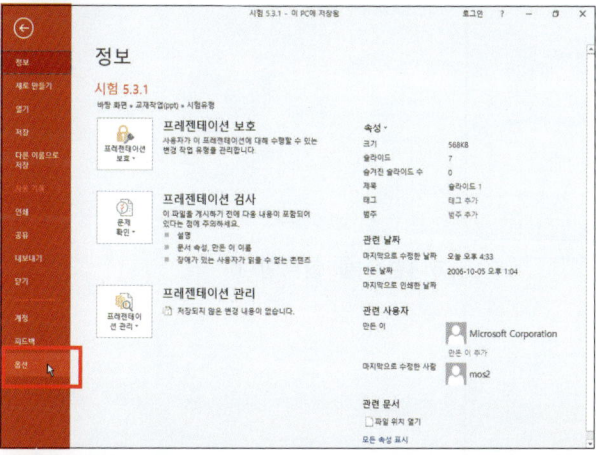

2. [옵션]을 클릭한다.

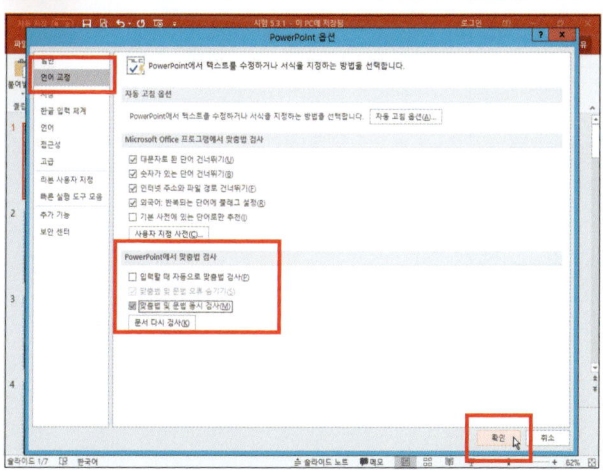

3. [언어교정]을 클릭하여 [입력할 때 자동으로 맞춤법 검사] 옵션을 체크해제하고 [맞춤법 및 문법 동시 검사] 옵션을 체크한 후 [확인]을 클릭한다.

chapter 05 프레젠테이션 배포 준비 및 배포 / 239

4. [파일] 탭을 클릭한다.

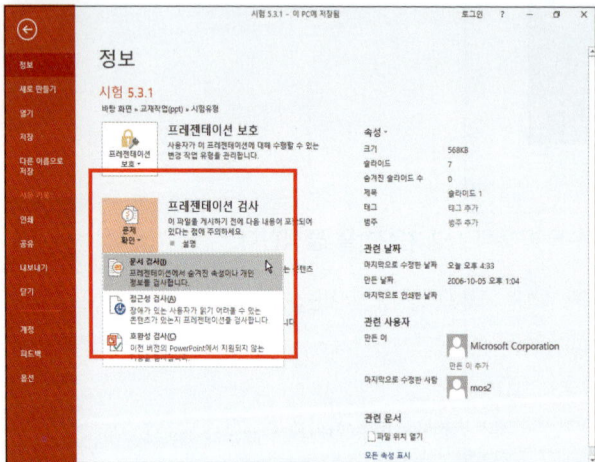

5. [정보]-[문제 확인]-[문서 검사]를 클릭한다.

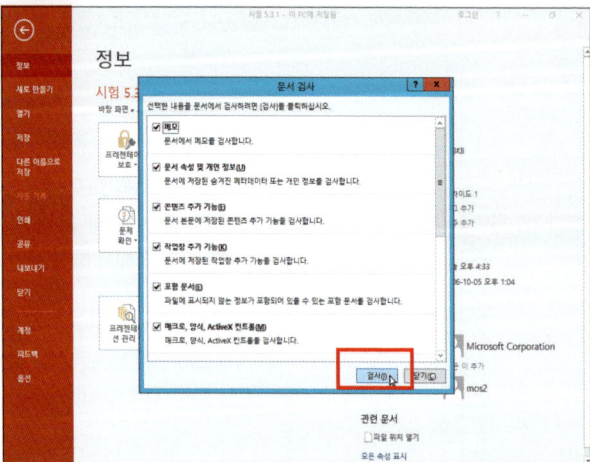

6. [검사]를 클릭한다.

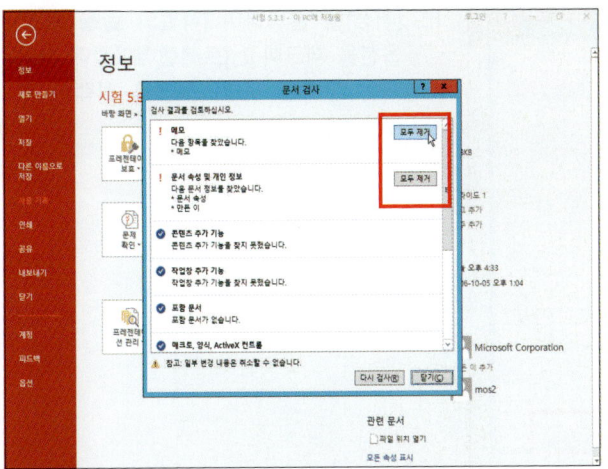

7. **[메모 및 주석]**과 **[문서 속성 및 개인 정보]**의 **[모두 제거]**를 클릭한다.

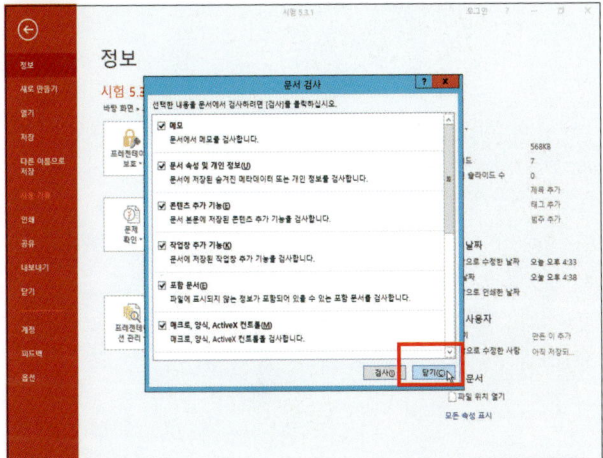

8. **[닫기]**를 클릭한다.

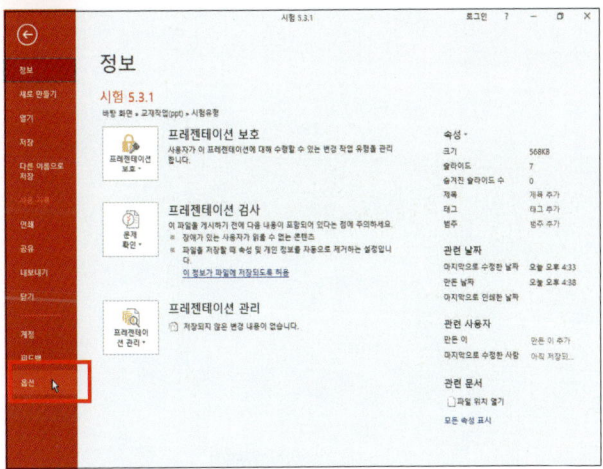

9. **[옵션]**을 클릭한다.

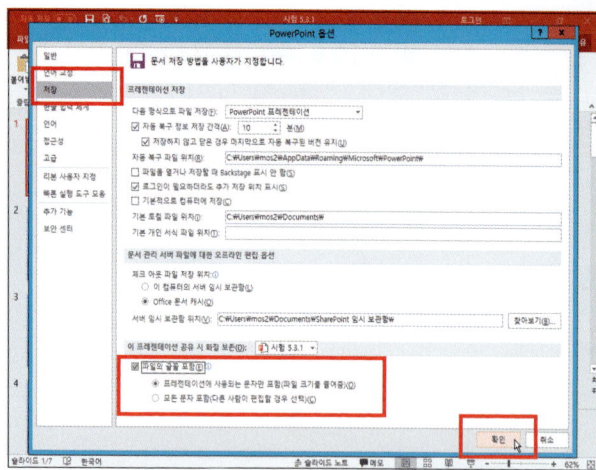

10. **[저장]**을 클릭하여 **[파일의 글꼴 포함]** 옵션을 체크하고 **[프레젠테이션에 사용되는 문자만 포함]** 옵션을 선택한 후 **[확인]**을 클릭한다.

실전 활용 예제_26

26. 건축기술 파일을 열고, 다음 문제를 풀이하시오.

(1) '입력할 때 자동으로 맞춤법 검사' 옵션을 해제하고 '맞춤법 및 문법 동시 검사' 옵션은 사용하시오.

(2) 문서 검사를 통해 '메모 및 주석'과 '문서 속성 및 개인 정보'를 제거하시오.

(3) 파일의 글꼴을 문서에 포함시키오.

결과 파일

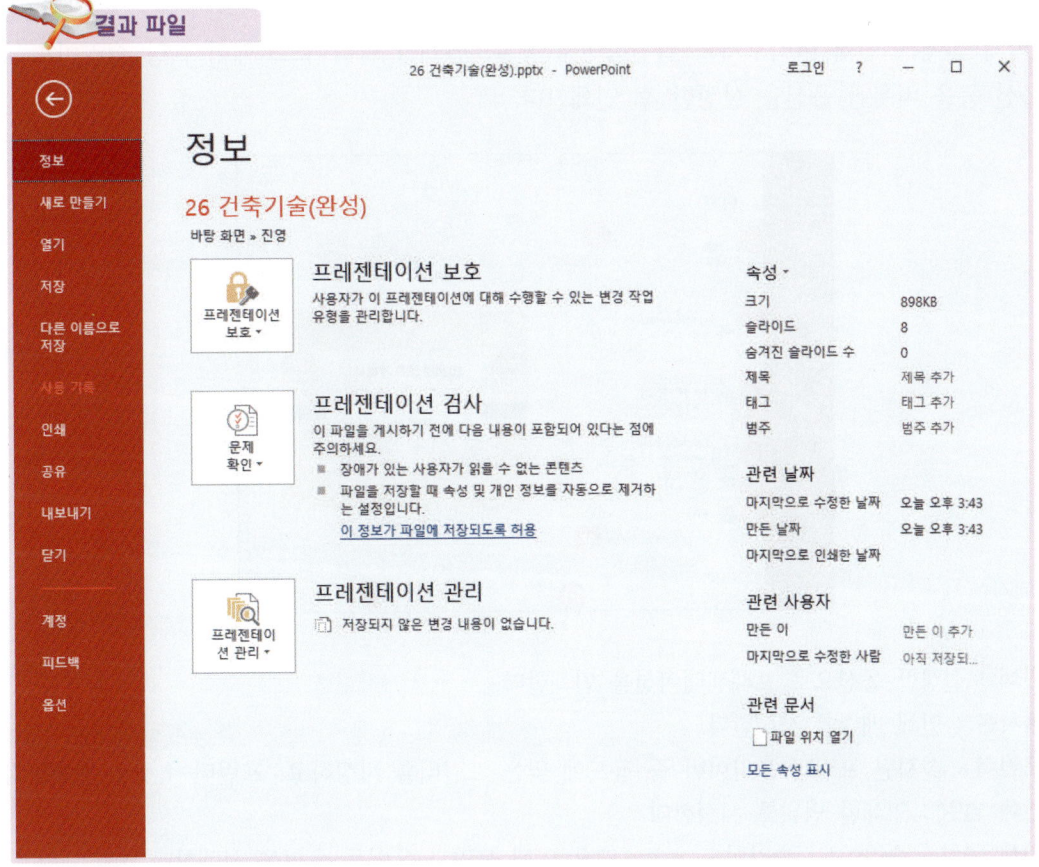

문제 풀이에 필요한 기능

파일-옵션, 정보-문서 검사

section 4 프레젠테이션 인쇄 및 배포 준비

1. 프레젠테이션 인쇄(예제 위치 : 본문/개념5.4.1)

출력할 수 있는 인쇄 대상으로는 슬라이드, 슬라이드 노트, 유인물, 개요가 있다. 인쇄할 수 있는 프린터가 여러 개인 경우 설치된 프린터 드라이버 중 용도에 맞는 프린터를 선택하여 인쇄한다. 인쇄하기 전에는 인쇄 미리보기를 확인하면서 부수, 인쇄할 슬라이드, 페이지 당 슬라이드 수, 색 옵션 등을 비롯한 옵션을 설정한 후 인쇄한다.

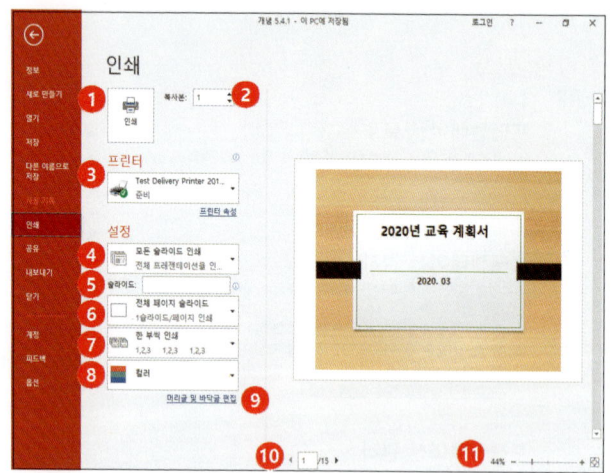

❶ 인쇄 : 설정한 옵션으로 프레젠테이션을 인쇄한다.
❷ 복사본 : 인쇄 매수를 지정한다.
❸ 프린터 : 설치된 프린터 드라이버 중 용도에 맞는 프린터를 지정하고, 프린터 속성을 확인한다.
❹ 인쇄 범위 : 인쇄할 범위를 지정한다.
❺ 인쇄 대상 : 슬라이드, 슬라이드 노트, 개요 인쇄 모양과 유인물 유형을 선택한다.
❻ 인쇄 매수 : 여러 부수로 인쇄할 경우 인쇄 순서를 정한다.
❼ 페이지 방향 : 페이지 방향을 가로 및 세로 중에서 선택한다.
❽ 컬러/회색조 : 컬러, 흑백, 회색조 중에서 선택한다.
❾ 머리글 및 바닥글 편집 : [머리글/바닥글] 대화 상자가 실행된다.
❿ 페이지 번호 : 현재 페이지 번호와 전체 페이지 수를 확인할 수 있다.
⓫ 확대/축소 : 인쇄 미리 보기 화면을 확대 및 축소한다.

❶ [파일] 탭-[인쇄] 명령을 클릭하면 왼편에는 인쇄 옵션, 오른편에는 인쇄 미리보기 화면이 나타난다.

❷ 인쇄 매수를 지정하기 위해 [인쇄]-[복사본]에 숫자를 입력한다.

❸ [설정]-[인쇄 범위]를 통해 전체 슬라이드를 인쇄할 것인지, 특정 슬라이드를 인쇄할 것인지 선택한다.

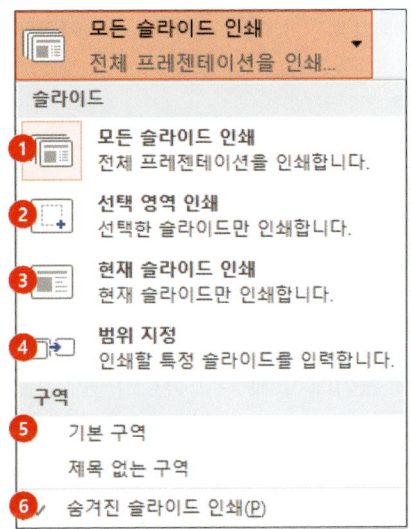

❶ **모든 슬라이드 인쇄** : 전체 슬라이드를 인쇄한다.
❷ **선택 영역 인쇄** : 여러 슬라이드 보기에서 다중 선택한 슬라이드만 인쇄한다.
❸ **현재 슬라이드 인쇄** : 현재 슬라이드만 인쇄한다.
❹ **범위 지정** : [슬라이드 수]에 입력한 슬라이드만 인쇄한다.
❺ **구역 인쇄** : 나누어진 구역 중에서 특정 구역만을 인쇄한다.
❻ **숨겨진 슬라이드 인쇄** : [슬라이드] 탭에서 슬라이드 숨기기 기능이 설정된 슬라이드도 인쇄한다.

4 [설정]-[인쇄 대상]을 통해 유인물 유형을 선택한다.

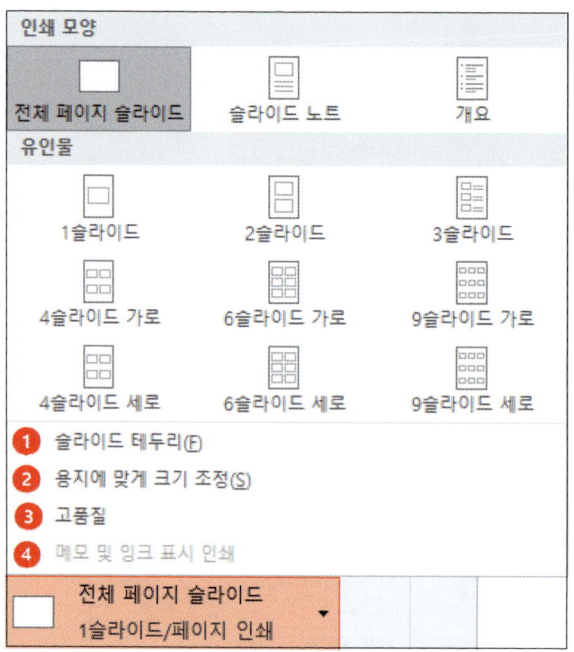

① **슬라이드 테두리** : 슬라이드 가장자리에 실선의 테두리를 추가한다.
② **용지에 맞게 크기 조정** : 용지 크기에 맞게 슬라이드의 크기를 맞춘다.
③ **고품질** : 고품질을 유지하여 인쇄한다.
④ **메모 및 잉크 표시 인쇄** : 프레젠테이션에 포함된 메모나 잉크 주석을 별도의 페이지에 인쇄한다.

5 여러 부수로 인쇄할 경우 [설정]-[인쇄 매수]를 통해 인쇄 순서를 지정한다.

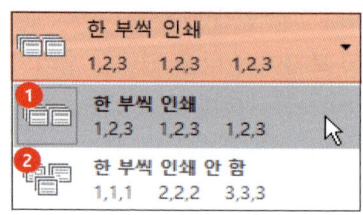

① **한 부씩 인쇄** : 모든 페이지가 인쇄된 후 다시 처음부터 모든 페이지가 지정한 매수만큼 인쇄된다.
② **한 부씩 인쇄 안 함** : 1페이지가 지정한 매수만큼 인쇄된 후, 다음 페이지가 지정한 매수만큼 인쇄된다.

6 인쇄 옵션을 설정한 뒤, [인쇄] 단추를 클릭한다.

 **인쇄 옵션을 고품질로 설정하기**

파워포인트는 프레젠테이션 도구이지만 문서를 인쇄하여 배포하는 경우도 있다. 슬라이드에 투명한 도형을 넣어 디자인했는데, 인쇄할 때 투명한 효과가 나타나지 않는다면 인쇄옵션을 [고품질]로 설정해야 한다.

1) **[파일]** 탭-**[옵션]**을 선택한다.

2) [PowerPoint 옵션] 창이 열리면 [고급] 범주를 선택하고, '인쇄'의 [고품질]에 체크한 후 [확인]을 클릭한다.

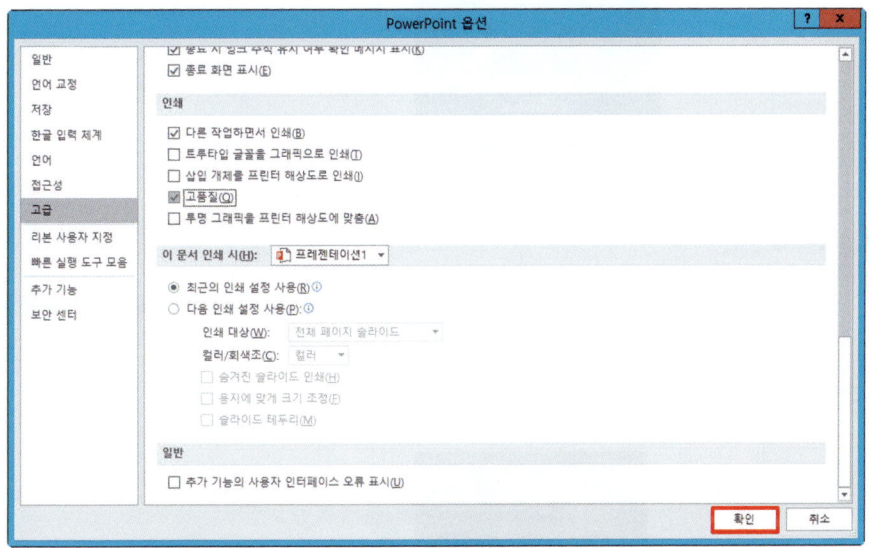

파워포인트를 처음 설치하면 '인쇄'의 [고품질]은 기본적으로 체크되어 있지 않은 비활성화 상태이다.

"연습 5.4.1" 파일을 열어 'CRS' 파일럿 구역만 인쇄를 하고, 고품질, 회색조, 숨겨진 슬라이드 인쇄 사용하시오.

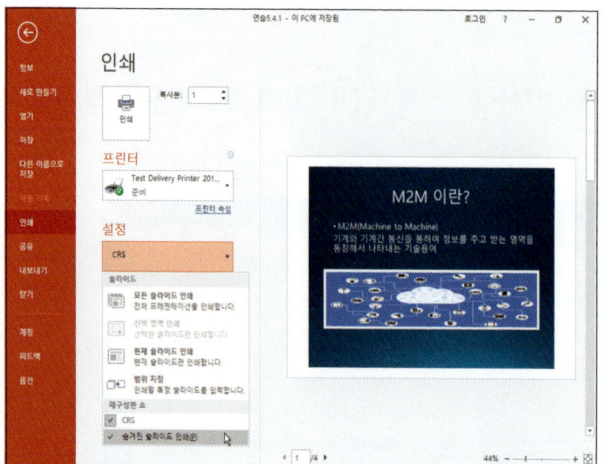

1. [파일] 탭-[인쇄] 명령을 클릭하고 [설정]-[인쇄 범위]를 통해 'CRS' 구역을 선택하고, 숨겨진 슬라이드 인쇄를 선택한다.

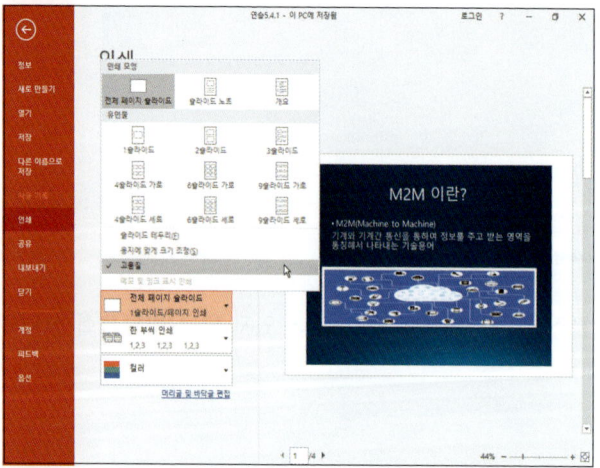

2. [설정]-[인쇄 대상]을 통해 고품질을 선택한다.

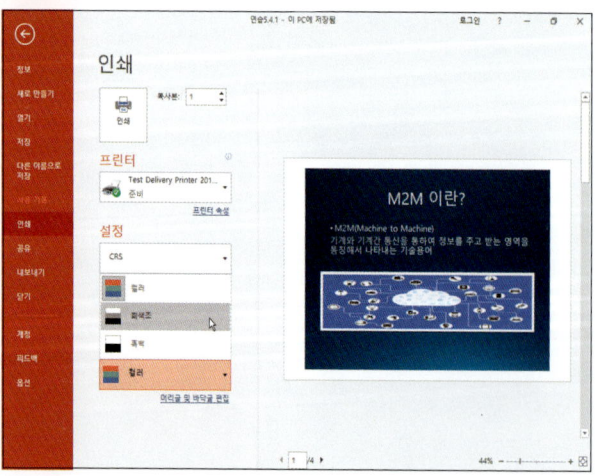

3. [설정]-[컬러/회색조]에서 회색조를 선택한다.

2. 프레젠테이션 배포(예제 위치 : 본문/개념5.4.2)

- CD용 패키지 만들기

완성한 프레젠테이션을 다른 이에게 배포하길 원할 때, 또는 다른 컴퓨터에서 슬라이드 쇼를 진행할 수 있도록 한 개 이상의 CD 복사본을 만들거나 다른 폴더로 복사할 수 있다. CD용 패키지에는 동영상, 사운드, 글꼴 등의 연결된 항목들이 모두 포함되며 CD에 저장하기 위해서는 빈 CD가 삽입되어 있어야 한다.

1 [파일] 탭-[저장/보내기] 명령을 클릭한다. [파일 형식] 그룹의 [CD용 패키지 프레젠테이션]-[CD용 패키지] 명령을 클릭한다.

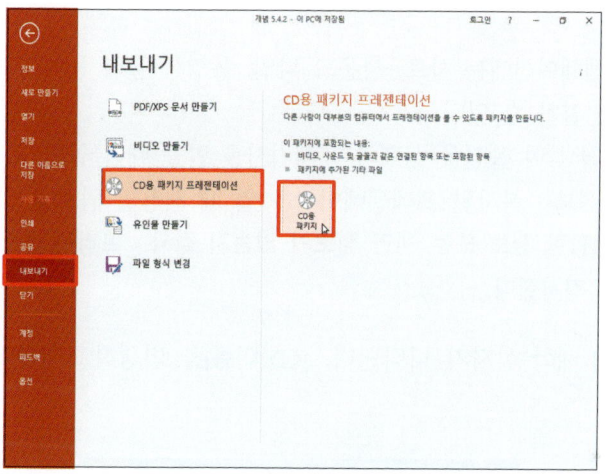

2 [CD용 패키지] 대화 상자가 나타나면 현재 열려 있는 프레젠테이션은 '복사할 파일'의 목록에 자동으로 나타난다. [옵션] 단추를 클릭한다.

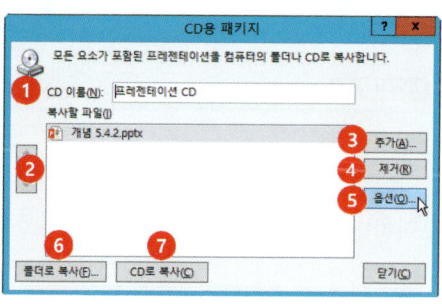

❶ **CD 이름** : CD 드라이브에 표시할 이름을 설정한다.
❷ **파일 이동** : 파일의 재생 순서를 설정한다.
❸ **추가** : 프레젠테이션 파일을 추가한다.
❹ **제거** : 목록에서 선택한 파일을 제거한다.

❺ **옵션** : 패키지에 포함할 파일 및 암호의 옵션을 설정한다.
❻ **폴더로 복사** : 네트워크나 로컬 디스크 드라이브에 저장한다.
❼ **CD로 복사** : 패키지를 CD에 복사한다.

3 [옵션] 대화 상자가 나타난다. 옵션을 설정한 후 [확인] 단추를 클릭한다.

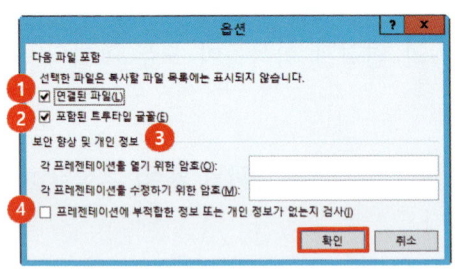

❶ **연결된 파일** : 프레젠테이션에는 차트, 사운드 파일, 동영상 클립 등에 연결된 Microsoft Office Excel 워크시트가 연결될 수 있다.
❷ **포함된 트루타입 글꼴** : 이 옵션을 선택하면 패키지를 만들 때 글꼴이 포함된다.
❸ **보안 향상 및 개인 정보** : 복사된 프레젠테이션을 열 때 사용할 암호를 입력한다.
❹ **프레젠테이션에 부적합한 정보 또는 개인 정보가 없는지 검사** : 프레젠테이션에 숨겨진 데이터 및 개인 정보가 있는지 검사한다.

4 다시 [CD용 패키지] 대화 상자가 나타난다. [CD 이름]을 변경하고, [폴더로 복사] 단추를 클릭한다.

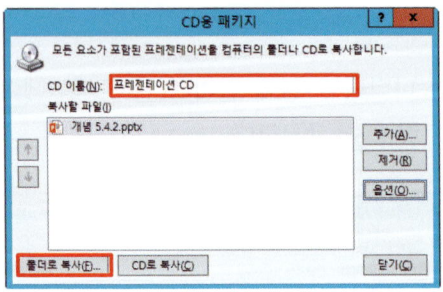

5 [폴더로 복사] 대화 상자가 나타난다. [폴더 이름]에 지정한 CD 이름이 표시된다. [위치]를 지정해주고, [확인] 단추를 클릭한다.

6 '연결된 파일을 패키지에 포함하시겠습니까?'라는 메시지 창이 나타나면 [예] 단추를 클릭한다.

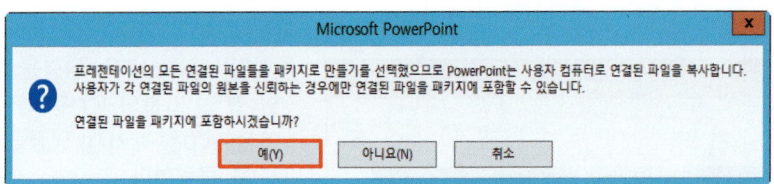

7 지정했던 폴더로 이동하면 생성된 폴더가 나타난다. 폴더 안에는 프레젠테이션 파일과 부속물이 저장된 '프레젠테이션 패키지' 폴더가 존재한다.

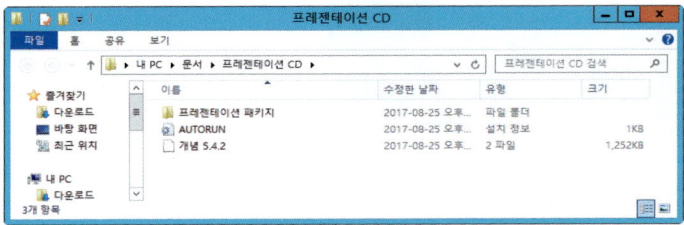

 연습문제

"연습 5.4.2" 파일을 열어 CD용 패키지를 만드시오.

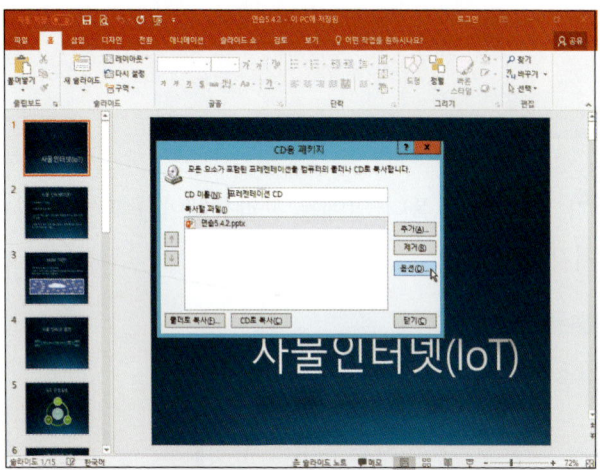

1. [파일] 탭-[보내기] 명령을 클릭한다. [파일 형식] 그룹의 [CD용 패키지 프레젠테이션]-[CD용 패키지] 명령을 클릭하고 [옵션]을 클릭한다.

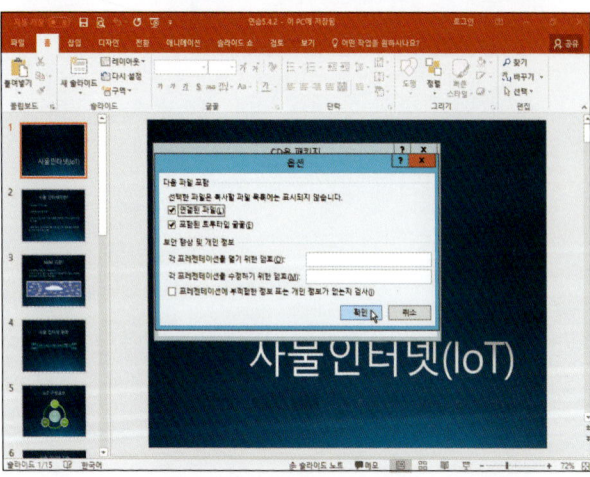

2. [확인]을 클릭한다.

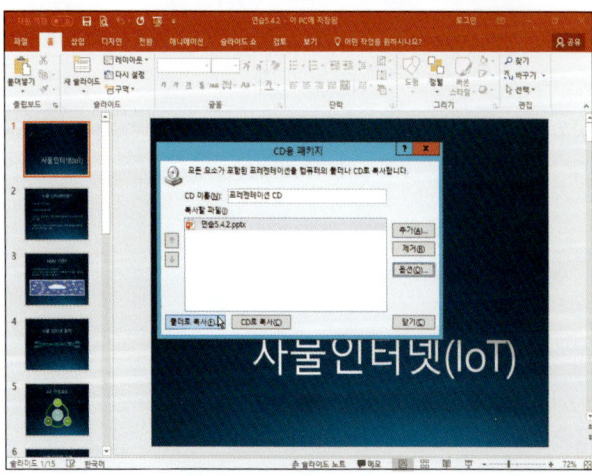

3. [폴더로 복사]를 클릭한다.

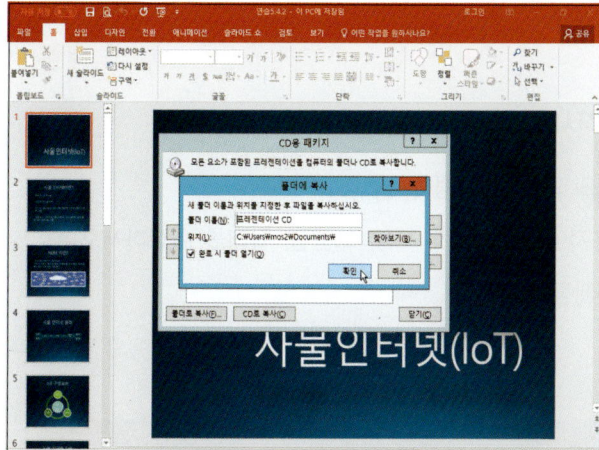

4. 위치를 설정해주고 확인을 클릭한다.

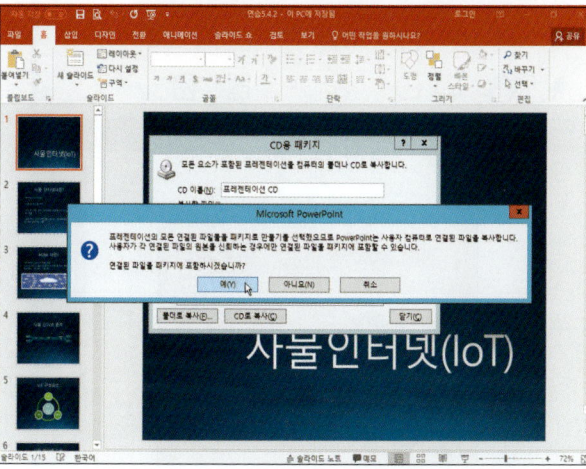

5. 예를 클릭한다.

실전 활용 예제_27

27. 레시피 파일을 열고, 다음 문제를 풀이하시오.

(1) 인쇄 범위를 2~5 슬라이드(숨겨진 슬라이드 인쇄)만 설정하시오.

(2) 인쇄 옵션 설정 : 페이지당 2 슬라이드, 용지에 맞게 크기 조정, 고품질, 컬러를 설정하시오.

(3) 파일 이름을 '27 레시피(완성).pdf'로 인쇄(저장)하시오.

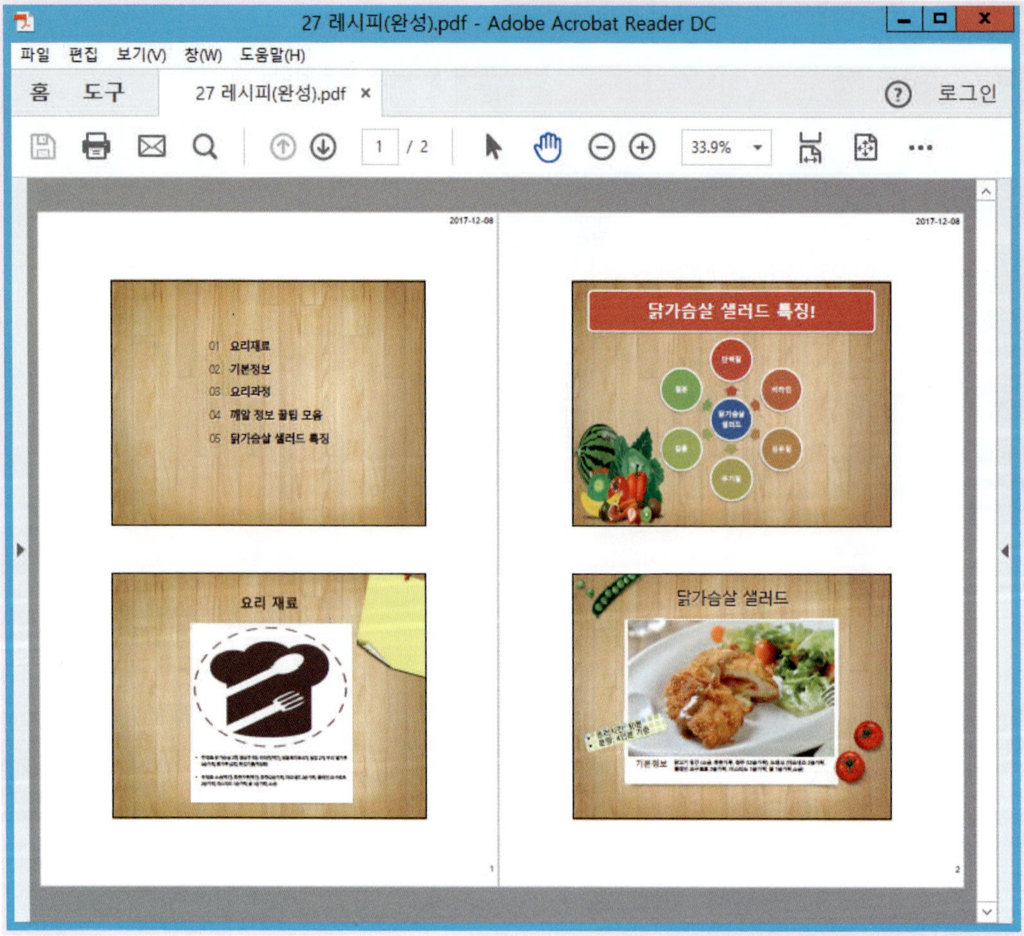

인쇄 - 설정

실전 활용 예제_28

28. 이미지 편집 파일을 열고, 다음 문제를 풀이하시오.

(1) 슬라이드 노트를 포함하여 슬라이드를 모두 인쇄하시오.

(2) 슬라이드 테두리 인쇄, 고품질로 설정하시오.

(3) 슬라이드 노트 및 유인물에 머리글/바닥글을 입력하시오.

　　- 날짜 및 시간 : 자동으로 업데이트

　　- 페이지 번호 설정, 머리글 : '이미지 편집'

(4) 파일 이름을 '28 이미지 편집(완성).pdf'로 인쇄(저장)하시오.

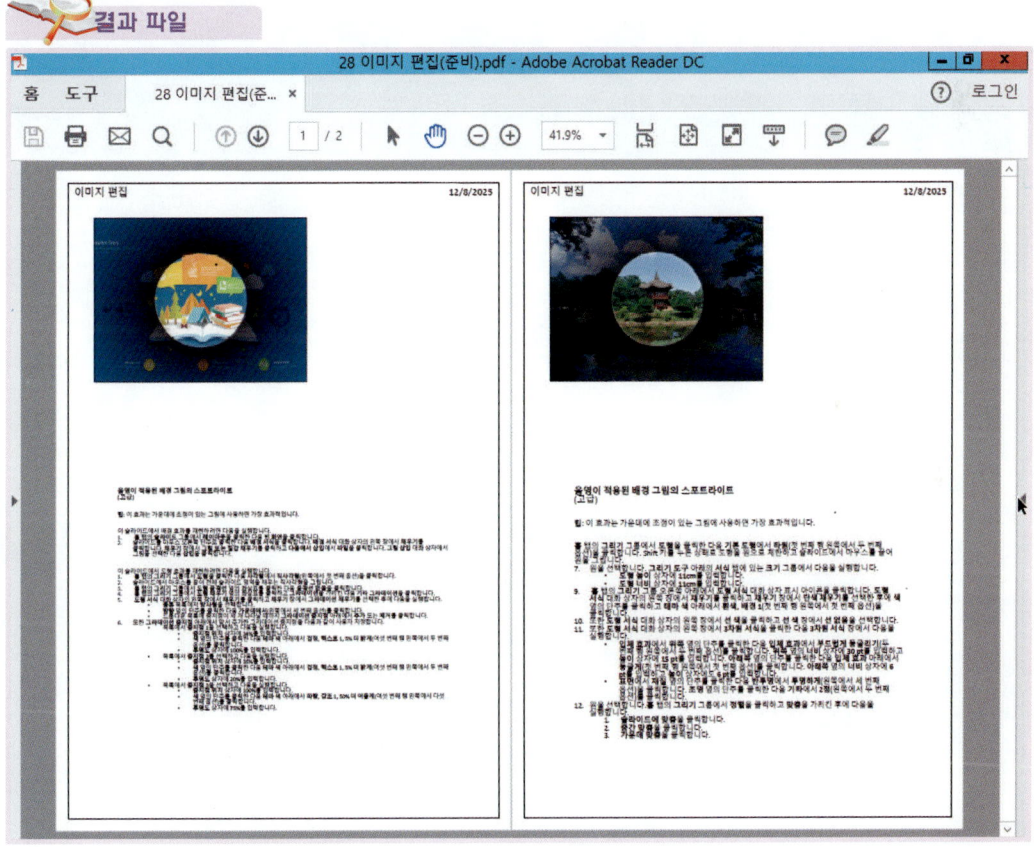

문제 풀이에 필요한 기능

인쇄 – 슬라이드 노트 인쇄, 머리글 및 바닥글 편집

MOS PowerPoint 2016

실전모의고사

 **실전모의고사 1**

다음 지시사항에 따라 문제를 푸시오.

1. **당신은 커피 사업 계획 발표를 위한 프레젠테이션을 작성하고 있습니다.**
   1) 슬라이드8에서만 "회사 대외비"라는 문구로 바닥글을 추가합니다.
   2) 슬라이드3에서 5까지를 사용해 "개요"라는 이름의 슬라이드 쇼를 재구성합니다.
   3) 슬라이드7의 표에 있는 수치를 사용하여 꺾은선형 차트를 만듭니다. 연도를 항목으로, "신규 고객"이라는 이름을 계열로 사용합니다. 차트의 크기 조절은 선택 사항입니다.
   4) 슬라이드9에서 동영상 폴더의 메일보내기.mp4 비디오를 추가합니다. 비디오의 가로 위치는 왼쪽 위 모서리 "3"cm, 세로 위치는 왼쪽 위 모서리에서 "5"cm에 위치시킵니다.
   5) 모든 슬라이드의 전환 기간을 "2"초로 변경합니다.

2. **당신은 여행 계획 발표를 위한 프레젠테이션을 작성하고 있습니다.**
   1) 슬라이드 마스터의 테마를 자연 테마로 변경한 후, 폰트를 돋움으로 변경합니다.
   2) 슬라이드1 앞에 "제목"이라고 하는 구역을 추가합니다.
   3) 슬라이드3에 있는 표의 스타일을 보통 스타일1 - 강조 5로 변경합니다.
   4) 슬라이드7에 있는 텍스트를 기차 이미지 뒤로 보냅니다.

3. **당신은 교육 계획 발표를 위한 프레젠테이션을 작성하고 있습니다.**
   1) 슬라이드 마스터의 그림 기호 중 첫 행의 글머리 기호를 이미지 폴더에 있는 확인.png 파일로 변경합니다.
   2) 제목이 "교육 계획서"가 되도록 파일 속성을 변경합니다.
   3) 슬라이드3에서 "교육부 바로가기"라는 단어에 하이퍼링크 "http://www.moe.go.kr"를 추가합니다.
   4) 슬라이드5의 표에 "업데이트"라는 메모를 추가합니다.

4. **당신은 요리 레시피 소개를 위한 프레젠테이션을 작성하고 있습니다.**
   1) 슬라이드2에 있는 모든 텍스트에 왼쪽에서 오른쪽으로 닦아내기 애니메이션 효과를 추가합니다.
   2) 슬라이드3에서 직사각형을 오른쪽 화살표 설명선으로 변경합니다.
   3) 슬라이드에서 문서를 검사하여 주석과 슬라이드 외부 내용을 모두 제거합니다.
   4) 문서 폴더에 있는 요리Tip.docx 파일을 이용하여 새 슬라이드를 프레젠테이션의 끝 부분에 추가합니다.
   5) 슬라이드8에 있는 비디오를 "00:00.500"에 시작하여 "00:03.500"에 종료하도록 트리밍합니다.

5. 당신은 커피 사업 준비를 위한 프레젠테이션을 작성하고 있습니다.

1) 슬라이드3에서 "사업 배경 및 목적" 텍스트와 그 아래 이미지를 그룹으로 묶습니다.
2) 슬라이드5에서 조직도형 Smart Art를 삽입합니다. 위에서부터 아래로 "사장", "점장", "바리스타1", "바리스타2", "바리스타3"이라는 텍스트를 입력합니다. 조직도형의 크기 조절은 선택 사항입니다.
3) 슬라이드6의 차트에 범례가 위쪽에 나타나도록 변경합니다. 레이블은 차트와 겹쳐져야 합니다.
4) 슬라이드7에서 표에 있는 "커피 볶는 아저씨" 행을 삭제한 후 표의 오른쪽에 "매장접근성"이라는 새로운 열을 삽입하십시오.
5) 모든 슬라이드에 대해 슬라이드 노트를 인쇄하도록 인쇄 옵션을 설정합니다.

6. 당신은 요리 레시피 소개를 위한 프레젠테이션을 작성하고 있습니다.

1) "우리 아이 이유있는 레시피" 슬라이드 다음에, 문서 폴더에 있는 *목차.docx*라는 제목의 Word 문서 개요에서 새 슬라이드를 추가합니다.
2) "닭가슴살 샐러드"이라는 제목의 슬라이드에 내지_텍스트 레이아웃을 적용합니다.
3) "요리 과정" 슬라이드에서, 다섯 개의 사진 모두에 각지게 입체 효과를 적용합니다.
4) "깨알 정보" 슬라이드에서, 2단 목록이 되도록 목록 형식을 지정합니다.
5) 모든 슬라이드에 밝기 변화 전환을 추가합니다.

7. 당신은 여행 계획 발표를 위한 프레젠테이션을 작성하고 있습니다.

1) 왼쪽에는 그림 개체가 있고, 오른쪽에는 텍스트 개체가 있는 "사용자지정1"이라는 새로운 슬라이드 레이아웃을 만듭니다. 다른 모든 기본 개체들은 그대로 유지합니다. 새로운 개체의 크기와 위치는 중요하지 않습니다.
2) 슬라이드4에서 기차 그림이 오른쪽에서 날아오도록 애니메이션을 추가합니다.
3) 슬라이드5에 있는 이미지들이 중간 맞춤되도록 정렬합니다.
4) 슬라이드5에 있는 이미지들의 애니메이션 순서가 왼쪽에서 오른쪽으로 하나씩 밝기가 변화되도록 애니메이션 순서를 조정합니다.
5) 슬라이드6에서 숟가락 아이콘의 색상을 파랑으로 바꾼 후 녹색 윤곽선을 추가합니다.
6) 프레젠테이션을 "프레젠테이션"이라는 이름의 PDF 파일로 문서 폴더에 저장합니다.
7) "도입" 구역만 인쇄하도록 인쇄를 구성합니다.

 **실전모의고사 2**

다음 지시사항에 따라 문제를 푸시오.

1. **당신은 마카롱 사업 계획 발표를 위한 프레젠테이션을 작성하고 있습니다.**
   1) 슬라이드8에서만 "<u>회사 대외비</u>"라는 문구로 바닥글을 추가합니다.
   2) 슬라이드3에서 5까지를 사용해 "개요"라는 이름의 슬라이드 쇼를 재구성합니다.
   3) 슬라이드7의 표에 있는 수치를 사용하여 3차원 묶은 세로 막대형 차트를 만듭니다. 연도를 항목으로, "<u>매출액</u>"이라는 이름을 계열로 사용합니다. 차트의 크기 조절은 선택 사항입니다.
   4) 슬라이드9에서 동영상 폴더의 *메일보내기.mp4* 비디오를 추가합니다. 비디오의 가로 위치는 왼쪽 위 모서리 "<u>1.75</u>"cm, 세로 위치는 왼쪽 위 모서리에서 "<u>5</u>"cm에 위치시킵니다.
   5) 모든 슬라이드의 전환 기간을 "<u>2</u>"초로 변경합니다.

2. **당신은 여행 계획 발표를 위한 프레젠테이션을 작성하고 있습니다.**
   1) 슬라이드 마스터의 테마를 추억 테마로 변경한 후, 폰트를 돋움으로 변경합니다.
   2) 슬라이드1 앞에 "제목"이라고 하는 구역을 추가합니다.
   3) 슬라이드3에 있는 표의 스타일을 보통 스타일3 - 강조 6으로 변경합니다.
   4) 슬라이드7에 있는 텍스트를 버스 이미지 뒤로 보냅니다.

3. **당신은 요리 레시피 소개를 위한 프레젠테이션을 작성하고 있습니다.**
   1) 슬라이드 마스터의 그림 기호 중 첫 행의 글머리 기호를 이미지 폴더에 있는 *확인.png* 파일로 변경합니다.
   2) 주제가 "<u>요리 레시피</u>"가 되도록 파일 속성을 변경합니다.
   3) 슬라이드4의 "<u>부타동 음식</u>" 이미지에 하이퍼링크 "<u>http://www.kns.or.kr/</u>"를 추가합니다.
   4) 슬라이드5의 요리 과정 텍스트에 "<u>요리순서</u>"라는 메모를 추가합니다.

4. **당신은 요리 레시피 소개를 위한 프레젠테이션을 작성하고 있습니다.**
   1) 슬라이드2에 있는 모든 텍스트에 왼쪽에서 날아오기 애니메이션 효과를 추가합니다.
   2) 슬라이드3에서 직사각형을 배지 모양으로 변경합니다.
   3) 슬라이드에서 문서를 검사하여 주석과 슬라이드 외부 내용을 모두 제거합니다.
   4) 문서 폴더에 있는 *요리Tip.docx* 파일을 이용하여 슬라이드4(김치볶음밥)와 슬라이드5(요리과정) 슬라이드 사이에 추가합니다.
   5) 슬라이드7에 있는 비디오를 "<u>00:00.500</u>"에 시작하여 "<u>00:03.500</u>"에 종료하도록 트리밍합니다.

5. 당신은 초콜릿 사업 준비를 위한 프레젠테이션을 작성하고 있습니다.
1) 슬라이드3에서 "사업 배경 및 목적" 텍스트와 그 아래 커피 이미지를 그룹으로 묶습니다.
2) 슬라이드5에서 방사주기형 Smart Art를 삽입합니다. 위에서부터 아래로 "본사", "지점1", "지점2", "지점3", "지점4"라는 텍스트를 입력합니다. 방사주기형의 크기 조절은 선택 사항입니다.
3) 슬라이드6의 차트에 범례가 아래쪽에 나타나도록 변경합니다. 레이블은 차트의 안쪽 끝에 위치합니다.
4) 슬라이드7에서 표에 있는 "초코 아저씨" 행을 삭제한 후 표의 오른쪽에 "매장접근성"이라는 새로운 열을 삽입하십시오.
5) 모든 슬라이드에 대해 슬라이드 노트를 인쇄하도록 인쇄 옵션을 설정합니다.

6. 당신은 요리 레시피 소개를 위한 프레젠테이션을 작성하고 있습니다.
1) "우리 아이 이유있는 레시피" 슬라이드 다음에, 문서 폴더에 있는 *목차.docx*라는 제목의 Word 문서 개요에서 새 슬라이드를 추가합니다.
2) "부타동"이라는 제목의 슬라이드에 내지 레이아웃을 적용합니다.
3) "요리 과정" 슬라이드에서, 다섯 개의 사진 모두에 둥근 대각선 모서리 흰색 효과를 적용합니다.
4) "깨알 정보" 슬라이드에서, 2단 목록이 되도록 목록 형식을 지정합니다.
5) 모든 슬라이드에 당기기 전환을 추가합니다.

7. 당신은 여행 계획 발표를 위한 프레젠테이션을 작성하고 있습니다.
1) 왼쪽에는 그림 개체가 있고, 오른쪽에는 텍스트 개체가 있는 "사용자지정1"이라는 새로운 슬라이드 레이아웃을 만듭니다. 다른 모든 기본 개체들은 그대로 유지합니다. 새로운 개체의 크기와 위치는 중요하지 않습니다.
2) 슬라이드4에서 기차 그림이 서서히 위로 띄우기 애니메이션을 추가합니다.
3) 슬라이드5에 있는 이미지들이 중간 맞춤 되도록 정렬합니다.
4) 슬라이드5에 있는 이미지들의 애니메이션 순서가 왼쪽에서 오른쪽으로 하나씩 바운드 되도록 애니메이션 순서를 조정합니다.
5) 슬라이드6에서 숟가락 아이콘의 색상을 파랑 강조2로 바꾼 후 진한 파랑 텍스트2 윤곽선을 추가합니다.
6) 프레젠테이션을 "프레젠테이션"이라는 이름의 PDF 파일로 문서 폴더에 저장합니다.
7) "도입" 구역만 인쇄하도록 인쇄를 구성합니다.

컴퓨터 활용능력(NCS)

section 1 정보 능력

1. 정보, 자료 및 지식의 차이는?

정보 능력이란 직장생활에서 기본적인 컴퓨터를 활용하여 필요한 정보를 수집, 분석, 활용하는 능력이다. 정보화 시대는 매일 수십 개의 정보가 생성되고 소멸할 정도로 변화가 빠른 것이 특징이다. 따라서 수많은 정보 중에서 필요한 정보를 수집, 분석하여, 활용할 수 있는 능력을 함양하는 것은 필수적이라 할 수 있다.

1.1 정보와 자료 및 지식의 차이점은?

정보는 전 세계에 산재한 자료 중 필요한 것만을 골라내어 얻을 수도 있지만, 경우에 따라서는 전문가들의 손에 의해 자료들을 가공하고 처리해야만 '정보'로서의 가치를 얻을 수 있는 것들도 많다. 예를 들어, 우리나라에서 한 해 동안 소비되는 담배의 양이 얼마나 되는지를 알기 위해서는 각 시·도에서 소비되는 담배 양에 관한 자료를 수집하여 집계해야 한다. 이렇게 집계된 결과는 바로 우리가 얻고자 하는 '정보'가 되고, 각 시·도의 담배 소비량은 정보를 얻기 위해 입력한 '자료'가 된다. 따라서 자료(data)와 정보(information)와 지식(knowledge)은 본질적으로 구분된 것이 아니기 때문에, 떼려야 뗄 수 없는 불가분의 관계로 보아야 한다.

정보와 지식, 자료의 고전적인 구분은 맥도너(McDonough)가 그의 책 <정보경제학>에서 시도하였다. 그는 비교적 단순한 방법으로 정보와 지식, 자료를 구분하고 있다. 즉, 자료는 '가치가 평가되지 않은 메시지', 정보는 '특정상황에서 평가된 자료', 지식은 '정보가 더 넓은 시간·내용의 관계를 나타내는 것'이라고 정의하였다.

맥도너(McDonough)는 위 책의 많은 부분에서 정보와 지식을 교환 가능한 용어로 사용하고 있지만, 일반적으로 자료와 정보, 지식의 관계는 '자료⊇지식⊇정보'와 같은 포함 관계로 나타낼 수 있다.

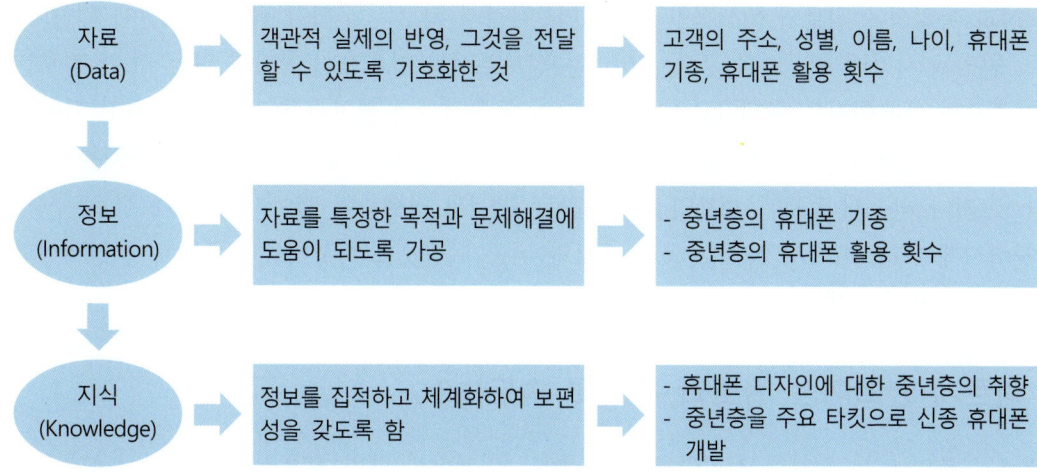

① 자료(data)
'자료'란 정보 작성을 위해 필요한 데이터를 말하는 것으로, '아직 특정의 목적에 대하여 평가되지 않은 상태의 숫자나 문자들의 단순한 나열'을 뜻한다.

② 정보(Information)
'정보'란 자료를 일정한 프로그램에 따라 컴퓨터가 처리, 가공함으로써 '특정한 목적을 달성하는 데 필요하거나 특정한 의미를 가진 것으로 다시 생산된 것'을 뜻한다.

③ 정보처리(Information Processing)
자료를 가공하여 이용 가능한 정보로 만드는 과정, 자료처리(data processing)라고도 하며 일반적으로 컴퓨터가 담당한다.

④ 지식(Knowledge)
'지식'이란 '어떤 특정의 목적을 달성하기 위해 과학적 또는 이론적으로 추상화되거나 정립되어 있는 일반화된 정보'를 뜻하는 것으로, 어떤 대상에 대하여 원리적, 통일적으로 조직되어 객관적 타당성을 요구할 수 있는 판단의 체계를 제시한다.

1.2 정보는 항상 가치 있는 것인가?

우리가 필요로 하는 정보의 가치는 상황에 따라 달라질 수 있다. 다시 말해, 정보의 가치를 평가하는 절대적인 기준은 없다는 것이다. 때문에 정보의 가치는 우리의 요구, 사용 목적, 그것이 활용되는 시기와 장소에 따라서 다르게 평가된다. 이러한 점에서 볼 때, 정보의 가치는 다른 재화와 비슷한 성격을 갖는다. 예를 들어, 어느 학생의 신체 정보는 그 학생과 관련이 있거나 그 학생을 필요로 하는 소속 스포츠 팀, 양복점에서는 아주 유용한 가치의 정보가 될 수 있지만, 그 학생과 무관한 사람이나 집단에게 가치가 없는 정보가 될 수 있다.

적시성과 독점성은 정보의 핵심적인 특성이다. 따라서 정보는 우리가 원하는 시간에 제공되어야 하며, 원하는 시간에 제공되지 못하는 정보는 정보로서의 가치가 없어지게 된다. 또한 정보는 아무리 중요한 내용이라도 공개되고 나면 그 가치가 급격하게 떨어지는 것이 보통이다. 따라서 정보는 공개 정보보다는 반공개 정보가, 반공개 정보보다는 비공개 정보가 더 큰 가치를 가질 수 있다. 그러나 비공개 정보는 정보의 활용이라는 면에서 경제성이 떨어지고, 공개 정보는 경쟁성이 떨어지게 된다. 따라서 정보는 공개 정보와 비공개 정보를 적절히 구성함으로써 경제성과 경쟁성을 동시에 추구해야 한다.

2. 빠르게 변화하는 정보화 사회의 속도는?

현재 사회를 우리는 정보화 사회라고 하며, 이는 미래학자 앨빈 토플러가 미래서적 <제 3의 물결>에서 처음 언급한 용어이다. 그렇다면 정보화 사회란 과연 무엇일까?

2.1 정보화 사회란?

정보화 사회란 이 세상에서 필요로 하는 정보가 사회의 중심이 되는 사회로서, 컴퓨터 기술과 정보통신 기술을 활용하여 사회 각 분야에서 필요로 하는 정보를 창출함으로써 보다 유익하고 윤택한 생활을 영위하는 사회로 발전시켜 나가는 것을 뜻한다.

정보화 사회는 정보의 사회적 중요성이 가장 많이 요구된다. 따라서 개인 생활을 비롯하여 정치, 경제, 문화, 교육, 스포츠 등 거의 모든 분야의 사회생활에서 정보에 의존하는 경향이 점점 더 커질 수밖에 없다. 정보화 사회는 컴퓨터와 전자통신 기술의 결합인 정보통신 기술의 발전과, 이와 관련된 다양한 소프트웨어의 개발에 의해 네트워크화가 이루어짐으로써 전 세계를 하나의 공간으로 여기는 '수평적 네트워크 커뮤니케이션'이 가능한 사회로 만들어 간다. 또, 경제 활동의 중심이 상품의 정보나 서비스, 지식의 생산으로 옮겨지는 사회라는 특징을 나타낸다. 즉, 지식정보와 관련된 산업이 부가가치를 높일 수 있는 사회로 변화되고 있다는 것이다. 결국 정보화 사회는 눈으로 볼 수 있는 물질이나 에너지 이상으로 '정보 자체'가 중요한 자원이 되는 사회이기 때문에, 정보의 가치 생산을 중심으로 사회 전체가 움직이고 있다.

2.2 정보화가 왜 필요할까?

우리나라 정부는 '산업화는 늦었지만 정보화는 앞장서자'의 구호 아래서 정보화에 매진하고 있다. 선진국의 지하철은 우리보다 무려 100년 이상 앞서있고, 산업화 역시 영국의 제임스 와트가 증기기관을 발명한 것이 1760년경이므로 무려 우리보다 200년 이상 빠르다. 지금 우리나라 경제가 발달했다고 하나 중요 기술은 선진국에 종속되어 놀아나고 있다. 예를 들어 우리가 세계 최초로 상용화에 성공했다는

CDMA방식의 스마트폰을 보자. 우리는 스마트폰 하나 생산할 때마다 막대한 로열티를 미국 퀄컴사에 지불하고 있다. 미국은 손 하나 안대고 여유 있게 막대한 로열티를 챙기고 있는 것이다. 반도체 역시 중요 기술은 선진국에 종속되어 놀아나고 있다. 그렇기 때문에 지식 정보화라는 용어와 앞서나가자는 구호가 나오는 것이다. 기초 기술개발이 없이는 우리나라 경제는 영원히 외국의 손에 좌지우지 될 것이므로, 우리는 정보화를 이룩하여 기술 대국을 만들어야 한다.

2.3 미래의 사회는?

① 부가가치 창출

부가가치 창출 요인이 토지, 자본, 노동에서 지식 및 정보 생산 요소로 전환지식, 정보가 부가가치 창출의 3/4을 차지할 것이다. 정보 기술(IT)산업의 주류를 이루고 있는 컴퓨터가 경제 체제에 미치는 영향은 막대하다. 컴퓨터 네트워크는 기존 경제 체제를 리히터 지진계로 표현할 때, 강도 10.5에 해당되는 지각 변동을 줄지도 모른다.

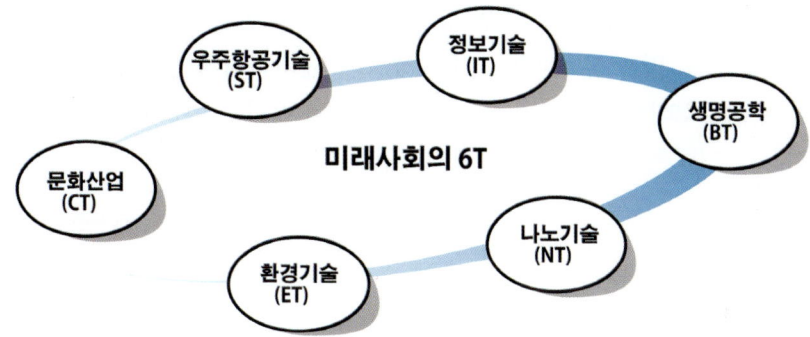

정보기술(IT) 이후 차세대 대표적인 주력 산업은 생명공학(BT)이다. 배아줄기세포를 비롯하여 생명공학 발전의 주도권을 쥐는 자가 미래 사회 장악하게 될 것이다. 생명공학 못지않게 미래 산업을 끌어갈 분야는 나노(NT) 분야이며, 환경보전을 위한 기술(ET)또한 독일에서 개최된 '04 유네스코 국제직업기술교육전문가 대회에서 'Learning for Work, Citizenship and Sustainability'; 'Work Skills for Sustainable Development'를 선언할 만큼 중요한 산업 분야이다. 문화 산업(CT)의 대표적 예로 영화 "아바타"는 전 세계적으로도 흥행 신기록을 수립하였는데, 아바타 한 편의 수입이 부가판권을 포함해 최소한의 한국의 문화체육관광부 예산(3조 1,747억 원)과 맞먹는 3조 원을 넘어섰다는 추산이 나오기도 하였다. 이 액수는 연간 현대자동차 YF쏘나타 12만 9,375대 판매액, 서울 강남구 109㎡(약 33평) 아파트 2,771채 가격과 유사한 수준이다.

우리나라의 경우 드라마 "대장금"이 70억 원의 제작비가 투입되었는데, 직접적으로 창출한 생산유발 효과만 1,000억 원대에 달하는 것으로 분석되었다. 대장금과 관련된 광고 수익은 249억 원에 달하고, 테마파크 입장료(28억 원), 출판물(12억 원) 등 다양한 수익이 발생했다는 분석이다. 우주항공기술(ST) 역시 새로운 삶의 세계를 개척하고 있다. 이상의 6T는 미래를 이끌어갈 주요 산업으로 토지, 노동, 자본보다는 새로운 지식과 기술을 개발·활용·공유·저장할 수 있는 지식 근로자를 요구하고 있다.

② 세계화의 진전

세계화는 모든 국가의 시장이 국경 없는 하나의 세계 시장으로 통합됨을 의미한다. 이때 세계 시장에는 실물 상품뿐만 아니라 노동, 자본, 기술 등의 생산 요소, 교육과 같은 서비스의 국제 교류도 모두 포함된다. 세계화의 예로는 WTO, FTA 등에 의한 무역 개방화, 국가 간의 전자 상거래(electronic commerce: EC), 가상 은행, 사이버 백화점, 사이버 대학교, 한국 기업의 외국 공장 설립, 다국적 기업의 국내 설치 및 산업 연수생들의 국내 산업체 근무, 외국 대학 및 학원의 국내 설치 등을 들 수 있다.

③ 지식의 폭발적인 증가

미래사회에서는 지식, 특히 과학적 지식이 폭발적으로 증가할 것이다. 2000년 포드 자동차 기술 담당 이사는 지식과 기술이 빠른 속도로 변하고 있기 때문에 산업 사회(포드자동차 회사)에서 공학사의 학위를 인정할 수 있는 유효 기한이 2년 정도에 불과하다고 언급했다. 2020년이 되면 지식은 73일을 한 주기로 2배씩 증가한다고 OECD보고서는 밝히고 있으며, 2050년경이 되면 지식이 급증하여 지금의 지식은 1% 밖에 사용할 수 없게 될 것이라고 전망하는 미래학자도 있다.

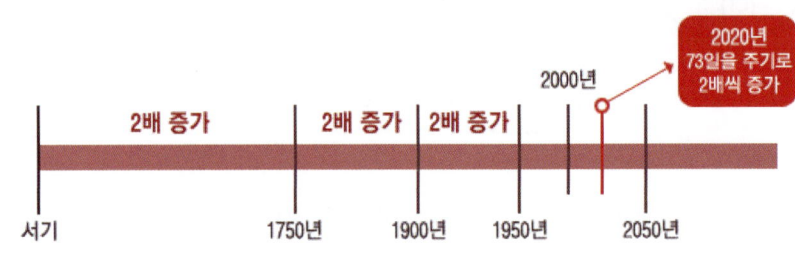

[지식의 폭발적 증가]
자료 : 이무근(2004) 미래사회 적응능력 함양을 위한 학교 진로교육방안

2.4 정보화 사회에서 필수적으로 해야 할 일

첫째, 정보 검색이다. 인터넷에는 수많은 사이트가 있으며, 그 속에서 내가 원하는 정보를 찾는 것을 정보검색, 즉 소위 말하는 '인터넷 서핑'이라고 한다. 문장 검색용 검색 엔진이나 자연어 검색 방법이 등장하여 네티즌으로부터 대환영을 받고 있다. 무엇보다도 검색이 그만큼 쉬워졌다는 것이다. 예를 들어,
여름방학 때 대학생이 미국으로 배낭여행을 간다고 할 때, 자신이 방문할 행선지에 대한 모든 정보, 즉 숙박, 교통, 기후, 지리, 음식 등에 대한 것을 사전에 파악할 정도는 되어야 한다.

둘째, 정보 관리이다. 인터넷에서 어렵게 검색하여 찾은 결과를 머릿속에만 입력하고 컴퓨터를 끄면 잊어버리는 행동은 잘못된 정보 관리 행동이다. 자신이 검색한 내용에 대하여 파일로 만들

어 보관하든, 프린터로 출력하여 인쇄물로 보관하든 언제든지 필요할 때 다시 볼 수 있을 정도가 되어야 한다.

셋째, 정보 전파이다. 정보 전파는 정보 관리를 못한 사람에게는 어렵다. 오로지 입을 이용해서만 전파가 가능하기 때문이다. 요즘은 전자우편을 사용하여 정보를 전파하기 때문에 매우 쉽다. 인터넷만 이용하면 편안히 서울에 앉아서 미국에도 논문을 보낼 수가 있다.

3. 업무수행에서의 컴퓨터 활용 분야

사회 현상이 복잡하고 다양해짐에 따라 컴퓨터 활용 분야가 매우 광범위하게 늘어나고 있다. 수많은 정보를 인간이 직접 관리하고 처리하기에는 한계가 있기 때문에 기업, 행정, 산업, 가정, 교육 등의 여러 분야에서 컴퓨터가 활용되고 있다.

3.1 기업 경영 분야에서의 활용

기업 경영에서는 생산에서부터 판매, 회계, 재무, 인사 및 조직 관리는 물론 금융 업무까지도 컴퓨터를 널리 활용하고 있다.

경영정보시스템(MIS : Management Information System)이나 의사결정 지원시스템(DSS : Decision Support System)등은 기업 경영에 필요한 정보를 효과적으로 활용할 수 있도록 지원해주기 때문에 경영자가 신속한 의사결정을 할 수 있도록 도와준다. 또한, 사무 자동화(OA : Office Automation)가 이루어져 문서 작성과 보관은 물론, 컴퓨터로 업무를 결재하는 전자 결재 시스템이 도입되어 업무 처리의 효율을 높이고 있다. 최근에는 정보 통신 기술의 발달로 생산에서 소비까지 전 과정을 컴퓨터로 처리하는 전자 상거래(EC : Electronic Commerce)가 활성화되어 기업은 물류비용을 줄이고, 소비자는 값싸고 질 좋은 제품을 집에서 구매할 수 있어 소비자와 기업 모두에게 이익을 주고 있다. 즉, 전자 상거래(EC : Electronic Commerce)란 기업이나 개인의 상품 구매에 대한 활동을 컴퓨터나 정보 통신망 등 '전자화된 기술'을 이용하여 수행하는 시스템을 의미하며, 나아가서 이에 따라 실현되는 경제 활동을 의미하기도 한다.

3.2 행정 분야에서의 활용

행정 기관에서는 민원 처리와 각종 행정 통계 등 여러 가지 행정에 관련된 정보의 데이터베이스를 구축하여 활용하고 있다.

행정 업무의 사무 자동화(OA : Office Automation)가 이루어져 있고, 모든 민원서류를 정보 통신망을 이용하여 원격지에서 발급받을 수 있을 뿐만 아니라 가까운 은행에서도 세금과 공과금을 납부할 수 있게 되었다.

특히, 가상 우체국과 전자 주민 카드 등의 실용화가 이루어지면 행정 서비스 분야에서도 보다 편리한 생활이 펼쳐질 전망이다. 전자 주민 카드는 반도체 칩이 부착되어 주민등록, 건강보험, 운전 면허증 등의 신분을 확인할 수 있는 수단을 제공할 뿐만 아니라 향후에는 신용카드를 대신하여 물품 구매에서 지하철 개찰까지 대신하게 될 것이다.

3.3 산업 분야에서의 활용

컴퓨터는 공업, 상업 등 각 분야에서 널리 활용될 뿐만 아니라 중요한 역할을 담당하고 있다. 공업에서는 컴퓨터를 이용하여 제품의 수주에서부터 설계, 제조, 검사, 출하에 이르기까지 모든 제품 공정 과정을 자동화하여 생산성 향상과 원가 절감, 불량품 감소 등으로 제품의 경쟁력을 높이고 있다. 공장 자동
화(FA : Factory Automation)의 대표적인 예로는 컴퓨터 이용 설계(CAD : Computer Aided Design)와 컴퓨터 이용 생산(CAM : Computer Aided Manufacturing)이 있다. 또한, 산업 현장에서 사람이 하기 힘든 위험한 일이나 비위생적인 작업, 정교한 일 등에 이용하고 있는 산업용 로봇도 컴퓨터를 이용한 기술 분야이다.

3.4 기타 분야에서의 활용

컴퓨터는 교육, 연구소, 출판, 가정, 도서관, 예술 분야 등에서도 널리 활용되고 있다. 교육에서의 컴퓨터 이용은 컴퓨터 보조 교육(CAI : Computer Assisted Instruction)과 컴퓨터 관리 교육(CMI : Computer Managed Instruction)으로 구분해볼 수 있다. 컴퓨터 보조 교육(CAI : Computer Assisted Instruction)이란 강의나 학습에 컴퓨터를 이용하는 것으로,
프로그램을 이용하는 학습자가 개인차에 따라 학습 속도와 학습 시간을 조절하여 학습하는 방식이다. 컴퓨터 관리 교육(CMI: Computer Managed Instruction)은 학습 지도 자료의 정리, 성적 관리, 진로 지도, 교육 계획 등에 활용된다.

앞으로는 학생들이 사용하는 모든 교과의 서책형 교과서가 자기 주도적 학습을 실현할 수 있는 '디지털 교과서'로 전환된다. '디지털 교과서'는 기존 교과 내용에 다양한 참고 자료와 학습 지원 기능이 부가되며 PC, 스마트 패드, 스마트 TV 등 모든 단말기에서 사용할 수 있는 전자적 매체로서의 역할을 수행하며, 학생들의 무거운 책가방을 대신하고 학부모들에게는 학습지와 참고서를 별도로 구입하는 부담을 덜어줄 것으로 기대된다.

복잡한 계산이나 정밀한 분석 및 실험 등의 연구 분야에서 또한 여러 가지 형태로 컴퓨터를 이용하여 정확도와 정밀도를 높이고 있다. 많은 작가들이 직접 개인용 컴퓨터로 워드 프로세서와 그래픽 소프트웨어 등을 이용하여 책을 저술하고 있으며, 인터넷을 통해 독자에게 분배하고 있다. 신문, 잡지 등의 출판물이 컴퓨터를 이용해서 제작되고 있기 때문에, 인터넷에 필요한 검색 단어와 날짜 등을 입력하면 필요한 기사를 쉽게 얻을 수 있다. 가정에서는 보안, 냉·난방 조절, 생활 정보 검색, 홈뱅킹과 홈 쇼핑 등에 이용되고 있으며, 정보 통신의 발달로 집에서 컴퓨터를 이용하여 업무를 보는 재택근무 또한 점차 일반화되고 있다.

Section 2 컴퓨터 활용 능력

컴퓨터 활용 능력은 업무 수행에 필요한 정보를 수집, 분석, 조직, 관리, 활용하는데 있어 컴퓨터를 사용하는 능력이다. 현대 사회를 '정보 혁명'과 '컴퓨터 혁명'으로부터 파급된 정보 사회라고 부른다. 정보 사회의 도래에 가장 결정적인 것은 컴퓨터 기술의 발전이었다. 따라서 정보사회에서 필요한 정보를 얻고 자신에게 잠재된 재능을 발휘할 수 있는 기회를 제공한다는 측면에서 컴퓨터 활용의 함양은 필수적이다.

1. 다양한 인터넷 서비스 활용하기

최근 우리의 일상생활과 인터넷 서비스는 떼려야 뗄 수 없게 되었다. 우리가 업무 생활 혹은 일상생활 속에서 활용하고 있는 인터넷 서비스는 전자우편(E-mail) 서비스, 웹 메일(Web-mail) 서비스, 인터넷 디스크/웹 하드, 전자상거래 등 매우 다양하기 때문이다.

1.1 전자우편(E-mail) 서비스

전자우편(e-mail)이란 정보 통신망을 이용하여 다른 사용자들과 편지나 여러 정보를 주고받는 통신 방법을 말한다. 전자우편은 편지나 정보를 주고받는다는 점에서 일반우편과 유사하다. 그러나 일반우편은 사람에 의해 전달된다면, 전자우편은 정보 통신망을 통해 전달되므로 빠르고 정확하게 전달된다는 점에서 다르다.

전자우편을 이용하려면 통신망 회사에 회원으로 가입하여 유료로 전자우편을 이용하거나, 무료로 전자우편을 이용할 수 있게 해 주는 웹 사이트에 가입하여 이용할 수 있다. 그 밖에도 회사나 학교 등의 기관에서 제공하는 전자우편 시스템에 계정을 만들어 이용할 수도 있다.

전자우편의 주소는 일반우편의 주소와 비슷하며, 3개의 기본 요소를 가지고 있다. 이름과 @, 그리고 도메인 이름이 그것이다. 이름은 사용자가 메일 서버에 로그인할 때 사용하는 ID를 의미한다. 그리고 도메인 이름은 메일 서버의 도메인 이름을 나타낸다.

사용자 ID가 guest, 도메인 이름이 daehan.hs.kr인 사용자가 있다면 이 사람의 인터넷 전자우편 주소는 guest@daehan.hs.kr이 된다.

1.2 인터넷 디스크/웹 하드

인터넷 디스크(Internet Harddisk)란 웹 서버에 대용량 저장 기능을 갖추고, 사용자가 인터넷을 통해 개인용 컴퓨터(PC)의 하드디스크와 같은 기능을 이용할 수 있게 하는 서비스를 뜻한다. 초기에는 대용량 파일 작업을 하는 디자이너, 설계사, 건축가들이 빈번하게 이루어지는 공동 작업과 자료 교환을 용이하게 하기 위해 각 회사 나름대로 인터넷 하드 디스크 역할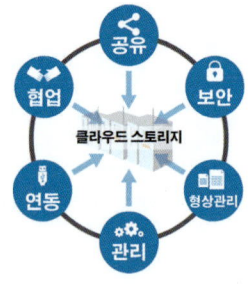
을 하는 웹 디스크(Web-disk)를 구축했다. 그 후 이와 똑같은 시스템을 사용자에게 무료로 제공하는 웹 사이트들이 생겨나기 시작하면서 일반인들도 인터넷 디스크를 이용하게 된 것이다.

1.3 메신저

메신저란 인터넷에서 실시간으로 메시지와 데이터를 주고받을 수 있는 소프트웨어이다. 메신저를 사용하면 다음과 같은 장점이 있다.
첫째, 인터넷에 접속해 있는지 확인할 수 있으므로 응답이 즉시 이루어져 전자우편보다 훨씬 속도가 빠르다.
둘째, 컴퓨터로 작업하면서 메시지를 주고받을 수 있다.
셋째, 여러 사람과의 채팅, 음성채팅을 지원하며, 대용량 동영상 파일은 물론 이동전화에 문자 메시지도 보낼 수 있다.
넷째, 뉴스나 증권, 음악 정보 등의 서비스를 제공받을 수 있다.
메신저는 프로그램을 갖춘 사이트에 접속하여 회원으로 등록한 뒤, 해당 프로그램을 다운로드 받은 후 컴퓨터에 설치하여 사용하면 된다. 다운로드 받지 않고 로그인과 동시에 사용할 수 있는 사이트도 있으며, 회원가입과 사용료는 대부분 무료이다.

1.4 클라우드 컴퓨팅(Cloud Computing)

클라우드 컴퓨팅이란, 사용자가 복잡한 정보를 보관하기 위해 별도의 데이터 센터를 구축하지 않고도 인터넷을 통해 제공되는 서버를 활용하여 정보를 보관하고 있다가 필요할 때 꺼내 쓰는 기술을 말한다. '구름 저 너머'에 있는 것과 같은 인터넷의 영역에서 전산자산을 이용할 수 있다고 하여 '클라우드 컴퓨팅'이라고 부른다.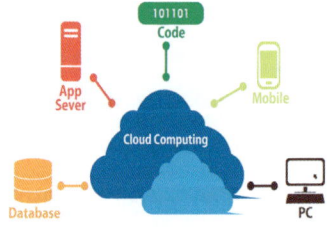
클라우드 컴퓨팅의 핵심은 데이터의 저장ㆍ처리ㆍ네트워킹 및 다양한 어플리케이션 사용 등 IT 관련 서비스를 인터넷과 같은 네트워크를 기반으로 제공하는데 있다. 특히, 모바일 사회에선 사용자가 웹 하드 등의 저장 공간에 개인과 관련된 콘텐츠를 저장해두고 장소와 시간에 관계없이 다양한 단말기를 통해 꺼내 쓸 수 있다. 주소록, 동영상, 음원, 오피스 문서, 게임, 메일 등 다양한 콘텐츠가 그 대상이다. 스마트폰과 PC, TV를 연결하는 3스크린 시대가 열리면 스마트폰으로 이동 중 보던 영상을 집에 도착하면 TV로 이어 볼 수 있을 것이다.

1.5 SNS(Social Networking Service)

온라인 인맥 구축을 목적으로 개설된 커뮤니티 형 웹 사이트이다. 미국의 트위터, 마이스페이스, 페이스북, 한국의 라인이나 카카오톡과 같은 1인 미디어와 정보 공유 등을 포괄하는 개념이다. 현재 많은 사람이 다른 사람과 의사소통하거나 정보를 공유·검색하는데 있어 일상적으로 SNS를 이용하고 있다. 이외에도, SNS는 전자우편이나 인스턴트 메신저 서비스로 사용자끼리 서로 연락할 수 있는 수단을 제공한다. 최근에는 연예인이 팬들과 소통하거나, 각 나라의 대통령이 국민들과 소통하는 수단으로 SNS를 이용하는 사례가 늘고 있다.

1.6 전자 상거래

좁은 뜻으로의 전자 상거래란 인터넷이라는 전자적 매체를 통하여 상품을 사고팔거나, 재화나 용역을 거래하는 사이버 비즈니스를 뜻한다. 넓은 뜻으로의 전자 상거래는 소비자와의 거래뿐만 아니라 거래와 관련된 공급자, 금융 기관, 정부 기관, 운송 기관 등과 같이 거래에 관련된 모든 기관과의 관련 행위를 포함한다. 거래되는 상품에는 전자 부품, 컴퓨터, 의류, 책 등과 같은 물리적 상품과, 주식 정보, MP3 파일, 전자책(e-Book), 보험 정보, 재테크 정보, 소프트웨어 등과 같은 디지털 상품이 있다.

2. 인터넷을 활용하여 원하는 정보

정보 검색이란 여러 곳에 분산된 수많은 정보 중에서 특정 목적에 적합한 정보만을 신속하고 정확하게 찾아내어 수집, 분류, 축적하는 과정을 뜻한다. 인터넷에는 세상 사람들이 필요로 하는 정보의 분야가 너무도 많기 때문에, 잘못 하다가는 정보의 바다에 빠져 허우적거리느라 시간만 낭비하고 원하는 것은 얻지 못하는 경우도 많다.

인터넷 정보 검색은 책에 있는 그대로 외우면 되는 암기 과목이 아니다. 자기 스스로 드넓은 정보의 바다로 나아갈 길을 만들고, '어디로 어떻게 가면 내가 원하는 정보를 찾을 수 있겠다!'라는 확신을 가질 수 있어야 하는 것이다.

2.1 정보검색 단계

검색 주제에 대한 사전 지식 확보가 정보 검색 시 많은 시간을 절약할 수 있다. 정보 검색에 앞서 다음과 같은 것들을 생각해 보는 습관이 필요하다.

첫째, 뉴스 정보인가?
둘째, 인터넷 정보원을 활용해야 하는가?
셋째, 논문 자료에서 찾을 수 있지 않을까?

넷째, 해당 주제와 관련이 있는 학회나 관공서 사이트에서 찾을 수 있지는 않을까?
즉, 찾고자 하는 정보가 존재할 수 있는 위치(knowwhere)에 대하여 많은 관심과 사전 지식이 필요하다. 일반적인 정보 검색 단계는 다음과 같다.

주제선정 ▶ 정보원 선택 ▶ 검색 식 작성 ▶ 결과출력

2.2 검색 엔진의 유형

① 키워드 검색 방식

키워드 검색 방식이란 찾고자 하는 정보와 관련된 핵심적 언어인 키워드를 직접 입력하여 이를 검색 엔진에 보내고 검색 엔진이 키워드와 관련된 정보를 찾는 방식이다. 사용자 입장에서는 키워드만을 입력하여 정보 검색을 간단히 할 수 있는 장점이 있는 반면에, 키워드가 불명확하게 입력된 경우에는 검색 결과가 많아 효율적인 검색이 어려울 수 있는 단점이 있다.

② 주제별 검색 방식

주제별 검색 방식은 인터넷상에 존재하는 웹 문서들을 주제별, 계층별로 정리하여 데이터베이스를 구축한 후 이용하는 방식이다. 사용자는 자신이 원하는 정보를 찾을 때까지 상위의 주제부터 하위의 주제까지 분류된 내용을 선택하여 검색하면 원하는 정보를 발견하게 된다.

③ 자연어 검색 방식

자연어 검색 방식이란 검색 엔진에서 문장 형태의 질의어를 형태소 분석을 거쳐 언제(when), 어디서(where), 누가(who), 무엇을(what), 왜(why), 어떻게(how), 얼마나(Howmuch)에 해당하는 5W 2H를 읽어내고 분석하여 각 질문에 답이 들어있는 사이트를 연결해 주는 검색 엔진이다.

④ 통합형 검색 방식

통합형 검색 방식은 키워드 검색 방식과 매우 유사하다. 그러나 통합형 검색 방식은 키워드 검색 방식과 같이 자신만의 데이터베이스를 구축하여 관리하는 방식이 아니라, 사용자가 입력하는 검색어들이 연계된 다른 검색 엔진에게 보내고, 이를 통해 얻어진 검색 결과를 사용자에게 보여주는 방식을 사용한다.

2.3 정보검색 연산자

하나의 단어(키워드)로 검색하면 검색 결과가 너무 많아져 이용자가 원하는 정보와 상관없는 것들이 많이 포함된다. 따라서 검색과 관련된 2개 이상의 단어를 연산자로 조합하여 키워드로 사용하는 것이 가장 일반적인 검색 방법이다. 연산자는 대/소문자의 구분이 없으며, 앞뒤로 반드시 공백(space)을 넣어주어야 한다. 가장 공통적으로 사용하는 연산자의 종류와 검색 조건을 비교하면 다음과 같다.

기호	연산자	검색 조건
*, &	AND	두 단어가 모두 포함된 문서를 검색 예) 인공위성 and 자동차, 인공위성 * 자동차
l	OR	두 단어가 모두 포함되거나, 하나만 포함된 문서를 검색 예) 인공위성 or 자동차, 인공위성 l 자동차
-, !	NOT	'-'나 '!'기호 다음에 오는 단어를 포함하지 않는 문서를 검색 예) 인공위성 not 자동차, 인공위성 ! 자동차
~, near	인접검색	앞/뒤의 단어가 가깝게 인접해 있는 문서를 검색 예) 인공위성 near 자동차

2.4 검색엔진의 종류 및 특징

검색엔진(Search Engine)이란 인터넷상에 산재한 정보를 수집한 후, 이를 체계적으로 데이터베이스를 구축하여 사용자가 원하는 정보를 쉽게 찾을 수 있게 안내자 역할로서 도움을 주는 웹사이트 또는 프로그램을 뜻한다. 포털 사이트(Portal Site)란 사용자가 인터넷에서 어떤 정보를 찾으려 할 때 가장 먼저 접속하는 사이트를 뜻한다.

포털 사이트의 가장 대표적인 예로는 네이버, 다음, 구글 등과 같은 검색 사이트와 언론매체 뉴스 사이트를 들 수 있다. 최근 대부분의 포털 사이트에서는 정보 검색뿐만 아니라 카페, 뉴스, 웹 메일, 블로그, 미니홈피, 커뮤니티 형성 등 매우 다양한 인터넷 서비스를 제공하고 있다.

① 네이버(Naver) - http://www.naver.com

국내 검색, 국외 검색, 신문 검색, 이미지 검색, 사운드 검색 등의 기능을 제공하고 있다. 이중에서 국외 검색은 해외 검색 엔진에게 얻은 결과만을 보여주는 형식을 유지한다. 이외에도 자연어 검색과 결과 내 검색 기능, 링크 인기도(%)에 따른 사이트 순위와 어린이 전용인 주니어 네이버를 제공하고 있다.

② 다음(Daum) - http://www.daum.net

인터넷 포털 웹 사이트로서, '한메일'(현재의 다음 메일)이라는 이름으로 대한민국 최초의 웹 이메일 서비스를 열었으며, 이 밖에도 온라인 커뮤니티 서비스 'Daum 카페', 뉴스서비스 '미디어다음' 등을 서비스하고 있다.

③ 구글(Google) - http://www.google.co.kr

인터넷에서 정보를 쉽고 빠르게 검색할 수 있도록 고안된 세계 최대의 인터넷 검색엔진이다. 구글(google)이란 이름은 10의 100제곱을 뜻하는 수학 용어 구골(googol)에서 유래했다. 주요 사업 분야는 인터넷 검색 서비스와 광고 프로그램이며, 검색 서비스는 독자적인 검색 기술에 따라 완전 자동화된 일련의 옵션과 기능을 포함하고 있다. 세계 어디서든 접속이 가능하며, 30억 쪽이 넘는 방대한 웹 사이트와 인터넷 포털 사이트에 쉽게 접근할 수 있다. 광고는 온라인 광고주와 웹 게시자에게 맞는 옵션을 제공할 수 있는 텍스트 기반 프로그램을 채택하고 있다. 구글은 PDF, 포스트스크립트, 마이크로소프트 워드, 플래시 문서들을 포함한 웹 문서 검색 서비스를 제공한다.

2.5 인터넷 정보 검색을 할 때의 주의 사항

① 검색 엔진에서 사용할 수 있는 기능들에 대한 도움말을 사전에 반드시 읽어서 검색 엔진의 특징을 알아두어야 한다.
② 일반적인 검색 이외에 특정한 데이터(논문, 특허 등)는 나름대로의 검색 방법이 따로 존재하므로 적절한 검색 엔진의 선택이 중요하다.
③ 키워드의 선택이 중요하다. 키워드가 너무 짧으면 원하는 결과를 쉽게 찾을 수 없는 경우가 많으므로 키워드는 구체적이고 자세하게 만드는 것이 좋은 방법이다.
④ 검색 엔진마다 검색 연산자가 약간씩 다르므로 이를 정확히 숙지한 후 키워드와 검색 연산자를 조합하여 작성한 검색 식을 정보 검색에 이용한다.
⑤ 검색 속도가 매우 느린 경우에는 웹 브라우저에서 그림 파일을 보이지 않도록 선택하면 보다 빠르게 검색할 수 있다.
⑥ 웹 검색이 정보 검색의 최선은 아니라는 사실에 주의한다. 웹 검색 이외에도 각종 BBS, 뉴스 그룹, 메일링 리스트도 이용하고, 도서관 자료와 정보를 가지고 있는 사람에게 직접 전자우편으로 부탁하는 등의 다른 방법들도 적극 활용하여야 한다.
⑦ 웹 검색 결과로 검색 엔진이 제시하는 결과물의 가중치를 너무 신뢰해서는 안 된다.

3. 업무에 필요한 소프트웨어 활용하기

3.1 워드프로세서

우리가 보는 책이나 신문, 잡지 등은 여러 가지 형태의 문자와 그림, 표, 그래프 등이 조화롭게 구성되어 만들어진 것이다. 이와 같이 여러 형태의 문서를 작성, 편집, 저장, 인쇄할 수 있는 프로그램을 워드프로세서라고 한다.

워드프로세서를 이용하여 글을 쓰거나 문서를 작성하면, 키보드로 입력한 문서의 내용을 화면으로 확인하면서 쉽게 문서를 고칠 수 있고, 문서가 완벽하게 작성된 후 인쇄하거나 디스크와 같은 보조기억장치에 보관하여 두었다가 필요할 때 다시 불러내어 사용할 수 있어 편리하다.
워드프로세서는 글이나 그림을 입력하여 편집하고, 작업한 문서를 저장하고 인쇄할 수 있다. 워드프로세서의 주요 기능은 다음과 같다.

주요 기능	설명
입력 기능	워드프로세서에서 한글, 영문, 특수문자, 사진 도형 들을 입력하는 기능
편집 기능	입력한 내용을 모니터 등으로 표시하는 기능
표시 기능	표시된 문서의 문자나 그래픽의 형태, 크기, 위치 등을 편집하는 기능
인쇄 기능	편집이 완료된 문서를 프린터 등으로 출력하는 기능
저장 기능	완성된 문서를 보조기억장치에 저장하는 기능

3.2 스프레드시트

스프레드시트(Spread Sheet)는 전자 계산표 또는 표 계산 프로그램으로, 워드프로세서와 같이 문서를 작성하고 편집하는 기능 이외에 수치나 공식을 입력하여 그 값을 계산해 내고, 계산 결과를 차트로 표시할 수 있는 특별한 기능을 가지고 있다.  스프레드시트 기술은 눈부시게 발전하여 파일 간을 서로 연결함으로써 내용의 복사, 이동, 연산을 할 수 있으며 메모리가 허용하는 한도 내의 파일을 동시에 불러들여 한꺼번에 볼 수도 있다. 또한 2차원과 3차원 그래프 등 다양한 형태의 그래프를 작성할 수 있다. 스프레드시트의 대표적 제품으로는 엑셀을 들 수 있다.

3.3 프레젠테이션

프레젠테이션(Presentation)은 컴퓨터나 기타 멀티미디어를 이용하여 그 속에 담겨 있는 각종 정보를 사용자 또는 대상자에게 전달하는 행위를 의미한다. 프레젠테이션 프로그램은 보고, 회의, 상담, 교육 등에서 정보를 전달하는데 널리 활용되는 것으로 파워포인트, 프리랜스 그래픽스 등이 있다.

3.4 데이터베이스

데이터베이스(Database)란 대량의 자료를 관리하고 내용을 구조화하여 검색이나 자료 관리 작업을 효과적으로 실행하는 프로그램으로, 테이블, 질의, 폼, 보고서 등을 작성할 수 있는 기능을 가지고 있다. 데이터베이스의 대표적인 프로그램으로는 오라클(Oracle), 액세스(Access) 등이 있다.

3.5 그래픽 소프트웨어

그래픽 소프트웨어(Graphic Software)는 새로운 그림을 그리거나 그림 또는 사진 파일을 불러와 편집하는 프로그램으로, 그림 확대, 그림 축소, 필터 기능을 가지고 있다. 그래픽 소프트웨어의 대표적인 프로그램으로는 포토샵(PhotoShop), 3DS MAX, 코렐드로(Coreldraw) 등이 있다.

3.6 유틸리티 프로그램

사용자가 컴퓨터를 좀 더 쉽게 사용할 수 있도록 도와주는 소프트웨어(프로그램)를 '유틸리티 프로그램'이라고 하며 통상 줄여서 '유틸리티'라고 한다.

① 파일 압축 유틸리티

파일의 크기를 압축하거나 줄여준다. 파일을 압축하면 하드 디스크 또는 플로피 디스크의 저장 용량을 적게 차지하므로 디스크의 저장 공간을 넓혀 주고, 파일을 전송하거나 내려 받을 때 걸리는 시간을 단축할 수 있다. 파일 압축 유틸리티 프로그램으로는 ALZip, 밤톨이, Winzip 등이 있다.

② 바이러스 백신 프로그램

바이러스 백신 프로그램은 컴퓨터 바이러스를 찾아내고 기능을 정지시키거나 제거하여 손상된 파일을 치료하는 기능을 가진 소프트웨어를 뜻한다. 대표적인 바이러스 백신 프로그램으로는 V3, V3+Neo, 다잡아, 터보백신, 바이로봇, 안티바이러스 등이 있다.

③ 화면 캡처 프로그램

모니터 화면에 나타나는 영상을 사용자가 원하는 크기, 모양 등을 선택하여 이미지 파일로 만들어 주는 프로그램이다. 캡처 프로그램으로는 스내그잇(snagit), 캡순이, 안 카메라 등이 있다.

④ 이미지 뷰어 프로그램

이미지 뷰어 프로그램은 그림 파일이나 사진 파일을 볼 수 있도록 도와주는 유틸리티 프로그램이다. 이미지 뷰어 프로그램은 bmp, jpg, tif, gif, wmf 등의 확장자를 가진 파일을 열어볼 수 있다.

4. 데이터베이스 구축의 필요성

4.1 데이터베이스란?

파일 시스템에서 하나의 파일은 독립적이고 어떤 업무를 처리하는데 필요한 모든 정보를 가지고 있다. 파일도 데이터의 집합이므로 데이터베이스라고 볼 수도 있으나 일반적으로 데이터베이스라 함은 여러 개의 서로 연관된 파일을 의미한다. 이런 여러 개의 파일이 서로 연관되어 있으므로 사용자는 여러 개의 파일에 있는 정보를 한 번에 검색해 볼 수 있다. 데이터베이스 관리 시스템은 데이터와 파일의 관계 등을 생성, 유지, 검색할 수 있게 해주는 소프트웨어이다. 반면 파일 관리 시스템은 한 번에 한 개의 파일에 대해서 생성, 유지, 검색할 수 있는 소프트웨어다.

4.2 데이터베이스의 필요성

① 데이터의 중복을 줄인다.
② 데이터의 무결성을 높인다.
③ 검색을 쉽게 해준다.
④ 데이터의 안정성을 높인다.
⑤ 프로그램의 개발기간을 단축한다.

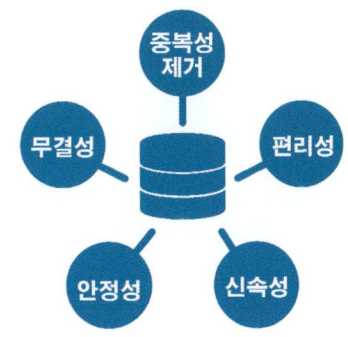

4.3 데이터베이스의 기능

① 입력 기능
  형식화된 폼을 사용하여 내용을 편리하게 입력할 수 있다.
② 데이터의 검색 기능
  필터나 쿼리 기능을 이용하여 데이터를 빠르게 검색하고 추출할 수 있다.
③ 데이터의 일괄 관리
  테이블을 사용하여 데이터를 관리하기 쉬우며, 많은 데이터를 종류별로 분류하여 일괄적으로 관리할 수 있다.
④ 보고서 기능
  데이터베이스에 있는 데이터로 청구서나 명세서 등의 서류를 손쉽게 만들 수 있다.

4.4 데이터베이스의 작업 순서

시작
⇩
데이터베이스 만들기
⇩
자료 입력
⇩
저장
⇩
자료 검색
⇩
보고서 인쇄
⇩
종료

시리얼 번호는 재발급하지 않습니다.
시리얼 번호 사용기간은 최초 등록 후 5개월입니다.
시리얼 번호 사용 문의 : 061-721-2484

사용 방법은 http://www.mospass.kr에 있습니다.

순번	시리얼 번호_파워포인트 2016
1071	CCC8-9DA6-BF19-6A3B-7A23-DD96-7922-7BE5

시리얼 번호 사용기간은 최초 등록 후 5개월입니다.

MOS 파워포인트 2016

지 은 이	한국공학기술연구원
펴 낸 이	김형근
펴 낸 곳	도서출판 기한재
주 소	경기도 파주시 회동길 56 (파주출판도시)
전 화	031)955-0900~2
팩 스	031)955-0100
등 록	1990년 3월 15일 제2-968호
발 행	2018년 7월 20일 1판 1쇄
정 가	18,000원

무단 복제 및 무단 전재를 금합니다.
Published by Kihanjae Co.
ISBN 978-89-7018-786-0
http://www.kihanjae.com
E-mail : kihanjae@hanmail.net